SCHOOL SCIENCE EDUCATION DISCOURSE

학교과학
교육담론

이선경 · 신명경

책 앞에

이 책은 학교 과학교육과 관련된 여러 가지 질문을 다루고 있다. 과학은 무엇인지, 과학적 탐구는 무엇인지, 과학 지식은 무엇인지 등과 관련된 본질적인 질문을 던진다. 또한, 학교에서 과학을 가르치고 배우는 것의 의미는 무엇인지, 구체적으로 어떻게 실천되어야 하는지 등의 실질적 질문을 제기한다. 그 질문들에 대한 우리의 주장은 절대불변의 진리가 아니며, 개인적 설명이나 독단적 판단도 아니다.

한국의 과학교육은 많이 변화하고 성장했다. 우리는 더 이상 과학 지식을 불변의 진리로 보지 않으며, 반박할 수 없는 이론 체계로 보지 않는다. 대신, 세상을 이해하기 위해 합리적 방법을 추구하여 얻은 정합적이고 일관성 있는 지식 체계로서, 믿을만한 더 좋은 설명(better explanation)으로 본다. 또한, 과학 교수-학습을 바라볼 때에도 과학 교사가 과학 지식을 얼마나 잘 전달하느냐에 초점을 두기 보다는 학습자가 어떻게 학습하는지에 집중한다. 학습자가 어떤 경험을 통하여 과학적 세계관을 형성하는지 그 과정에 주목하며, 세상을 과학적으로 이해하게 되는 과정에서 어려움은 무엇인지를 탐색한다.

학교 과학교육의 목표, 내용과 방법은 역사에 따라 변화한다. 과학교육의 현재를 진단하고 미래를 조망하는 데 있어서 이 책이 다루고 있는 관점과 내용이 충분치 않을지도 모른다. 그럼에도 불구하고, 이 책의 내용은 국내외 과학교육 연구공동체의 경험과 통찰을 토대로 하며 과학, 과학 철학, 심리학을 위시한 여러 학문의 지적 전통에 기대어 치열한 검토와 논변활동을 통해 생성된 담론을 담고 있다.

소망하는 바는 독자들이 이 책을 통하여 왜 과학교육이 필요한지, 삶과 거리를 둔 채 과학을 다루고 있진 않은지, 학생들을 과학문화로 초대하여 과학의 언어, 방법, 가치 등을 배우게 안내한다는 것의 의미는 무엇인지 등의 다양한 교육적 논제를 검토할 수 있게 되는 것이다. 이 책이 담고 있는 내용이 과학교육을 염려하고 고민하는 사람들에게 토론의 주제나 재료로 쓰이기를 바라며, 학교 과학교육 담론을 활성화하는 데 조금이라도 기여하길 바란다.

이 선 경 · 신 명 경

차례

07 chapter **과학 수업에서의 담화**

08 chapter **비형식 과학학습이란 무엇인가?**

09 chapter **과학탐구를 위한 과학 글쓰기**

과학교육의 본질과 가치

1.1 과학을 왜 배우는가?

과학을 왜 배우는가? 이 질문에 대한 응답을 간단명료하게 제시하기란 쉽지 않다. 특히 학생들이 '과학을 왜 배워야 하지요?'라고 한다면 더욱 그렇다. 학생들에게는 구체적으로 설명을 제시해야 그들이 납득하기 쉬울 것이기 때문이다. 이때, 어른들이 주로 하는 대답은 '사는 데 도움이 된다'는 것이다. 그러나 '난 수능에서 과학점수가 필요 없는데 재미도 없는 과학을 왜 배워야 되지요?'라고 학생이 질문을 하면 더욱 난감하다. 대학 진학에도 쓸모가 없으므로 굳이 할 필요가 없다는 논리에 대해 '사는 데 도움이 될 거야'라는 막연한 대답으로는 학생을 충분히 설득하지 못한다. 다른 답을 찾아도 충분치 않은 것은 마찬가지이다. 답이 충분치 않은 것은 그 질문에 문제가 있기 때문이 아닐까?

쓸모 있는 지식이라… 잠시 숨을 고르고 다시 생각해야 한다. 그 질문에 답을 찾으려 하지 말고, 질문 자체를 검토해 보자. 그 질문에는 '교육활동이 당장 체감할 수 있는 구체적인 도움을 주어야 하며, 노력에 대한 대가가 가시적으로 드러나야 한다'는 전제가 암묵적으로 내포되어 있다. 질문에 내포되어 있는 전제가 타당한가? 그 전제가 교육의 본질과 맞닿아 있는가? 교육이 당장의 필요와 욕구를 충족하기 위해서 이루어지는 것인가? 등의 의문을 품어보자. 조금 깊이 생각해 보면, 단기간의 목표를 갖는 교육활동도 있겠지만 전부 그런 것은 아니다. 특히 학교교육은 더욱 그렇지 않다. 결론적으로, 학생의 질문은 매우 합리적으로 보이지만 그 질문이 내포하고 있는 전제는 교육활동의 본질을 망각하고 있는 셈이다.

교육은 본질적으로 비합리성을 전제로 하는 행위이다. 여기서 비합리성이라는 말은 교육활동이 '노력 투입-결과 산출'과 같은 명시적이고 자명한 인과 관계로 엮인 것만으로 구성되지 않는다는 의미이다. 교육활동의 비합리성이 뜻하는 바는, 지금은 의미를 알 수 없지만 일단은 '뭔지 잘 모르는' 채로 받아들이고, 언젠가는 그 의미를 이해할 수 있는 성숙의 단계로 도달하게 되는 생성 과정이다(우치다 타츠루, 2007). 교육활동은 그 결과가 즉각적으로 나타나지 않는다. 당장은 노력의 어떤 대가가 뚜렷하게 나타나지 않지만 교육받은 성숙한 인간은 배우는 과정을 경험하게 된다. 따라서 교육의 결과는 특정한 지식과 기술을 얻는 데 있기보다는 생성 과정의 경험을 토대로 배움을 창출할 수 있게 되는 것이다.

교육은 타성이 강한 제도이다. 타성이 강하다는 것은 작은 자극에 의해서는 변화하지 않는다는 것이고, 또 다른 의미로는 단시간에 변화하지 않는다는 것이다. 앨빈 토플러(2006)는 기업이나 사업체가 시속 100마일을 달리는 자동차라고 할 때, 학교는 10마일을 달리는 자동차에 비유했다. 사회를 구성하는 다양한 기관 중에서 선두를 달리는 기업이나 산업체가 사회 다른 부문의 변혁을 주도하는 반면, 교육 시스템은 속도 경쟁에 참여하지 않고 보호받으며 변화에 크게 저항하고 있다.

교육적인 실험들이 늘어나고 있음에도 교육활동에 변화가 적다는 것은 교육활동의 본질이 사람을 중심에 두기 때문에 그러하다. 학생들을 교육한다는 것은 자판을 누르고 나서 문자가 표시되기까지 긴 시간이 걸리는 시스템이다. 그뿐만이 아니다. 교육은 공들인 것과는 다른 모양, 다른 시간, 다른 곳에서 되돌아오는 시스템이다. 즉, 입력 후 출력의 변화가 결과로 드러나기까지 오랜 시간이 걸린다. 주고받는 것이 상품이나 서비스가 아닌 '사람'이기 때문이다. 빨라도 수년, 경우에 따라서는 십 년, 이십 년이 걸릴 때도 있다(우치다 타츠루, 2012). 그 과정은 자신도 모르게 눈에 보이지 않는 작은 변화가 켜켜이 쌓이는 것이라 할 수 있다. 현대를 살아가는 우리는 교육의 목적을 기능적으로 간주하여 성취도, 입시 혹은 취업 등에 성공하는 인재를 양성하는 데 과도하게 초점을 두어 교육의 본질을 잃어버리고 있지 않은지 깊이 성찰해야 한다. 과학교육의 목적은 무엇인가? 사람의 변화에 있다면 구체적으로 어떤 변화를 추구하는가?

1.2 현대 사회의 과학과 기술

세상은 참 빠르게 변하고, 그 변화의 중심에는 과학기술이 있다. 사십 년 전만 해도 흑백 TV를 보았는데, 현재는 디지털 평면 LCD로 색상과 화질이 좋아 배우들의 모공까지 보일 지경에 이르렀다. 또 전화는 집에 한 대 정도를 소유하고 있을 뿐이었는데, 현재는 가족 구성원이 각자의 스마트폰을 소지하고 다닌다. 스마트폰은 전화 기능뿐 아니라 소형 컴퓨터와 같아서, 사람들은 스마트폰을 통해 이메일을 송수신하고, 인터넷으로 각종 정보를 검색하며, 교통 앱을 통해 길 찾기를 할 뿐 아니라 버스 도착 시간까지도 알 수 있다. 이처럼 과학기술은 하루가 다르게 진보하며 다재다능한 디지털 장치로 진화하고 있으며, 우리의 생활을 더욱 빠르게 변화시키고 있다. 전자 메일과 무선 통신의 병합으로부터 무선 이메일(wireless email) 개념이 생기고 현실화되어, 이십여 년 전만 해도 상상도 못했던 일 즉, 스마트폰을 이용하여 무선 이메일을 송수신하는 데 우리는 현재 익숙해져 있다. 여행갈 때 더 이상 무거운 카메라를 챙길 필요가 없으며, 언제 어디서든 스마트폰으로 사진을 찍고 SNS를 이용해 사진을 올리고 공유할 수 있다.

이렇듯 과학은 과학자의 연구 영역을 넘어서 현대 사회의 일상 문제에 깊이 침투해 있다. 과학자 아닌 일반 사람들도 과학과 관련된 지식과 기술의 이해, 과학 관련 사회 문제 등에 직면해 있다. 사람들은 하루에도 몇 번씩 과학기술 장치를 사용하는 일이 허다하고, 과학기술과 관련된 정보 및 기사를 쉽게 접한다. 직장인들은 출근해서 컴퓨터를 켜고 인터넷을 사용하며, 인터넷 상에 올라와 있는 과학 관련 기사를 스치듯 지나치거나 꼼꼼히 읽기도 하고, 휴식 시간에 에스프레소 머신에서 커피를 내려 마시고, 퇴근 후에는 자가용이나 전철 혹은 버스를 타고 귀가한다. 대도시의 직장인들이 공통적으로 갖는 행동 패턴에는 과학이 이룩한 문명 즉 과학기술의 산물들이 연결되어 있다. 너무 익숙해서 의식하지 못할 뿐이다.

과학이 자연 현상을 설명하는 활동이라면, 기술은 인간의 필요와 욕구를 위하여 자연을 변경시키는 수단이다. 때로 과학과 기술의 경계는 분명하지만, 또 때로 그 경계는 모호할 뿐 아니라 서로 그 경계를 투과한다. 기술을 쉽게 인공물들(예 컴퓨터, 비행기, 로켓, 의약품, 발전소)이라고 생각할 수 있지만, 이러한 인공물들을 설계하고, 자작하고, 작동하고, 유지하기 위해 필요한 이론을 포함한다는 것을 이해하는 것이 더 중요하다. 과학과 기술은 목적이나 문제해결의 절차와 평가 기준 등의 차이가 분명히 있지만, 그럼에도 불구하고 과학과 기술은 그 영역을 구분하기 어려울 정도로 복잡하게 얽혀 있다. 자연에 대한 과학적 이해가 현대의 기술 발전의 근간이 되었다는 것은 분명하다. 예를 들어 컴퓨터 칩의 설계는 규소와 다른 물질들의 전기적 성질을 상세히 이해하지 않고서는 불가능하다. 특별한 질병을 치료하기 위한 의약품의 개발은 단백질과 다른 생물적 분자들의 구조가 서로 어떻게 반응하는가를 이해함으로써만 가능하다. 역으로 기술은 현대과학 연구에 필수적이다. 작금의 과학적 진보는 현미경, 망원경, 적외선 스펙트로미터, 입자가속기, 질량분석기 등이 없다면 불가능하다. 현대의 기술적 진보는 막대한 데이터를 단 몇 분 만에 수집하여 분석할 수 있을 만큼 발전하였다. 전 지구적 기후 변화 연구를 목적으로 기상학자는 시뮬레이션을 설계하여 복잡계 모델을 탐구하는데, 그것은 현대 과학이 세련된 컴퓨터 기술에 의존하고 있다는 한 예이다(Hodson, 2009). 이처럼 과학의 원리를 확인하기 위해 기술이 발달하기도 하고 기술의 발달로 인해 과학의 성장을 촉진하기도 하며, 이 둘은 구분하기 어려울 정도로 얽혀 있다.

테크노사이언스(technoscience, 과학기술)는 라투르가 만든 단어로서, 과학과 기술은 상당히 다른 성격을 갖고 있지만 분리가 어려운 특징을 보여준다. 과학 기술은 현 인류의 생활에 침투해 있는 많은 일들에 깊이 연관되어 있다. 과학-기술의 발명과 혁신뿐 아니라, 의약학 혹은 지속가능의 화두를 던져주는 전지구적 환경 문제, 식품 안전 등에 이르기까지 다양하다. 일례로, 수년 전 한국

사회에 미국산 쇠고기 수입 기준 논제가 발생하면서, 이 문제는 광우병에 대한 과학 지식이 대중적으로 확산되는 계기가 되었다. 정확히 말해 우뇌해면증(BSE)이라 불리는 병의 원인 물질인 프리온(prion)이라는 단백질의 종간 전파에 대해 많은 사람들이 알게 되었던 것이다. 그 외에도 배아의 생명윤리 문제, 유전자조작 식품 관련 논제 등과 같은 과학기술과 연관된 다양한 사건들이 발생하고 있으며, 한 해 한 해 지날 때마다 사계절 및 장마 시기의 변화와 같은 기후변화에 더 민감해져 가고 있다.

이처럼 가끔 사회에서 발생하는 문제의 핵심이 과학기술(과학 관련 사회적 논제, Socio-Scientific Issues)과 관련된 것일 때, 사람들은 그 문제를 외면하기 어렵다. 사람들을 만나면 그 문제가 회자되고, 그 문제에 대한 각자의 의견이 더해지고, 다른 사람의 의견은 어떤지를 알고 싶어 하기 때문에 하나의 입장을 갖도록, 그 입장에 대한 이유 혹은 논리를 갖도록 종종 강요당하기 때문이다. 이때 사람들은 과학 문명의 시대에 살고 있는 것을 깨닫는 동시에 인간이 개입하고 통제해야 하는 선택과 의사결정에 따라 과학기술의 비전과 방향이 달라진다는 것을 깨닫는다. 여러 과학 관련 사회적 논제에 대한 의사결정의 민주적 과정을 실천할 시민이 된다는 것은 과학적으로 소양 있는 성인이 되는 것이다. 다시 말해, 일상에서 발생하는 다양한 과학기술 관련 문제 상황에 대한 의견과 입장을 갖고 의사결정을 할 수 있는 능력을 갖춘 것을 의미한다.

1.3 과학 문화와 과학적 세계관

과학이란 무엇인가? 과학은 과학자 공동체가 중심이 되어 이루어온 역사적이고 사회적인 맥락을 갖는 독특한 문화이다. '과학 문화'라는 용어는 우리 사회에서 널리 사용되고 있지만, 과학이라는 용어와 문화라는 용어는 각기 다른 의미를 갖는 것처럼 여겨진다. 과학의 사전적 의미는 "사물의 현상에 대한 보편적 원리 및 법칙을 알아내고 해명하는 것을 목적으로 하는 지식 체계나 학문"이다. 문화의 사전적 의미는 "자연 상태에서 벗어나 삶을 풍요롭고 편리하고 아름답게 만들어 가고자 사회 구성원에 의해 습득, 공유, 전달이 되는 행동 양식, 또는 생활 양식의 과정 및 그 과정에서 이룩해 낸 물질적, 정신적 소산을 통틀어 이르는 말로서, 의식주를 비롯하여 언어, 풍습, 도덕, 종교, 학문, 예술 및 각종 제도 따위를 모두 포함하는 것"이다. 사전적 정의로 볼 때, 과학이 자연세계에 대한 '객관적' 탐구를 대변한다면, 문화란 인간의 '주관적' 정서를 비롯한 여러 인위적, 관습적 영역을 지칭하는 것처럼 보인다.

　과학은 본질적으로 문화와 다른 성격을 지닌 것처럼 이해되기 쉬우나, 과학 또한 문화와 마찬가지로 인간이 이루어낸 공동의 산물이다. 하지만 과학이 전문가 영역이 되어버리면서 인간적 요소는 드러나지 않고 보편적이고 객관적 지식의 특징만이 부각되었다. 이와 관련하여, 스노우는 '두 문화(Two cultures)'를 통해 과학과 인문학은 별개의 두 문화로 생각될 만큼 간극이 벌어졌다고 보았다. 또한 실제의 세계를 다루는(보이는 것을 중시하는) 과학과 실제의 배후를 다루는(보이지 않는 것을 중시하는) 인문학의 단절이 야기되었다고 지적하였다.

　두 문화의 간극에는 과학은 정신적 가치와는 무관하며 일반 문화와 유리된 것이라는 인식이 자리하고 있다. 하지만 과학의 본질에 대한 이해를 확장한다면, 과학 자체가 문화의 일부라는 점에 주목할 수 있다. 과학은 언어, 설명체계, 방법론, 정당화의 기준, 가치, 태도 등의 총체로서, 산물로서의 지식체계뿐 아니라 지식 생성의 과정을 포함한다. 과학을 산물로 보면 인간적 요소가 빠진 객관적이고 보편적 지식이라고 이해하기 쉽지만, 과학의 과정은 인간의 시행착오와 끈질긴 노력을 포함한다. 과학은 인문학이나 예술과 마찬가지로 그 자체가 인간적 요소를 내포한 인류공동의 문화유산이다.

　외국인이 한국 문화를 완전히 알기 위해서는 한국어를 배우지 않고서는 가능하지 않을 것이다. 많은 문화적 가정들, 가치들, 태도들이 언어가 사용되는 방식에 함축되어 있기 때문에 그 언어를 모르고서는 한국 문화를 깊이 안다고 할 수 없으며, 그 이해는 피상적 수준에 머물 것이다. 과학 문화도 마찬가지이다. 과학의 언어는 일상의 언어와 다르다. 과학에서 힘은 질량과 가속도로 정의되며 물체의 모양이나 운동 상태의 변화를 일으키는 원인으로 이해된다. 하지만 일상에서의 힘은 배고픔, 기운, 음식, 근육 등의 단어와 연관되어, '배고파서 힘이 없다' 혹은 '힘이 빠져서 기운이 없다' 등의 표현을 한다. '힘'이라는 단어는 동일하지만, 일상에서 쓰는 의미와 과학에서 쓰는 의미는 완전히 다르다. 과학의 언어가 갖는 의미는 과학의 언어로 읽고, 말하고, 쓰는 방식을 제공하는 것이다. 즉, 일상의 맥락에서 '힘이 없다'는 표현은 일상적 의사소통에 문제가 없지만, 과학의 맥락에서는 더 이상 일상의 힘이 갖는 의미로 소통될 수 없으며 힘과 관련된 다른 언어들의 의미도 달라지며 힘과 관련된 언어들이 체계적으로 구성된다. 과학의 언어에는 여러 과학적 가정들이 내포되어 있으며, 언어의 의미가 생성된 과학적 과정과 가치들이 함축되어 있다.

과학 담화는 과학 공동체 문화로 생성되는 '지식의 자산(funds of knowledge)'으로서 특별한 언어 체계를 표상하며, 과학을 이해하고, 행하고, 읽고, 말하고 쓰는 방식을 포함한다. 과학 문화에 들어선다는 것은 과학 언어를 적절히 읽고, 쓰고, 말할 줄 알아야 한다는 것을 의미한다. 과학 언어에 익숙해진다는 것은 다른 사람들과 과학적 경험 및 통찰을 공유하고, 과학적 문제와 씨름하고, 해결을 제안하고 평가하고, 비판을 주고받고, 사회·과학적 쟁점에 중요한 의사 결정을 하는 데 필수적이다.

과학은 과학자의 학문 영역에만 국한되지 않는다. 과학이 전문가의 영역이라면 과학 문화라고 할 수 없을 것이다. 물론 과학을 연구하는 전문가의 연구를 일반 시민은 존중해야 하지만, 그와 동시에 과학은 전문가의 영역뿐 아니라 비전문가인 일반 시민도 참여해야만 하는 영역이다. 과학은 예술, 종교, 문학, 사상, 산업 등과 함께 인간 사회가 만들어내고 향유하는 문화의 한 영역이다. 첨단 과학이 사회의 핵심에 위치하며 그 방향을 좌우하는 '과학기술 중심 사회'의 특징적 현상이 나타난 20세기 후반에 이르러 과학은 정치, 경제, 언론, 대중 등과 밀접한 관련을 맺게 되었다. 과학이 실험실과 과학계의 테두리에 머물수록 그 반향은 초라하며, 반면에 사회의 다양한 측면과 상호연관을 맺을수록 그 영향력은 커진다. 현대 과학은 '사회적 네트워크'의 중심에 자리잡게 되었고, 사회를 움직이는 엔진으로 작용하게 되었다. 그러나 그런 만큼 균형은 필요하였다. 과학은 지속적으로 전문화되지만, 그와 동시에 총체적으로 사회문화와 엮여 있다. 현대 과학연구의 내용과 활동은 사회와 여러 접점에서 만나며 인간의 활동 중 하나이다. 이에 일반 시민은 과학연구의 주제와 활동 과정에서의 탐구와 추론에 대해 이해하고 참여하며 평가해야 할 능력을 갖추어야 한다. 다시 말해, 과학 문화에 참여하여 과학적으로 보고 사고할 것, 즉 과학적 세계관을 형성할 것이 요구된다.

일반적으로 세계관이란 단순한 학문적 사고의 체계와는 다르다. 이는 인식의 틀(perceptual framework)이며, 사물을 인지하는 방식이다(김만희, 2003). 즉 사람들이 실재를 바라보는 방식이고, 세계에 관한 일관성 있는 사고방식을 제공하는 기본적 가정 및 이미지이며, 개인이 새로운 정보를 적절하게 짜맞추는 인지구조이다. 나아가 사람들의 사고의 기초가 되는 기준과 함께, 주장의 그럴듯함을 판단하는 인식론적 구조를 제공한다. 또 세계관은 사람들이 그들 자신, 주위 환경, 진실, 아름다움, 인과관계, 시간과 공간과 같은 추상적인 관념에 대해 생각하는 나름대로의 방식으로 정의되기도 한다(Allen & Crawley, 1998). 세계관은 문화와 밀접하게 엮여 있으며, "문화 개념의 변용(a varinat of the concept of culture)"(Kearneym, 1984)이라고도 한다. 개인의 세계관의 기원은 사회문화적이다(Cobern, 1991; 김만희 재인용, 2003).

사람들은 자신이 교육받은 방식대로 세상을 이해하고자 노력해 왔다. 이것은 화가, 시인, 철학자, 그리고 과학자들이 각각 그들 자신의 방식으로 하고 있는 노력이다. 그 결과 그들에게 평화와 안정을 주면서 그들의 정서적 삶 한가운데에 정착한 그것이 바로 그들이 세운 세계관이다(Einstein, 1954). 그들이 배운 새로운 방식을 그들의 언어로 이야기하고, 그대로 살고, 다시 이야기하는 중에 그들의 세계관이 정착되기 때문이다. 물리학자 파인만은 과학 및 과학교육의 궁극적 목적은 과학적 세계관의 형성에 있다고 주장한다. 그래야 진정한 과학의 가치를 알고, 삶을 과학적 안목으로 바라볼 수 있기 때문이다(김만희, 2003).

아이들, 어른들, 그 모두가 여러 가지 방법으로 과학의 가치를 기억하는 것이 필요하다고 봅니다. … 과학이 만들어낸 세계관의 가치가 바로 그것입니다. 새로운 경험의 결과를 통해 발견한 세계의 아름다움과 경이 또한 가치 있는 것입니다. … 과학을 배우면 세계가 완전히 달라 보입니다(승영조와 김희봉 역,

2001; 김만희 재인용, 2003).

이처럼 과학적 세계관은 삶을 과학적으로 보는 눈이고, 복잡한 문제를 합리적으로 해결하는 판단의 형식이다. 파인만은 많은 사람들이 통합적인 하나의 세계관을 가지지 않는 것을 문제 삼는다. 그는 사람들에게 "우리 머릿속에 있는 여러 관점들을 모아서 서로 비교함으로써" 질서 있는 세계관에 이를 것을 권고한다. 과학적 세계관은 우리에게 공급되는 여러 차원의 많은 아이디어와 관점을 간추려서 정합성을 찾게 하는 사고 양식이며 동시에 그 산물이다. 상호 불가공약적인 경험이나 지식을 전체적 안목으로 통합, 조정하는 사고 과정의 결과로 하나의 세계관이 편집되는 것이다(김만희, 2003).

1.4 학교 과학교육의 방향: 과학적 소양

과학은 세계를 보는 하나의 시선으로서 과학적 세계관을 생성한다. 과학적 세계관은 자연을 이해하는 인간의 지적 산물이며 현재진행형이다. 과학으로 세계를 본다는 것은 자연과 인간의 의사소통 방식이며 의미의 생성이다. 인간이 이루어 온 과학의 문화라고 할 수 있다. 세계관이란 실세계의 본질과 그것에 대한 지식의 생성에 대해 의식적으로 그리고 무의식적으로 견지되고 있는 믿음 및 가치를 통칭하여 말한다. 서로 다른 사회문화적 환경은 서로 다른 세계관을 생성한다(Hodson, 2009).

과학교육의 본질은 인간이 자연과 의사소통할 수 있도록 하는 것이며, 학교 과학교육에서는 학습자로 하여금 과학의 시선으로 세계를 이해하고 의미를 생성할 수 있도록 도와주는 것이다. 과학은 철학으로부터 출발하여 고유의 영역을 만들어왔으며 과학자 공동체의 오랜 수고와 노력을 통해 하나의 문화로 자리잡았다. 과학의 문화에는 고유한 언어 체계가 있으며 추구하는 방법에 대한 시도와 논의로 거듭나고 있는 것이다.

학교 과학은 과학자들의 지식 체계와 방법론적 노력의 일부를 가공하여 만든 것으로, 학교교육을 통해 학습자들을 과학의 문화 속에 편입시키는 과정인 것이다. 학교 과학에서 학습자는 과학 문화의 주변인으로 참여하여 과학의 언어와 다양한 방법을 전수받아 가며 점차 과학 문화인이 되어 가는 과정에 있다.

과학이 하나의 교과로 학교 현장에서 분명한 지위를 얻게 된 것은 19세기 말에 이르러서였으며, 한국에서는 20세기 해방 후 교수요목기를 거쳐 교육과정을 개발하면서 학교 교과의 형태로 자리잡았다. 과학교육의 시작은 산업화로 인한 시민계급의 성장과 함께였지만 학교 교과로 정착되기까지는 200여 년 이상이 걸린 셈이다. 오늘날의 과학은 초중등학교에서 정규 교과목이며 그중에서도 핵심교과목의 하나로서, 과학이 지닌 현 시대사회적 위상을 반영한다.

교과는 교육활동의 대상으로 존재하는 교육적 소재 중의 일부이며, 학교 교과는 학교라는 특수한 공간에서 이루어지는 다양한 배움거리를 의미한다. 학교 교과는 학교교육이라는 제도적 장치 속에서 가르치고 배우는 일상적이고 구체적인 앎의 형식이라고 볼 수 있다. 다시 말해, 학교 교과는 "인류가 쌓아올린 앎의 총체 가운데 일부를 독특한 방식으로 가공해 놓은 특수하고 개별적인 앎의 형식"이라고 볼 수 있다(장상호, 2006).

과학 교과는 교육활동의 대상으로 과학이라는 앎의 형식을 다룬다. 21세기 한국이라는 맥락 속에서 우리가 가르치고 배우는 과학 교과는 어떤 모습일까? 시간과 공간에 영향을 받지 않고 탈맥락적인 형식의 보편적이고 일반적인 앎이라고 볼 수 있을까? 과학 교과의 양태는 시간과 공간에 따라 다른 모습으로 변화해왔다. 과학 교과의 모습이 문서상으로 나타나는 교육과정도 당시의 과학 지식 변화, 그리고 사회와 국가의 요구 등의 시대상을 반영하기 마련이다. 우리나라 교육과정은 교수요목기를 시작으로 7차 교육과정으로 변화한 후, 2007 개정, 2009 개정이라고 하는 크고작은 변화를 겪었다.

학교 교과로서 과학의 교육적 목적은 무엇인가? 국가교육과정상에 나타난 과학교육의 성격을 살펴보면, 과학적 지식과 함께 지식생성의 탐구과정을 강조하며 과학적 소양인의 양성을 목표로 하고 있다. 이제 과학을 빼놓고 현대 인간 생활을 이야기하기 어렵다. 과학적 소양은 과학기술로 점철되는 현대를 살아가는 인간 교육을 위한 최고의 가치이자 목표이다. 이것은 우리나라뿐 아니라 전세계적인 추세이다.

현대 사회를 살아가는 개인은 과거에 경험할 수 없었던 복잡한 상황에 처하게 된다. 21세기를 살아가는 개인은 이 같은 사회에서 해결해야 하는 갈등 문제들에 직면하게 되었다(Mun et al., 2011; 유은정, 2008). 과학기술의 급격한 발달로 인한 환경파괴, 에너지 고갈, 비인간화 문제와 같은 문제들은 과학과 밀접하게 관련되어 있으며, 지구 공동체 전체가 함께 해결해야 하는 문제이다. 이러한 문제들은 과학기술의 사회적 영향, 그리고 사회와 과학기술의 상호작용을 반영하고 있어, 문제를 이해하고 합리적인 의사결정을 하기 위해서는 21세기 시민에게 필요한 과학적 소양을 함양해야 한다. 과학 지식뿐만 아니라 문제에 대해 합리적으로 판단하고 의사결정할 수 있는 능력을 강조하는 과학적 소양(scientific literacy)은 과학교육의 지속적인 목표이다. 과학적 소양에 대한 논의는 과학교육의 지속적인 화두였고(Millar, 2006; Osborne, 2007), 과학이 과학적 개념 지식 그 자체를 강조하는 것이 아니라 인간의 삶에서 과학이 어떤 역할을 하는 것인지에 대해 이해하는 것이 강조되어왔다(Bybee, 2009).

(Gao, et al., 2012)

위의 발췌문은 "2007 개정 중학교 과학 교과서에 나타난 21세기 글로벌 과학적 소양의 탐색"이라는 논문의 서론 일부이다. 위의 글에서 볼 수 있듯이, 과학교육에서 현대 사람들이 가져야 할 소양으로 과학적 소양을 제시하였고, 시민의 과학적 소양 함양은 학교 과학교육의 목표가 되었다. 과학교육의 목표와 관련된 논문 및 교육과정 자료에서 살펴볼 수 있는 과학적 소양은 대체로 '과학적 개념의 이해, 과학적 방법의 체득, 지식과 방법을 토대로 일상생활에서 벌어지는 각종 과학 관련 사회문제에 대한 합리적 의사결정 능력'으로 정의된다. 앞에서 논했듯이, 과학교육이 추구하는 바는 일반 시민의 과학적 소양으로서, 과학의 문화에 편입하여 과학 언어를 읽고 쓰고 말할 수 있으며, 과학적 세계관을 형성하여 과학적 문제를 비판적으로 평가하고 사회과학적 쟁점 및 기술사회 문제에 중요한 의사 결정을 할 수 있는 능력을 함양하는 것이다.

현대를 살아가는 시민으로서 갖추어야 할 과학적 소양의 정의는 매우 기능적이다. 과학을 알고, 과학에 대해 알고, 적법한 행동을 취하는 것이 현대를 살아가는 데 중요하기는 하겠지만 과연 꼭 필요한 일일까? 과학을 모른다고, 과학에 대해 모른다고, 현대인으로 살아내지 못하는 것은 아닐 것이다. 뉴턴의 법칙을 몰라도, 물질을 구성하는 원자에 대해 이해하지 못하더라도, TV나 자동차가 어떻게 작동하는지 몰라도, 일상생활을 영위하는 데는 지장이 없다. 그런 의미에서 과학적 소양은 지식에 국한되는 것은 아니다.

과학적 소양은 자연 세계를 이해하는 하나의 방식으로서의 과학을 이해하는 것, 즉 과학적 언어를 이해하고 해석할 수 있는 능력을 의미함과 동시에, 과학의 과정을 이해하고 과학을 평가할 수 있는 능력을 말한다. 과학적 소양의 수준은 취학 전 어린아이에서부터 전문가로서의 과학자에 이르기까지 다양한 스펙트럼 상으로 나타날 것이다. 국어를 배우고 가르치는 목적이 모든 학생을 소설가나 시인으로 양성하려는 것이 아니듯이, 과학을 배우고 가르치는 것도 모든 학생을 과학자로 양성하려는 것이 아니다. 그보다는 과학을 구체적인 것부터 추상적인 것에 이르기까지, 기본 개념부터 복잡한 개념에 이르기까지, 점차 심층 내용과 과정을 가르치고 배우는 것을 통해, 과학의 지식 차원과 더불어 사회 관련 과학 연구에 대한 이해와 평가를 할 수 있는 능력을 함양하도록 하는 것이다. 물론, 기본적인 것은 과학 언어이며, 과학의 언어를 학습하지 못한 사람은 현대 과학 정보로부터 소외되기 쉽다. 기본적인 과학의 언어를 읽고 쓸 수 있는 동시에 과학의 과정을 따라갈 수 있어야 할 것이다.

킨트겐(Kintgen)은 다음과 같이 소양(literacy)을 4단계로 구분하고 있다 (Hodson, 2009). 첫째는 시그너처(signature) 단계로서 자신의 이름을 읽고 쓰는 능력이다. 둘째는 낭독(recitation) 단계로서 문단에 나와 있는 단어를 모두 혹은 대부분 읽을 수 있지만 그것들의 의미 및 함축된 의미를 이해하지 못하는 단계이다. 셋째는 이해 단계로서, 문자적 수준의 질료로 의미를 구성할 수 있는 단계이다. 넷째는 분석 단계로서, 텍스트 및 매체 보고를 분석하고, 해석하고, 비판하고 평가하는 능력을 의미한다. 과학교육에서 추구하는 단계는 바로 네 번째 단계의 소양이 될 것이다. 이 단계는 언어적 능력뿐만 아니라 상당한 개념적 이해를 필수적으로 요구한다. 이를 과학적 소양 단계에 적용하면, 과학적 텍스트를 능숙하게 읽고 비판하는 능력은 모든 단어를 기억하고 구체적 정보를 찾아내는 것 이상을 포함한다. 그것은 또한 어떤 것이 추론이고, 가설이고, 결론이고, 가정인지를 결정할 수 있는 능력과 설명과 그것의 증거 사이를 구분하고, 누군가 "과학적 진리"라고 단언할 때 이를 평가할 수 있는 능력을 포함한다. 이러한 수준의 해석 능력이 없다면 과학적 의미를 파악하지 못할 것이다. 간단히 말해 과학적으로 생각하고 추론한다는 것은 과학 언어의 형식과 규약에 어느 정도 익숙하고 숙련될 것을 요구한다. 그것은 다만 단어를 인식하는 문제가 아니다. 그것은 증거와 아이디어 및 이론을 연결시키는 논변을 이해하고, 평가하고, 구성하며 또 그러한 이해를 사용하여 새로운 상황에 적용하는 능력을 포함한다.

4단계의 과학적 소양을 성취하기 위해서는 과학이란 도대체 무엇인가에 대한 개념적 이해와 입수하려는 정보를 평가하는 데 사용할 특수한 기술들이 필요하다. 이를 위해, 기어리(Giere et al., 2006)는 실세계-모델(개념, 이론)-예측-자료의 상호작용적이고 순환적인 과학적 추론의 모델을 제안했다. 현대인이 각자 직장이나 개인 생활에서 맡은 역할을 효과적으로 수행하는 데 더욱 중요해지는 과학적 정보를 충분히 활용하고, 과학 관련 사회 문제에 대한 합리적 의견이나 입장을 갖고 의사결정을 하기 위해서는 과학의 과정에 대한 이해와 이에 필수적인 추론 기술이 필요한 것이다. 이러한 추론 기술은 거꾸로, 과학의 언어를 읽을 수 있는 수준의 단계에 있지 못하더라도, 과학적 정보가 타당한 것인지 아닌지를 판단할 수 있는 능력을 갖춘다면, 일상에서 홍수처럼 넘쳐나는 낯선 과학 정보를 이해하고 이용할 가능성을 제공한다. 즉, 과학을 학교 교육에서뿐 아니라 일상에서 학습할 수 있는 능력을 갖추게 되는 셈이다.

과학적 소양이 있는 사람은 광고회사나 정치인이 사용하고 있는 그들의 '과학적 증거'를 적절히 평가하고 대처해 나갈 수 있으며, 나아가 그의 건강, 안전, 경제적 삶의 질에 영향을 끼치는 의사결정을 보다 합리적으로 행할 수 있다. 과학적 소양을 제고함은 사회적 가치, 책무, 사회참여, 민주적 의사결정이라는 바로 그 핵심이 소수의 엘리트에 의해 지배되는 상황을 인식하고 막을 수 있다는 것을 의미한다.

사회 과학적 쟁점 저변에 놓여있는 과학은 때때로 복잡하고 불확실하다. 과학은 고도로 전문적이어서 소수의 과학자 집단만이 특별한 쟁점에 대한 전문지식을 가지고 있다. 따라서 사회에서 발생하는 과학적 논제에 대해서 전문가들의 의견이 필요하지만 모든 정책 결정을 특별한 소수의 전문가에게만 맡기는 것은 바람직하지 못하다. 과학적 소양의 핵심적 요소 중 하나는 과학자나 그 밖의 전문가들을 믿을 수 있는 때와 그들의 동기와 방법을 의문에 부쳐야 하는 때를 아는 것이다. 그것은 개인적, 공적인 관심의 문제에 대하여 감정적으로 대처해 나가기보다는 합리적 의사결정을 할 수 있음을 의미한다.

과학교육의 목적은 모든 사람을 과학자로 양성하는 것이 아니다. 학교 교육을 마친 후 사람들은 과학 연구를 실행하는 과학자가 될 수도, 과학을 가르치는 과학교사가 될 수도, 혹은 과학과 무관한 일을 하면서 평생을 살아갈 수도 있다. 과학이라는 하나의 문화의 중심부에 있을 수도 있고 주변인이 될 수도 있는 것이다. 그러나 중요한 것은 과학자가 아니더라도 과학이라는 활동이 이루어지는 본질에 대한 이해와 참여가 이루어진다는 것이다. 과학 문화의 주변부에 있는 일반 시민은 현대 사회의 중요한 과학 관련 논제에 대해 그 합리성을 평가하고 논증하고 합리적인 의사결정을 해야 하기 때문이다.

도킨스(Dawkins, 1998)에 의하면, 과학자처럼 추론을 하면 법률가는 더욱 훌륭한 법률가가 되고, 판사는 더욱 훌륭한 판사가 되고, 국회의원은 더욱 훌륭한 국회의원이 되고 시민은 더욱 훌륭한 시민이 될 수 있다. 또한 세이건(Sagan, 1995)에 의하면 과학자 및 공학자 역시 그들이 하고 있는 일의 사회적, 경제적, 문화적, 윤리적, 환경적 결과를 인식하고 있을 때 더욱 훌륭한 과학자와 공학자가 될 수 있다. 로스와 바톤(Roth & Barton, 2004), 허드슨(Hodson, 2008) 역시 과학적 소양을 사회적 책무의 맥락에서 사회적, 정치적 소양과 밀접하게 관련되어 있는 것으로 보고 있다. 과학 관련 사회적 논제(SSI, Socio-Sientific Issues)의 의사결정에 중요한 영향을 미치는 것은 개인적 노력보다는 집단적 활동을 통하여 이루어지기 때문에 과학적 소양을 위한 교육의 궁극적 초점은 효과적인 공적 행위를 향해야 할 것이다(Roth & Lee, 2002, 2004; Hodson, 2009).

📄 요약

과학을 배우는 목적은 관점과 범위에 따라 다양하게 논의될 수 있으며, 삶의 맥락에서 보면 장기간의 과정을 통해 이루어지는 것이다. 학교교육은 특정 시기에 삶의 한 과정으로 중요하고 필요하다고 판단되는 특정 경험을 학생들이 할 수 있도록 구성된 것이다. 학교 과학교육은 민주 시민 사회의 성장을 위하여 과학적 소양인의 양성을 목적으로 한다. 과학적 소양인은 일상에서 발생하는 문제로부터 과학의 문제에 이르기까지 시민이 접하게 되는 문제를 해결하는 데 자신의 입장에서 가장 과학적이고 합리적 판단을 할 수 있는 능력을 의미한다. 과학적 소양인의 양성이 학교교육의 목적이라면 학교과학의 교수·학습이 문제를 과학적이고 합리적으로 해결하는 과정으로 이루어져야 할 것이다.

✏️ 글쓰기

- '세계를 보는 관점으로서의 과학'에 관한 에세이 쓰기

과학의 본질

2.1 과학이란 무엇인가?

우리는 과학을 가르치고 배우는 실천을 위해 '과학이 뭘까?'에 관한 근본적인 질문을 할 필요가 있다. 과학이 무엇인지에 대한 근원적인 탐색은 과학교육의 실행의 의미를 형성한다. 외계인이 지구인에게 '과학이 뭐냐?'고 질문을 했다고 하자. 어떻게 대답할 것인가? 혹은 초등학생이 '과학이 뭐냐?'고 질문했다고 하자. 어떻게 대답할 것인가?

사전에는 과학을 "사물의 현상에 대한 보편적 원리 및 법칙을 알아내고 해명하는 것을 목적으로 하는 지식 체계나 학문"이라고 정의하고 있다. 여기서 과학이 사물의 현상에 대해 말해주는 보편적 원리 및 법칙은 진리인가? 진리 체계인가? 고정불변한 어떤 것인가? 현재 과학 지식이 진리는 아닐지라도 진리를 향해서 나아가고 있나? 아니면 어디로 향하는지 모르는 것은 아닌가? 진리라는 것을 고정불변한 참인 명제라고 한다면, 현재 과학 지식체계가 진리라고 믿는 단순한 사람은 없을 듯하다. 왜냐하면 과학사에서도 밝혀졌듯이 과학 지식은 변해왔기 때문이다. 세상은 변하고 연일 신문이나 인터넷에 새로운 과학을 소개하고 있는 것과 비교해 보면, 교과서는 과학의 변화 양상을 즉각적으로 반영하지는 않는다. 그렇다고 하면, 과학은 진리를 향해 나아가는 것일까? 저 너머에 있는 것이 진리고, 과학이 진리를 추구하는 것이라면, 저 너머에 진리가 있다는 것은 어떻게 알 수 있는가?

'과학은 어디에 있는가?'라는 질문에 쉽게 답을 하지 못하는 것은 과학이 무엇인지 그 실체를 간명하게 파악하기 힘든 것과 연관된다. 과학이 무엇인지 안다면 어디에 있는지 분명히 이야기할 수 있을 것이다. 또 반대로 과학이 어디 있는지에 대해 대답하기 애매하다면 과학이 무엇인지에 대해 대답하기가 애매하다는 것과 연결된다. 이처럼, 과학이 무엇인지 그 실체를 잡기가 어려운 것은 어찌 보면 너무 당연한 것이다. 과학이 무엇인지 쉽게 알 수 있다면, 과학이 무엇인지에 대해 연구하는 학문 분야가 존재할 수 없을 테니 말이다. 근대 이후에 태동한 과학철학은 과학은 무엇이며 어떻게 작동하는지에 대하여 탐구하는 학문 영역을 일컫는다.

2.2 과학과 철학, 기술의 관계

과학이 무엇인지에 대한 핵심을 통과하는 이야기를 하기 위해서는 철학 및 기술과의 관계를 다각적이고 역사적으로 탐구하는 것이 선행되어야 할 것이다. 과학은 애초에 철학적 질문, 즉 우주에 대한 사색, '우주는 무엇으로 이루어져 있는가'로부터 시작되어 '우주는 어디서 왔느냐'의 질문으로 이어졌다. 우주를 이루고 있는 근본이 무엇인가? 근본 물질이 무엇인가? 이런 데서 시작했기 때문에 초기 철학은 자연철학이라 할 수 있다. 당시의 철학은 동시에 과학[1]이었다. 우주론은 전체론적이었고 그 내부에서 인간의 위치를 수학적으로 다루었기 때문이다. 철학의 관심이 자연에 대한 탐구에 인간에 대한 탐구를 추가하면서 과학과 철학은 갈라지게 되었다. 로마 시대의 사상가 키케로는 소크라테스가 철학을 하늘에서 떼어내(천문학과 자연에 대한 사변에서 분리하여) 사람들 사이로 가져왔다고 말했다. 소크라테스의 질문은 이런 것이었다. 인간은 함께 어울려 살기 위해서 어떻게 행동해야 하는가? 어떻게 행동하는 것이 궁극적으로

---

1) 고대 그리스 당시 과학이라는 이름이 존재했던 것은 아니다. 철학의 영역이 지금의 과학의 질문들을 포함하고 있었고 철학은 과학과 한 덩어리였다고 볼 수 있다. 근대 이후에 들어서서 과학이라는 학문이 성립해 나갔다.

모든 사람들에게 좋은 것인가? 나는 지금 하고 있는 내 행동의 의미를 알고 있는가? 사람답다는 것은 무엇인가? 즉 소크라테스는 철학의 끊임없는 탐구 정신으로 인간과 관련된 질문을 던지고 해답을 추구함으로써 도덕적 기초를 세우고자 했다. 소크라테스의 철학적 관심은 자연의 원리가 아니라 인간 공동체의 윤리에 있었으며 철학의 새로운 영역을 개척했다고 볼 수 있다(김용석, 2009). 그러나 전체로 보면 자연에 대한 탐구에 있어서는 철학과 과학이 여전히 겹치지만 점차로 우주론이 천문학으로 독립해나가는 등의 방식으로 개별과학은 철학으로부터 독립해왔다고 볼 수 있다.

과학을 이야기하기 위해 철학을 봐야 하는 것처럼, 기술과의 관계도 살펴봐야 한다. 과학과 철학, 기술 중에서 어느 것이 가장 먼저 나왔을까? 그것은 기술이다. 기술의 역사는 인간의 역사와 거의 비슷하다고 할 수 있다. 인류사에서 후기 빙하기의 변화무쌍한 기후에서 네안데르탈인이 멸종하고 크로마뇽인(호모 사피엔스)이 살아남은 이유가 무엇이었을까? 알려져 있는 가설 중 하나는 '바늘' 때문이라고 한다(그림 2.1). 크로마뇽인은 바느질을 해서 몸에 맞게 여러 겹의 옷을 입어 체온을 유지했고, 반대로 네안데르탈인은 바느질을 하지 못해서 동물 가죽을 대충 두르고 다녔기 때문이라는 것이다. 즉, 도구 사용의 역사는 인간의 역사와 거의 비슷하다고 할 수 있다. 인간이 처음 땅 위에 섰을 때 무엇부터 했는가? 우선 살아남기 위해 뭔가 만들어야 했다. 집도 만들어야 했고 몸을 가리는 옷도 만들어야 했고 또 먹기 위해 동식물을 채취하는 도구도 만들어야 했다. 그렇게 해서 기술이 시작되었고, 오랜 역사 속에서 발전되어 온 것이다.

과학은 과학혁명 이후에 인문적인 요소, 철학적인 요소를 계속 제거하면서 수학화, 기계화, 가속화한 결과 오늘날은 아주 추상적인 내용이 되어 버렸는데, 한편 과학은 기술과 분리해서 생각할 수 없을 정도로 일심동체가 되었다. 어디가 과학이고 어디가 기술인지 명확한 경계선을 그을 수 없을 정도로 과학과 기술이 융합되어 버렸다.

그럼에도 불구하고 과학과 기술은 상당히 다른 성격을 갖고 있는데 분리가 어렵기 때문에 근래에 브뤼노 라투르(Bruno Latour)[2]가 테크노사이언스라는

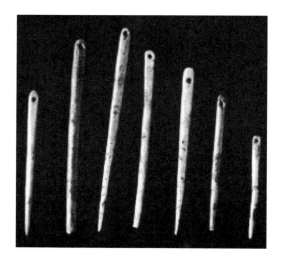

그림 2.1 크로마뇽인이 사용한 '바늘 귀가 있는 바늘'

말을 만들었다. 기술과학이라고 그대로 번역하면 옛날에 사회주의 국가에서 사용하던 테크놀로지사이언스 즉, 기술과 분리되기 어려운 과학의 모습을 말해준다.

2.3 신화적 사고

철학의 시작은 경탄, 경이 그리고 질문으로 이루어진다. 신화는 인간이 자연현상과 주위에 발생하는 다양한 사건들을 경이로운 현상으로 이해한 최초의 이야기 형식라고 할 수 있다.

다음과 같이 가정해 봅시다. 옛날 옛적에 늘 땅 밑에서만 살고 있던 사람들이 있었다고 말입니다. 게다가 아주 훌륭하고 호화스러운 집에서 말입니다. 각양의 동상과 그림뿐만 아니라 행복한 사람들이 소유하는 모든 사치스러운 물건이 가득찬 저택 말이지요. 그런데 그 사람들은 아직 한 번도 땅 위에 나와

---

2) 브뤼노 라투르(Bruno Latour, 1947~)는 프랑스의 과학기술학자로 현대사회와 과학기술의 관계를 설명하기 위해 고안한 '행위자 연결망 이론(ANT)'은 다양한 현상을 설명하는 혁신적 사회이론이다.

본 적이 없지요. 그렇지만 신들의 영광과 권세에 대해서는 소문으로 들어 알고 있습니다. 그러던 어느 날 땅이 갈라지게 되었고, 그 사람들은 땅속에 숨겨진 집으로부터 우리가 살고 있는 땅 위로 올라오게 되었습니다. 이제 땅속 사람들은 갑자기 지구와 바다 그리고 하늘을 볼 수 있게 되고, 큰 구름과 강한 바람을 느끼며, 태양의 위대함과 아름다움을 보고, 또 태양이 어떻게 온 하늘을 밝게 비추며 날이 밝아오게 하는가 등 태양의 엄청난 작용을 알게 되었다면, 그리고 지상에 어두움이 깔린 밤에 하늘이 얼마나 찬란한 별들로 수놓아지는가를 보게 되었다면, 그리고 뜨고지는 달의 변화와 영원히 변함없이 운행하는 별들의 궤도를 보게 되었다면, 그 사람들은 정말 신들이 있다고 믿었을 것이고 이런 자연의 놀라운 작용들이 신의 작품이라고 믿었을 것입니다(아리스토텔레스의 글, Zemb, 1961).

아리스토텔레스는 신화와 전설을 잘 이해한 듯 보인다. 그런 사실은 그가 이에 대한 비판을 가했다는 것에서 엿볼 수 있다. 그에 의하면 시인들은 "어떠한 상황을 막론하고 대개 비극의 기초로 사용되는 전래 신화에서 소재를 취해야 하는 것은 아니다". 더욱이 과학자라면 이런 전통에 얽매여서는 안 되지만, 신화적 사고는 세상에 대한 이해를 구성하는 가장 초기 형태의 이야기라는 점을

그림 2.2 풍랑이 이는 바다

간과할 수 없다.

그림 2.2를 보면 바다에 풍랑이 일고 있는 것을 볼 수 있다. 왜 이런 현상이 발생할까? 이 자연 현상을 어떻게 설명할 수 있을까? 우리는 아마도 지금 알고 있는 과학을 통해 판구조론이라는 이론에 근거해서 지진과 해일 등으로 이 현상을 설명할 수 있을 것이다. 판구조론은 "지구의 표면은 10여 개의 판으로 이루어져 있으며, 판들이 맨틀의 대류를 따라 서로 다른 방향과 속도로 이동하면서 판의 경계에서 여러 가지 지각 변동이 일어난다는 학설"로서 1960년대 여러 학자들이 주장을 했고 현재 학교에서 가르치는 과학이론이다. 현대 지질학의 정설인 '판구조론(Plate Tectonics)'에 따르면, 지각을 포함하는 지구의 표층은 크고작은 10여 개의 판으로 나뉘어져 있는데, 이들은 각각 조금씩 움직이면서 서로 밀거나 포개지고 때로는 충돌을 일으키기도 하면서 화산, 지진 등을 포함한 지각변동을 일으킨다고 한다.

그런데 판구조론이 있기 아주 오래 전, 옛날 사람들은 이런 자연 현상을 어떻게 설명했을까? 여러 가지 이야기가 가능한데, 이를테면 바다의 신에게 어부들이 제사를 안 지냈기 때문이라는 등 신의 노함이 원인이라는 설명이 가능하다. 인간이 무언가 신이 원하는 것을 하지 않았거나 혹은 신에게 제물을 바치지 않는다는 등의 이유로 포세이돈이 노하여 풍랑을 일으키고 지진과 해일을 인간이 사는 곳에 일으켰다. 이런 생각은 자연을 신화적으로 파악한 것이다. 사고의 형식으로 보면, 사건과 사건을 연결하여 인과적 설명을 하는 아주 단순한 추론을 반영하는 내러티브적 사고가 작동한 것이라 할 수 있다.

이처럼 옛날 사람들은 자연을 접했을 때 자연을 신화적으로 파악했다. 신화나 과학이나 대상은 자연이었지만, 그 자연을 파악하는 방법이 달랐고 그 방법은 진화를 거듭했다. 예컨대, 바닷물이 거세지고 폭풍우가 몰아치는 사건을 두고 신화적 해석은 포세이돈이 화가 났다는 것으로 해석하지만 과학적 해석은 그렇지 않았다. 고대부터 이야기로 풀어가는 신화(뮈토스, mythos)와 논리로 풀어가는 철학(로고스, logos)이 반드시 대립적이었던 것은 아니지만, 자연철학의 발생은 하나의 신화에서 논리로 넘어가는 그 과정에 있다고 볼 수 있다. 자연을 해석할 때 초자연적인 힘을 빌던 신화적 설명에서 벗어나 자연의 원리를 자연 자체에서 찾으려고 한 것이다. 다시 말해, 사건과 사건을 연결하는 단순한 추리에서, 원리를 기반으로 한 일관성 있고 체계적인 사고로 발전한 것이다. 만물의 원리를 로고스라고 할 때, 로고스는 과학과 철학의 역사 전체를 통틀어 가장 중요한 개념이다. 밀레토스 지역을 중심으로 형성된 고대 그리스 자연철학자들, 즉 탈레스, 아낙시만드로스, 아낙시메네스 등 이른바 자연철학자들의 철학적 활동은 신화적 개념의 가치를 극복하면서 경험과 관찰을 바탕으로 논리를 전개하려는 시도였다.

2.4 고대 철학자들의 원리 추구

고대 그리스의 사상가들은 하늘, 땅, 바다 등 자연 현상을 관찰하면서 이 세상을 관장하는 원리를 찾았다. 대표적인 자연철학자는 탈레스(Thales, 기원전 585년경 활동), 아낙시만드로스(Anaximander, 기원전 555년경 활동), 아낙시메네스(Anaximenes, 기원전 535년경 활동), 헤라클레이토스(Heraclitus, 기원전 500년경 활동) 등이다. 그들은 우주를 물질로 설명했으며, 만물을 구성하는 어떤 것, 만물을 근원적으로 탄생하게 한 그것, 그리고 만물이 결국은 돌아가야 할 그것을 알고자 했다. 원천적인 그 어떤 것이 만물의 요소이며 근원이라고 생각했던 것이다. 그들의 이론은 자연과 기술적 과정 모두를 관찰한 토대 위에 세워졌지만 체계적인 실험은 없었다. 세상을 포괄적으로 보기 위해 그들은 대담하고 광범위한 일반화를 시도했다(Hudson, 1992).

이 세상 모든 것들의 존재를 설명하는 유일한 '원리'에 관한 최초의 철학적 명제를 제시한 사람은 탈레스이다. 탈레스가 원리라는 뜻의 '아르케'라는 그리스어를 사용한 것은 아니지만, 아르케의 의미를 내포하는 철학적 명제를 최초로 제시한 사람이라고 알려져 있다. 탈레스는 만물의 근원을 물이라고 천명하였다. 그는 물질세계의 모든 것이 한 가지 실재로 떠받쳐지고 있으며, 서로 다른 형태로 나타나는 그 한 가지를 '물'이라고 보았다. 그는 삼각주에 스며든 나일강물이 진흙으로 전환되듯이, 물은 자연적 과정에 의하여 다른 물질로 전환

된다고 생각했다(Hudson, 1992). 아리스토텔레스에 따르면, 탈레스는 "물로부터 모든 것이 나오고, 종국에는 모든 것이 물에 귀속된다. … 그러므로 현상이 변해도 하나의 현실은 변함없이 존속한다"고 주장했다고 한다. 아리스토텔레스의 글을 빌면 다음과 같다. "새로운 철학적 사고를 시작했다고 할 수 있는 탈레스는 물이 원리라고 하는데(그래서 그는 대지도 물 위에 떠 있는 것이라고 단언한다), 이런 주장은 틀림없이 이 세상 모든 것이 습한 것으로부터 자양분을 얻어 생성된다는 것을 관찰하고 그에 대한 확신으로부터 나온 것이다. … 다시 말해 모든 씨앗은 습한 곳에서 자랄 수 있으며, 습한 것의 근원은 물이며, 물은 만물의 원리라고 추론했다"(김용석, 2009).

탈레스는 사물을 관찰하고 그것을 논리적으로 풀어가려는 노력을 한 것으로 평가된다. '모든 것의 원리로서의 물'이라는 것은, 바다의 신이나 강의 여신 또는 물의 요정으로 설명하려는 신화적인 성격의 물이 아니라, 현상에 대한 관찰과 경험에 기반을 둘 뿐만 아니라 추론적 사고로 파악할 수 있는 이 세상의 근본 실체로서 물인 것이다. 이처럼 탈레스의 사고에서 중요한 것은 '하나의 원리'로서, 여러 가지 현상을 하나의 원리에 맞추어서 해석하려는 시도였다(김용석, 2009).

아낙시만드로스는 만물의 근원은 무한정하며 제한되지 않은 것이라고 상정했다. 그는 우주를 더 포괄적으로 서술하기 위해 '무경계'라는 물질을 주장하였다. 그것은 신비하고 근본적인 물질이며 그것으로부터 물을 비롯한 다른 물질들이 생겨난다고 하였다. 그 이유는 "그래야만 생성이 멈추지 않기 때문이다"는 것이다.

아낙시메네스는 아낙시만드로스의 신비스러운 '무경계'를 거부하였으며 근본 물질은 '공기(mist)'라고 하였다. 그는 안개가 희박하게 되면 불이 되고, 농축되면 물과 흙이 될 수 있다고 하였다. 그는 이런 과정들이 항상 일어나며 세상의 모든 것은 연속적인 변화 상태에 있다고 하였다. 만약 지구가 속까지 물이 차고 난 후 마르게 되면 균열이 생길 것이며 그 다음 이 균열 속 깊이 흘러내린 흙더미에 의해 큰 진동이 생길 것이라고 주장하였다. 그는 이것이 가뭄 때나 또는 그 반대로 장마 때에 지진이 생기는 이유라고 설명하였다. 아낙시메네스는 공기가 물보다 먼저 생성되었다고 설명하고 있으며 공기가 단순한 물체의 근원이라고 말하고 있다.

헤라클레이토스는 불을 만물의 근원으로 상정하고 만물은 언젠가 불로 환원될 것이라 하였다. 또한, 그는 불은 응축되어 물이 되고 이어서 흙이 되는 식으로 연속적인 변화의 개념을 확장하였다. 반대되는 성질을 물질과 연관시켰는데, 뜨겁고 차가운 성질은 불과 물에, 그리고 습하고 건조한 성질을 공기와 흙에 연관시켰다. 그는 서로 상충되는 것이 서로 잘 어울리며, 서로 다른 것에서 가장 아름다운 조화가 생기며, 만물은 서로 다툼을 통해서 생성된다고 하였다.

기원전 450년경에 서부 그리스에서 활동했던 엠페도클레스(Empedocles)는 흙, 공기, 불, 물이라는 불변의 4개 원소를 상정하고, 4원소가 모든 사물의 근원이 된다고 주장했다. 사물은 이 기본 원소의 비율에 따라 서로 형태를 바꿀 뿐 어떤 사물도 새로 탄생하거나 소멸하지 않는다고 보았다. 헤라클레이토스처럼 그도 '사랑'과 '싸움'이라는 두 가지 기본적인 힘이 상호작용하여 4원소들을 결합·분리한다고 생각했다. '싸움'이 작용하면 이 원소들은 서로 떨어져나가고, '사랑'이 작용하면 원소들은 함께 섞인다고 보았다. 즉, 현실세계는 두 힘이 서로 평형을 이루고 있는 상태인 셈이다.

전(前) 시대 사람들의 이론들을 일일이 연구하고 비판적 검토를 거친 후, 전체 사상사를 종합하여 자신의 견해를 발전시킨 아리스토텔레스(Aristotle, 기원전 384-322)는 사후 거의 2천년 동안 과학에 있어서 최고의 권위를 인정받게 된 목적론적 세계관을 탄생시켰다. 목적론은 모든 사물은 고유의 목적이 있고 본질적인 고유한 핵심적 요소들이 규정되어 있다고 보는 관점이다. "불이 위로 솟는 이유는 본래의 자리인 하늘에 닿기 위해서이고, 돌이 아래로 떨어지는 이유는 원래 속해 있던 땅에 가까워지기 위해서이다."라고 주장했다. 사물을 형상과 질료로 구성되어 있다고 보았는데, 사물답게 하는 그 본질적인 것을 형상이라 하였다.

아리스토텔레스는 엠페도클레스의 4원소설을 심화 확장하여, 지상의 모든 물질은 네 가지 원소의 조합으로 구성되어 있으며 원소들이 서로 전환될 수 있다고 주장했다. 원소는 온(따뜻함), 습(습함), 냉(차가움), 건(건조함)의 네 가지 성질로 만들어질 수 있다. 흙은 건조하고 차며, 물은 차고 습하며, 공기는 습하고 뜨거우며, 불은 뜨겁고 건조하다(그림 2.3). 원칙적으로 한 가지 원소는 적당한 성질을 더하거나 빼면 다른 것으로 전환될 수 있다. 후에 아리스토텔레스의 추종자들은 나무가 탈 때, 그것으로부터 '불'이 나오고, '물'이 빠져나오고, '공기'가 생성되고(연기 형태로), 나중에 '흙(재)'이 남는다는 사실을 지적하였다. 연금술사들도 금속의 형성에 대한 아리스토텔레스의 생각에 영향을 받았다. 그는 '증발된 공기'가 흙 속에 갇혀 아주 오랜 시간이 지나면 금속과 무기물이 형성된다고 믿었다. 증발된 공기는 두 종류인데, 하나는 햇빛이 물에 닿았을 때 생기는 습기 찬 공기이고, 다른 하나는 육지에서 생겨나는 건조한 연기였다. 이런 공기가 땅속에 갇히면 어떤 공기가 더 많이 존재하는가에 따라서 무기물이나 금속이 형성되었다. 건조한 연기가 더 많으면 무기물이 형성되고, 습기 찬 공기가 더 많으면 금속이 형성되었다. 최종적으로 완성된 상태는 매끄럽고 반짝거리고 단단한 금이라고 보았다.

　아리스토텔레스는 물체의 운동을 각 원소가 그것의 적절한 자리로 자연스럽게 이동하는 것이라고 하였다. 흙은 가능하면 아래쪽으로 가려고 하고, 물은 흙 위에서 쉬려고 하며, 공기는 물 위로 올라가려고 하고, 불은 공기 위로 올라가려고 한다는 것이다. 예로, 돌을 던졌을 때 땅으로 떨어지는 것은 돌의 속성인 흙으로 돌아가기 위한 것이라고 설명했다. 네 가지 원소는 달 아래의 영역으로

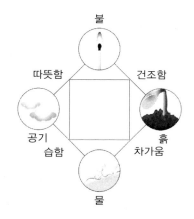

그림 2.3 아리스토텔레스의 4원소 도표

제한을 받는다. 제5원소는 원운동을 하고 있는 천체의 물질이었다.

아리스토텔레스는 데모크리토스(Democritos, 기원전 420년경)가 주장했던 물질의 원자설과 빈 공간에 대한 생각을 거부하였다. 그의 자연철학은 생물 영역과 지구와 행성 및 우주에 이르기까지 그 범위가 매우 넓었을 뿐 아니라 거의 2천 년 동안 인류의 사고방식에 영향을 주었다.

2.5 과학혁명

16, 17세기에 진행된 과학혁명은 약 2천년 동안 내려온 아리스토텔레스 과학을 근본적으로 뒤집었다. 과학혁명은 아리스토텔레스의 과학을 거부하고 근대과학의 포문을 열었다. 과학에서 근본적인 재정위(radical reorientation)가 일어난 것이다.

과학혁명이 진행된 시기는 대체로 16, 17세기로 잡는다. 이 기간 중에도 과학혁명의 시작과 끝을 상징하는 두 해를 부각하는 것이 좋겠다. 1543년은 코페르니쿠스의 '천구들의 회전에 관하여'(이 책에서 코페르니쿠스는 지구가 더 이상 우주의 중심이 아님을 천명하였다)와 베살리우스의 '인체의 구조에 관하여'(총 7권으로 이루어진 이 저서는 의학 근대화의 새로운 기점이 되었다)가 발간된 해이다. 이 두 책은 그 자체로는 별로 혁명적인 내용을 담지 못했으나, 각각 물리과학과 생물과학에서 뒤따른 혁명의 불씨가 된 책으로서 주목할 만하다. 1687년은 '프링키피아(Principles)'로 흔히 불리는 뉴턴의 '자연철학의 수학적 원리'가 나온 해이다. 이 책에서 뉴턴은 갈릴레오, 데카르트, 케플러 등의 산발적 업적을 종합하여 과학혁명을 일단 매듭지은 것이다. 이 144년 동안에 과학은 근본적인 변혁을 치렀으나, 주요한 진전은 17세기 중엽에 이루어졌다(송상용, 1992).

과학혁명의 개념을 정립하고 명료화하는 데 중심적인 역할을 했던 코이레(Koyre)는 '17세기의 과학혁명은 그리스 사상이 우주를 고안한 이래로 [인간의 사상에서] 가장 중요한, 아마도 비교할 수 없을 정도로 중요한 전환 중의 하나'

라고 하였다. 코이레는 '[과학적 관념들의] 혁명들(revolutions)'이라는 복수용어를 사용하였으며, 쿤은 하나의 고유한 과학혁명의 개념을 명시적으로 취하면서도 과학사에서 몇몇 서로 다른 일화들을 과학혁명들의 특성을 보여주는 것으로 간주하면서 이 용어를 사용하였다(Preston, 2008).

일반적인 의미에서 과학혁명은 과학의 어느 분야 혹은 여러 분야에서의 급격한 혁명을 일컫는다. 역사상 크고작은 과학혁명을 살펴보면, 크게 코페르니쿠스(Copernicus, 1473-1543)의 지동설에 바탕을 둔 새로운 우주 구조, 다윈(Charles Darwin, 1809-1882)의 진화론, 라부아지에(Antoine Laurent Lavoisier, 1743-1794)의 새로운 화학체계, 아인슈타인(Albert Einstein, 1879-1955)의 상대성 이론 등을 들 수 있다. 일반적인 의미와 달리, 16, 17세기를 통해 유럽에서 일어난 과학의 여러 분야에 걸친 급격한 변화를 일컫는 '과학혁명'은 좁은 의미의 과학혁명이다. 이 기간에는 천문학, 역학, 생리학 등의 과학 분야의 내용에 획기적인 전환이 있었고, 과학의 방법, 목적 및 그 사회적 위치에도 큰 변화가 있었으며, 그 외에도 많은 사상적, 사회적인 변화를 그 배경 또는 결과로서 수반했다(김영식, 2001). 과학혁명의 특징은 크게 다섯 가지로 요약된다.

첫째, 감각경험에 의거한 상식을 거부하고 추상적인 이성을 채택했다. 이것은 상식적인 아리스토텔레스과학이 이성적인 플라톤과학에게 자리를 내주었음을 뜻한다.

둘째, 질적인 것을 양적인 것으로 대치했다. 다시 말하면, 과학이 수학화되었다는 것인데, 역시 질적인 아리스토텔레스과학이 양적인 플라톤과학에 눌렸다는 것이다.

셋째, 기계적인 자연개념이 발전되었다. 곧, 목적론적·유기체적 사고가 물러가고, 기계적·인과론적 사고가 지배하게 되었다. 이것은 오랫동안 망각되었던 그리스 원자론이 부활한 것이며, 모든 현상을 물질과 그 운동에 의해 설명하려는 '기계적 철학(Mechanical philosophy)'의 결과로 나타났고 뉴턴에서 그 절정을 볼 수 있다.

넷째, 새로운 과학방법이 발달했다. 베이컨은 사실 수집에서 시작해 일반화에 도달하는 귀납적 방법을 내놓았고, 데카르트는 명철하고도 판명한 진리로부터 수학적 연역에 의해 결론을 얻으려 했다. 한편, 갈릴레오는 수학과 실험을 교묘하게 결합한 근대적인 과학방법을 만들어 냄으로써 자연연구를 위한 가장 효과적인 무기를 제공했다.

다섯째, 궁극적 설명을 버리고 즉각적 기술을 택했다. 곧, 왜(why)가 어떻게(how)로 바뀐 것이다. 아리스토텔레스는 돌이 땅으로 떨어지는 이유는 그 속에 있는 신비한 것이 그 고향인 땅으로 가고 싶어 하기 때문이라고 했었다. 그러나 갈릴레오는 무거운 물체가 왜 떨어지는지 모르며, 알 필요도 없다고 했다. 그의 관심은 낙체가 떨어지되 어떻게 떨어지는지를 알아보는 데, 곧 가속도 측정에 있었다(송상용, 1992).

감각경험에 의거한 상식을 거부하고 추상적인 이성을 채택한 점, 질적인 것을 양적인 것으로 대치한 점, 기계적인 자연개념이 발전한 점, 새로운 과학방법이 발달한 점, 궁극적 설명을 버리고 즉각적 기술(記述)을 택한 점이 그것이다. 그중에서 세 가지를 살펴보기로 한다.

과학혁명은 세계를 이해하고 해석하는 관점인 세계관의 변화를 가져왔다. 목적론적 세계관은 물질에는 목적이나 본질적인 특성이 있다고 보고 물질의 변화를 그 물질이 가지고 있는 고유의 본질로 돌아간다고 설명하고자 했다. 반면, 기계론적 세계관은 물질에는 정해진 목적이나 본질적인 특성이 있다고 보는 목적론적 관점을 거부하고 물질이 어떻게 움직이고 변화하는가에 관한 법칙을 설명하고자 하였다. 자연세계의 모든 현상이 물질과 그것의 운동만으로 이루어져 있다는 의미에서 '기계적'이라고 불린 기계적 철학은 결국 자연 세계 전체를 하나의 커다란 기계로 생각할 수 있게 해주었다. 세계는 하나의 거대한 기계와 같고 물질은 규칙에 따라서 움직일 뿐이라는 것이다. 예를 들어, 목적론적 설명체계에 따르면 돌은 무거운 성질이 있어서 아래로 떨어지는 것이고 공기는 그 자체로 가벼워서 위로 올라간다고 본 반면, 기계론은 입자의 운동으로만 설명하여 돌과 지구가 당기는 힘에 의해서 돌이 땅으로 떨어진다는 법칙들을 만들어낸 것이다.

과학혁명 기간에 기계론의 방법론적 기반을 구축한 철학자는 프랜시스 베이컨(Francis Bacon, 1561-1626년, 영국 고전경험론의 창시자)이다. 베이컨은 새로운 과학의 방법으로 '귀납적 방법(inductive method)'을 제시하였다. 귀납적 방법은 많은 경험적 데이터를 분류하고 정의한 후 이로부터 참다운 지식을 얻어내는 방법이었다. 수집된 많은 사실들 중 반드시 사용해야 할 적합한 경우를 취하여 얻어진 정리는 경험적 사실들의 단순한 합보다는 더 범위가 넓으며 애초에는 포함되지 않았던 새로운 사실들을 예측할 수도 있게 된다고 보았다. 이와 같은 귀납적 방법에 의해 얻게 될 결과들은 자연의 많은 현상들에 대한 '자연사(natural history)' 또는 '실험사(experimental history)'들이다. 예를 들어 열, 빛, 전기 등 여러 가지 현상 각각에 대해 모든 경험적 사실들을 수집, 정리해서 얻어내게 될 참다운 경험적 지식들인 셈이다. 귀납적 방법을 사용할 것을 강조한 베이컨에 의해 과학에서 실험적 방법의 중요성이 주정되었을 뿐만 아니라 그 방법론적 기반이 주어진 것이다(김영식, 2001).

인간의 지식 전체를 개혁하고 전통적 학문을 대체할 "새로운 학문"을 생성시키겠다는 베이컨의 목적은 갈릴레오와 데카르트도 공유한 것이었다(김영식, 1986). 그들은 모두 과학적 방법의 개혁 속에 모든 학문의 개선이 담겨 있다고 믿었다. 베이컨의 생각으로는 인간의 모든 지식 중 과학의 진보가 가장 적었는데 그것은 과학에 일관된 방법이나 절차가 결여되어 있었기 때문이다. 과학은

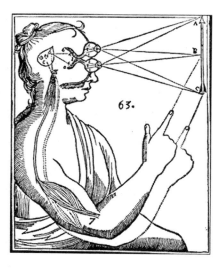

그림 2.4 데카르트의 송과선

"기계적 기예(機械的 技藝, mechanical arts)"처럼 과거의 경험에 바탕을 둬서 쌓아나가지도 못했다. 아리스토텔레스 이래 거의 2천 년이 흐른 17세기 초에 이르기까지 과학의 지식은 아리스토텔레스보다 더 나아가지도 못했고 오히려 퇴보한 면도 있었던 것이다. 따라서 베이컨은 과학이 두 가지 면에서 기계적 기예를 본받아야만 한다고 결론지었다. 과학이 첫째 "자연에 바탕을 둬 세워" 져야 하며, 둘째 "누적적(累積的)(cumulative)" 진보를 이룰 수 있어야 한다는 것이다. 베이컨에게 과학연구에 있어서 진정으로 필요한 하나의 구성요소가 있다면 그것은 바로 실험이었다. 실험이 없으면 자연철학은 형이상학적 공론보다도 나을 것이 없고, 과학은 머릿속으로부터 선험적 가설들의 체계를 엮어내는 형이상학보다 나을 것이 없다고 베이컨은 생각했다. 실험은 과학자로 하여금 자연세계의 비밀들을 풀어내도록 해주는 일이었다.

과학혁명기인 16-17세기 전체의 특징은 기계론인데, 자연을 기계로 보는 관점인 기계적 철학은 모든 것을 물질과 운동으로 설명하는 경향을 갖는다. 물질의 움직이는 상태(matter in motion)를 버리고 어떻게 움직이는지(how)를 택한다. 즉, 물체가 하늘에서 떨어질 때 아리스토텔레스는 '왜 떨어지나?'를 질문하고 탐구하였고, '물체 속에 형상, 이데아 같은 것, 그 궁극적 원리 비슷한 것이 있어서 물체의 고향인 땅으로 가고 싶어 하기 때문에 물체가 떨어진다'고 설명한 것이 아리스토텔레스 역학이었다. 갈릴레오 갈릴레이(Galileo Galilei, 1564-1642, 이탈리아 철학자 물리학자 천문학자; 근대천문학의 아버지 또는 근대 물리학의 아버지라 불림)로 넘어오면 '무거운 물체가 왜 땅으로 떨어지는지 그 원인은 나도 모른다. 내 관심은 물체가 어떻게 떨어지느냐, 어떻게 속도가 변하느냐, 그것을 알고 그것을 측정하는 것이 나의 목표'라고 한다. 이것이 갈릴레오 과학이고, '왜?'에서 '어떻게?'로 달라지는 것이 과학혁명이다. 과학혁명의 중요한 특징은 상식적인 경험을 버리고 추상적인 이성을 택한 것에 있다. 아리스토텔레스를 버리고 플라톤의 추상적인 이성을 택한 것, 아리스토텔레스의 질적인 과학을 플라톤의 양적인 과학으로 바꿔놓은 것, 즉 수학이 등장하여 기계로서의 우주를 설명하게 된 것이다. 이처럼 과학혁명의 중요한 특징은 새로운 과학의 방법을 제시한 것이라 하겠다.

요약

과학이 무엇인지를 조명하기 위해서는 과학과 기술의 관계, 그리고 과학과 철학의 관계를 살펴보는 것이 도움이 된다. 기술의 출발을 도구의 사용으로 볼 때 기술은 인류의 존재와 함께 했다고 볼 수 있다. 과학은 인간은 무엇이며 어디서 왔는가라고 하는 고대 철학적 사유에서, 모든 현상을 물질과 그 운동에 의해 설명하려는 기계론적 관점을 펼치고 새로운 방법론을 제시했던 근대 과학혁명을 거쳐, 추상화되고 이상화된 현대 과학의 모습을 갖게 되었다. 현대에 이르러 과학과 기술은 복잡해지고 그 경계를 알 수 없을 정도로 밀접하게 연관되어 있다.

📝 과학에 대한 나의 관점을 알아보기

- 이론은 대담한 추측이며, 창조적인 과정으로 확립된다.
- 과학적 지식은 증명되거나 확증된 것만을 말한다.
- 과학적 지식은 논리를 사용하여 오류가 반복되지 않을 때 성장한다.
- 지식은 증명할 수도 없고 확증할 수도 없다.
- 반증은 이론을 거부하기 위한 과학적 방법의 하나이다.
- 반증만으로 이론을 거부할 수는 없다. 하지만 두 이론 중 하나를 선택할 때는 더 많은 문제를 해결할 수 있는 이론을 선택하고 나머지 이론을 버릴 수 있다.
- 생각의 체계는 어떤 군집이 생태변화(천이)하는 것처럼 변화한다. (개인의 개념이 사회-역사적 과정에서 합리적인 활동을 통하여 그 의미가 변하는 것처럼)
- 객관적인 관찰과 귀납적인 과정은 과학적 방법이 된다.
- 선험적 개념 구조를 체계적으로 적용함으로써 세계를 지각하는 틀이 구성된다.
- 이론 선택은 규칙에 의한 것보다는 과학자 공동체의 사회적 및 심리적 가치에 따라 결정된다.
- 과학에는 결정적인 실험이 없으므로 이론을 바로 거부할 수도 없다.
- 반증에는 언제나 결정적인 실험이 필요하다.
- 과학에는 결정적인 실험이 존재하지 않는다.
- 사람들은 내적인 선험적 개념 구조로 실재를 구성하며, 또한 내면에 외부 세계를 지각할 수 있는 틀을 구성한다.
- 지식은 귀납적으로 쌓인다.
- 지식은 진보(서서히 단계적으로 변화)한다.
- 개념은 문제들을 더 이상 해결하지 못할 때 마치 혁명처럼 변화한다. 이는 드물게 일어나는 위기의 순간에 일어난다.
- 논리는 하나다. 따라서 기하학도 하나다. 뉴턴 역학은 가장 뛰어난 지적 활동이다.
- 과학적 방법을 통해 진리를 추구할 수 있다.
- 과학의 진보는 생물이 환경에 적응해 가는 것과 비슷하다.
- 과학의 진보는 상대적인 것이다.
- 경쟁하는 과학 이론이 좀 더 유용한 "새로운 문제"를 제안할 때 진보가 이루어진다.
- 과학적 이론의 변천은 절대적 의미에서 참된 진보를 의미한다.
- 과학의 진보는 (현상 세계에 관하여) 진리에 더 가깝게 접근한다.
- 우리는 보편적이고 선험적 범주인 개념 구조를 사용하여 현상에 대한 지식을 증명한다.
- 편견 없고 끈기 있는 관찰을 통해 귀납적으로 옳다고 증명되면 일반화가 된다.

과학에 대한 다양한 관점

3.1 귀납주의

과학은 입증된 지식이다. 과학은 객관적인 지식이며 개인적인 편견이 개재 되지 않는다. 과학의 이론은 엄격한 실험을 통하여 얻은 것이기 때문에 과학의 이론은 자연에 존재하는 원리이며 믿을 수 있는 지식이다.

위의 진술문은 과학에 대한 하나의 관점을 나타내고 있다. 위의 관점에 동의 하는가, 동의하지 않는가? 동의한다면 혹은 동의하지 않는다면 어떤 부분인가? 동의하지 않지만 보류하고자 하는 부분이 있는가?

이 과학관에 따르면, 과학적 이론은 사실에 바탕을 두고 있으며 사실로부터 귀납을 통해 형성된 것이라는 관점과 일치한다. 이처럼 과학적 이론이 사실에 의한 귀납 추론에 바탕을 두었다는 주장을 귀납주의(inductionism)라고 부른다. 그렇다면 귀납주의는 어떤 특징이 있는지 알아보기로 하겠다.

귀납주의는 굉장히 오랜 역사를 지닌 과학적 방법론이다. 귀납법은 소크라테 스로부터 출발했고, 아리스토텔레스에 의해 과학을 행하는 데 사용되어 왔다. 근대 과학의 방법으로 기계적 철학자, 그 이후 비엔나 서클의 논리실증주의자 도 경험과 실험을 토대로 한 귀납주의를 주장했다. 귀납주의는 세상에 믿을 것 은 경험적인 관찰이고, 그 경험과 관찰을 토대로 이루어진 지식만이 의미 있는 것이라고 보는 관점이다.

귀납주의에 따르면, 과학은 구체적 자료에서 추상적인 이론으로 발달한다.

관찰은 과학의 시작이고, 지식 생성을 위한 확고한 근거를 제공한다. 이때 관찰 조건은 정상적이고 온전한 감각기관이 있어야 하며, 편견에 사로잡히지 않은 상태에서 관찰이 이루어져야 한다.

> 많은 수의 A가 다양한 조건의 변화 아래서 관찰되었고, 관찰된 A가 모두 예외 없이 B라는 성질을 가지고 있다면, 모든 A는 B라는 성질을 가지고 있다.

위의 문장은 귀납의 원리를 보여준다. 많은 수의 A가 다양한 조건 아래서 관찰되는 것은 일반화가 일어나가 위한 조건이다. 그 사실들이 단지 수적으로 많아서는 안 되고 다양한 조건에서 얻은 사실들이어야 한다. 예컨대, '무거운 물체를 공중에서 놓으면 떨어진다'는 보편언명을 얻기 위해서는 수많은 낙하 현상이 관찰되었어야 한다. 그런데 그 관찰 사실이 단지 같은 물체를 여러 번 반복하여 낙하시킨 것이 아니라 다양한 물체, 다양한 장소, 다양한 높이 등의 다양한 조건하에서 같은 현상을 얻어야 한다는 것을 의미한다. 다음으로, '관찰된 A가 모두 예외 없이' B라는 성질을 보여야 한다. 즉, 실험한 모든 경우 물체는 아래로 떨어졌어야 한다. 어느 한 사례라도 물체가 떨어지지 않는 사례가 있어서는 안 된다는 것이다. 위와 같은 조건이 만족되면 '모든 A는 B라는 성질을 가지고 있다'는 보편언명은 옳다는 것이 귀납의 원리이다.

아래 그림에서 보듯이, 귀납 추론에서 경험이나 관찰을 통해 얻은 사실을 단칭언명이라 하면, 일반화된 법칙과 이론은 보편언명에 해당한다. 일반화의 조건은 앞서 살펴본 것처럼, '관찰을 통해 얻은 단칭언명의 수가 많을 것', '다양한 조건에서 동일한 결과를 얻을 것', '모순되는 관찰 결과가 없을 것'을 갖추어야 한다.

귀납 추론에 의해서 얻은 법칙이나 원리는 현상을 예측하고 설명하는 데 사

그림 3.1 귀납과 연역

용되는데, 보편언명인 법칙과 이론으로부터 특수한 사례를 예측하거나 설명하는 과정을 연역 추론(deductive reasoning)이라고 한다.

① 모든 물체는 공중에서 놓으면 떨어진다. (보편언명, 법칙과 이론들)
② 이것은 물체다. (초기 조건들)
③ 이 물체도 떨어질 것이다. (예측과 설명)

연역 추론의 예를 살펴보면 ①과 ②는 전제이고, ③은 결론이다. ③인 결론이 참이기 위해서는 전제인 ①과 ②가 모두 참이어야 한다. ①과 ②가 참이면서 ③이 거짓인 경우는 있을 수 없다. ①은 보편언명인 법칙이나 원리이고, ②는 초기 조건이다. 초기 조건은 좀 더 구체적으로 자세하게 제시될 수 있다. 과학의 발달이 귀납과 연역의 과정을 통하여 어떻게 발달하는가? 귀납에 의해서 법칙이나 이론이 만들어지고 법칙과 이론과 연역 추론을 통하여 예측과 설명을 하게 된다. 예측과 설명이 성공을 하면 그 법칙과 이론은 더욱 확고한 기반을 얻는 셈이다. 그러나 만약 연역에 의한 예측이나 설명이 실패하면 그 법칙이나 이론은 수정을 요하게 된다. 위의 예에서 떨어지지 않는 물체가 발견되면 그 떨어지지 않는 물체는 다른 떨어지는 물체와는 어떤 조건이 다른가를 면밀히 분석하게 된다. 이 결과 '공기보다 밀도가 큰 물체는 떨어진다'라는 좀 더 수정된 보편언명을 얻게 된다. 즉, 과학의 이론이 발달하는 것이다. 따라서 귀납의 원리에 의하면 과학의 이론은 점진적으로 세련되어 가는 것이지 양자적 도약을 하는 것은 아니다.

과학 이론의 발달을 관찰 사실을 기반으로 한 일반화로 설명하는 귀납주의는 두 가지 비판에 직면한다. 첫째, '관찰 사실이 반드시 참인가'하는 문제이다. 즉 관찰언명의 진실성에 대한 문제이다. 귀납주의는 과학이론이 관찰 사실로부터 귀납을 통해 얻어진 것이므로, 이론이 참이 되기 위해서는 일차적으로 그것의 바탕이 되는 관찰 사실이 참이어야 한다. 그러나, 관찰언명이 반드시 진실한 것은 아니라는 점 즉, 관찰의 이론의존성을 인간의 지각 기제와 인지구조의 특성에 입각하여 살펴보면, 관찰은 인간의 오감과 인지구조를 통하여 이루어지므로 오감과 인지구조에 의해 왜곡이 일어날 수 있다. 따라서 이러한 불완전한

그림 3.2 사과와 오렌지(폴 세잔, 1895)

관찰 사실에 바탕을 둔 귀납 이론이 완전할 수 없다는 것이다.

3.2 관찰의 이론의존성(이론적재성, theory-ladenness)

눈에 보이는 것을 전부 믿을 수 있는가? 확실성의 문제에 대해, '과연 내가 이걸 아는 걸까?'를 출발점으로 삼은 화가는 세잔이었다.

세잔(Paul Cezanne, 1839-1906)은 미술계에서 인상파를 열었고 후에 피카소에게 영향을 주었다. 프랑스의 대표적 화가로서 현대 미술의 아버지라 일컬어진다.

그림 3.2는 세잔의 '사과와 오렌지(1895)'이다. 세잔은 정물화를 주로 그렸는데, 그중에서 가장 알려진 작품이 이것이다. 위 그림을 잘 살펴보자. 무엇이 느껴지는가? 잘 그린 것 같은가? 아니면 뭔가 이상한 구석이 있는가? 이 작품 왼쪽에 놓은 과일 접시와 중앙에 높이 솟아오른 과일 그릇, 그리고 오른편에 장식이 새겨진 화려한 포트의 시점이 각기 다르다는 것을 알 수 있다. 하나의 시

점에서 대상을 포착해야 한다는 전통적인 원근법에서 벗어나 복수화된 시점에서 대상을 묘사한 것으로 평가된다. 세잔 이전에 화면의 구성을 안정감 있게 만들어 주었던 장치들, 이를테면 테이블의 직사각형 틀이나 뒤쪽에 위치한 벽이 주는 평면감은 사라져 버린 대신, 풍성하게 접힌 식탁보와 소파의 천이 공간 전체에 드리워져 있다. 그 결과 전통적으로 수직과 수평적 구성이 보여주던 안정된 느낌을 벗어나 마치 정물이 화면 중심으로 쏠리는듯한 역동적인 구성 효과를 보여준다. 이는 불안정한 감각의 표현을 보여주는 듯하다.

세잔은 정물화를 많이 그렸는데 그의 작품들을 살펴보면 안정적 구조가 무너져 있음을 볼 수 있다. 탁자 선이 평형하지 않고 어긋나 있거나, 과일이 담겨 있는 어떤 접시는 앞에서 보는 관찰자의 시선을 담고 있고, 어떤 접시는 위에서 보는 관찰자의 시선을 담고 있다. 세잔의 그림은 인간의 시야를 위시한 감각기관이 얼마나 불완전한가를 보여준다.

세잔은 인간에게는 두 눈이 있어 양안시(양쪽 눈의 망막에 맺힌 대상물을 각각이 아닌 하나로 보게 하고, 입체적으로 보게 하는 눈의 기능)를 사용한다는 근거를 들었다. 더군다나 양쪽 눈은 각각 다른 시각 정보를 기록한다(물론 이 두 가지 시상은 뇌에서 하나로 합쳐진다). 왼쪽과 오른쪽 눈이 바라보는 풍경은 미묘하게 다르다. 더욱이 인간은 한시도 가만있지 못한다. 어떤 대상을 관찰할 때면 고개를 길게 빼거나, 한쪽으로 기울이거나, 앉은 자세에서 몸을 앞으로 굽히거나, 일어나는 등 움직인다. 하지만 과거(그리고 지금)의 예술품은 마치 부동의 렌즈 하나를 통해 대상을 본 것처럼 만든 것이다. 세잔은 바로 이런 점이야말로 당대 그리고 과거의 예술이 안고 있는 문제라 생각했다. 즉 단일한 시각이 아니라 적어도 두 가지 시각에서 바라본 참된 시계(視界)를 반영하지 못하고 있었다. … 세잔은 예컨대 측면과 정면처럼 다른 두 각도에서 바라본 대상을 그리면서 이 문제에 정면으로 맞섰다. … 그는 눈높이에서 바라보는 물병과 위에서 바라보는 물병의 이미지를 하나로 합쳤다. 나무탁자를 그릴 때에도 마찬가지였다. 상판을 앞쪽으로 20도 기울여 사과와 복숭아가 더 잘 보이게 했다(여기에도 두 가지 시점을 적용했다). 르네상스 시대에 통용된 수학적 원근법을 적용했다면 과일들은 바닥으로 데구루루 굴러떨어졌을 것이다. 세잔은 원근

그림 3.3 사과와 복숭아가 있는 정물(폴 세잔, 1905)

법을 포기하는 대신 진실을 손에 넣었다. 바로 이것이 사람들이 대상을 바라보는 방식이다. 우리가 다양한 각도에서 풍경을 바라보듯이 세잔은 여러 각도를 뒤섞어 시점을 표현했다. 세잔은 또한 우리가 시각 정보를 취하는 방식에 대한 진실을 전달하고자 했다(윌 곰퍼츠, 2012).

다음 그림은 할머니의 옆모습이다.

그림 3.4 할머니 1

다음 그림은 어떻게 보이는가?

그림 3.5 할머니 2

다음 그림은 또 어떻게 보이는가?

그림 3.6 할머니 3

다음 그림은 미국 전 대통령 레이건의 캐리커처이다. a에서부터 하나씩 관찰해 보자. 어떻게 보이는가?

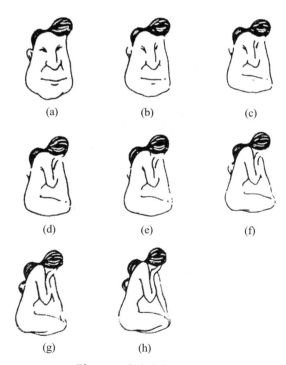

그림 3.7 레이건의 캐리커처

레이건의 얼굴에서 점점 주름이 늘어져 보인다. 마지막 그림 h를 보고, 다시 처음 a를 보자. 어떠한가? 관찰자에게 레이건 얼굴이라고 말해주면 관찰자는 계속 레이건 얼굴이라고 생각하며 보게 된다. 하지만 레이건 얼굴이라고 말해주지 않고 h를 보게 되면 레이건 얼굴을 보는 관찰자는 거의 없고, 한 여인이 앉아있는 모습이 보일 것이다. 이것은 관찰자의 편견이 관찰에 얼마나 영향을 미치는지를 보여주는 것이다.

아래의 그림 3.8에서 무엇이 보이는가? 새가 보이는 사람도 있고 물고기가 보이는 사람도 있다. 물고기를 일생 동안 전혀 본 적이 없는 사람은 새만 보일 것이다. 또는 새가 보이다가 물고기가 보이기도 한다. 분명 하나의 선인데, 새가 보일 때의 새의 주둥이와 목을 따라 배로 이어지는 선은 물고기가 보일 때 등지느러미에서 꼬리로 이어지는 선이 된다. 마찬가지의 현상이 다음 그림 3.9에서도 나타난다. 어떤 사람은 젊은 여자의 뒷모습이 보인다고도 하고 또 어떤 사람은 할머니의 옆모습이 보인다고도 한다. 또는 젊은 여자로 보였다가 할머니로 보이기도 한다. 순간 변화하면서 다른 사람으로 보이기도 하지만 한꺼번에 두 사람으로 보이지는 않는다. 할머니의 눈은 소녀의 귀가 되고, 소녀의 턱선은 할머니의 코가 된다. 오리-토끼 그림도 마찬가지로, 토끼의 귀는 오리의 입이 된다. 이처럼 무엇이 보이느냐에 따라 선의 의미는 달라진다. 그림 관찰을

그림 3.8 새-물고기

통해 알 수 있는 점은 관찰이 편견 없는 객관적인 활동이 아니라 관찰자가 보고자 하는 것에 따라 관찰 사실이 달라진다는 점이다. 이는 관찰의 감각 불완전성을 내포할 뿐 아니라 관찰이 관찰자의 이론에 따라 달라진다는 것이다. 즉, 관찰은 이론적재성 혹은 이론의존성(theory-ladenness)을 갖는 활동이 된다.

그림 3.9 소녀-할머니

그림 3.10 오리-토끼

3.3 귀납 추론의 내적 불완전성

귀납주의의 두 번째 문제는 귀납 추론이 내적 불완전성을 갖는다는 점에 있다. 즉, 전제가 참이어도 결론이 참이 아닐 가능성이 존재한다는 것인데, 이는 논리적 타당성이 확보될 수 있는가 하는 점에서 문제가 된다. 많은 사례로부터 모든 사례로의 논리적 비약이 있다는 것이 귀납주의가 가지고 있는 매우 치명적인 논리의 결함이 될 수 있다.

 칠면조 농장에서 칠면조는 아침 9시에 모이를 받아먹었다. 귀납주의자인 칠면조는 섣불리 9시에는 먹이가 나온다는 결론으로 비약하지 않고 다양한 상황에서 관찰을 계속하였다. 봄, 여름, 가을, 겨울에도, 비가 오는 날이나, 맑은 날, 눈이 오는 날에도 아침 9시에 모이가 나왔다. 칠면조는 드디어 신중하게 결론을 내렸다. 아침 9시에 모이가 나온다. 결론을 내린 다음 날 아침 칠면조는 농장 주인의 크리스마스 가족 모임을 위해서 희생되었다.

 위의 제시문은 러셀(B. Russel)이 귀납주의자인 칠면조의 비유를 들어, 귀납 추론의 내적 불완전성을 비판했다. 귀납주의자인 칠면조는 다양한 조건에서 많은 사례를 통해 귀납적인 결론에 도달하지만, 다음날 아침 칠면조의 사례에서 볼 수 있듯이, 아무리 많은 사례가 있다고 해도 그것으로부터 일반화는 확정적일 수 없다는 것을 의미한다. 귀납의 원리가 (가)의 경우에 성공적이었다. 귀납의 원리가 (나)의 경우에 성공적이었다. 이처럼 귀납의 원리가 많은 사례에 성공적이었다면, 귀납의 원리가 모든 사례에 성공적이었다고 할 수 있을까? 많은 사례가 모든 사례가 될 수는 없듯이, 귀납 추론에는 논리적 비약이 존재하여 일반화를 정당화하기 어려운 이유가 된다.

 귀납의 원리는 (가)의 경우에 성공적이었다.
 귀납의 원리는 (나)의 경우에 성공적이었다.
———————
 귀납의 원리는 항상 작용한다.

 많은 사례가 모든 사례가 되기 어렵다는 점은 귀납주의가 전제하는 "다양한 상황"의 의미가 애매성/모호성을 내포한다는 것이다. 현실 세계에는 무한한 상황이 존재하므로, 귀납주의가 전제하는 다양한 상황은 모든 상황을 의미하지 못한다. 그리고 다양한 상황이라고 했을 때 상황을 선택하게 되는데, 이때는 이론적 지식의 영향을 받게 되는 것도 귀납주의에서 문제가 된다. 유사한 의미로, 귀납주의에는 충분히 많은 관찰이 필요한데 "충분히 많은"은 과연 "몇 번?"을 의미하는가? 즉, 귀납주의가 보편명제 즉 일반화를 위해 필요로 하는 "충분히 많은"은 모든 사례를 포괄하기 위해 얼마나 많은 수를 의미하는지 애매하고 모호하다.

귀납주의자들은 이러한 비판에서 자유롭지 못했고, 결국 확률론을 제시하면서 수정된 귀납론으로 후퇴한다.

> 많은 수의 A가 다양한 조건의 변화 아래서 관찰되었고, 관찰된 A가 모두 예외 없이 B라는 성질을 가지고 있다면, 아마도 A는 B라는 성질을 가지고 있다

여기서 달라진 것은 '모든'이라는 말을 '아마도'로 바꾼 것뿐이다. 그것은 A가 B라는 성질을 반드시 갖는 것이 아니라 관찰 사례가 많으면 많을수록 그럴 개연성이 더 높아진다는 것을 의미한다. 그리고 그 개연성은 지시 사례가 많으면 많을수록 더 높아진다. 확률이란 해당 사례를 전체 사례로 나눈 값이다. 전체 사례는 불변이고 관찰 사례가 많으면 많을수록 그것으로부터 얻은 이론이 참일 확률은 증가한다. 그러나 비록 귀납주의가 확률론으로 후퇴한다 해도 그 논리적인 모순이 완전히 해소되는 것은 아니다. 확률론적 귀납주의는 또 다른 문제를 야기시키는데, 하나는 이론이 참임을 결정하는 요인이 지지 사례의 수에만 관계되는가 하는 점이다. 예컨대, '모든 물체는 낙하한다'라는 주장을 지지하는 사례로서 쇠로 된 물체로만 실험한 수많은 사례가 있는 경우와 비록 사례 수는 적지만 다양한 재질로 된 물체를 사용한 사례가 있는 경우, 어느 것이 그 이론이 참이 될 가능성을 높여주는가 하는 문제이다. 두 말할 필요 없이 하나의 재질로 된 물체로만 얻은 결과로부터의 일반화보다는 다양한 재질로 실험한 결과로부터의 일반화가 참일 가능성이 더 높을 것이다. 따라서 단지 사례 수의 증가가 이론의 참일 개연성을 높인다고는 말할 수 없다. 다음으로 확률을 계산하기 위해서는 전체의 사례 수를 알아야 한다. 그러나 과학의 어떤 한 이론에 해당하는 전체 사례 수가 얼마인가? 귀납주의자들은 이에 대해, 그 수를 알 수는 없지만 그 수가 있지는 않겠는가 하고 반문할 것이다. 즉 그 수를 알

지는 못하지만 있는 것은 확실하다고 주장한다. 그러나 그 수가 존재한다고 하더라도 그 수가 유한하지 않고 무한대이면 확률값은 언제나 영이 된다. 전체 사례 수가 무한대라면 모든 경우의 확률은 영(확률 0 = 제한된 관찰/ 무제한 상황)일 수밖에 없다. 그렇게 되면 해당 사례의 수를 증가시키는 것이 그 이론이 참일 개연성을 증가시키는 일은 될 수 없는 것이다.

　귀납주의는 관찰의 이론의존성, 추론의 내적 불완전성 등의 비판을 받았지만, 과학의 진보 과정에 대한 손쉬운 설명을 제공했다는 긍정적인 측면도 갖는다. 과학 활동에서 관찰을 기반으로 가설을 설정하는 과정은 빈번히 발생하며 이때는 비약적 추론이 존재하기 때문이다. 관찰의 이론의존성에 근거하여 귀납주의에서 전제하는 관찰의 객관성이 비판되었지만 모든 관찰언명이 오류라고 단정할 수는 없다. 실제 과학 활동에서는 느슨한 의미의 귀납 추론이 의미 있게 이루어지고 있다고 볼 수 있다.

3.4 포퍼의 반증주의(falsificationism)

　포퍼는 비엔나 서클의 논리실증주의자들이 주장하는 귀납주의의 문제를 제기하며, 아인슈타인의 상대성 이론 발표에 자극을 받아 반증주의를 제창했다[3].

---

3) 포퍼는 당시 제1차 세계대전 이후 극심한 혼란기에 세상의 모든 일을 설명할 수 있고 과학적이라고 주장하는 마르크스주의자, 프로이트주의자, 인종주의자들의 주장에 회의를 느꼈고 귀납주의자들 사이에서도 그다지 주목받지 못했던 사람이었다. 그러던 중 1919년에 비엔나를 방문한 아인슈타인의 강연을 듣고 반했다. 아인슈타인은 자신이 1916년에 발표했던 일반상대성이론에 의하면 무거운 물체 근처를 지나가는 빛은 중력에 의해 경로가 휠 것이라고 예측했다. 그런데 이것은 생각해 보면 참 이상한 이야기이다. 빛은 질량이 없기 때문에 중력의 영향을 받지 않아야 할텐데 어떻게 중력 때문에 가는 길이 휠 수 있을까? 상대성이론에 의하면, 무거운 물체가 있으면 그 주위의 시공 자체가 휘어버리고, 빛은 그 휜 시공 내에서 가장 짧은 거리로 가기 때문에 빛의 경로도 휜다는 것이다. 아인슈타인은 말이 안 되는 것 같은 이론을 내세우면서 그 이론이 옳다면 어떤 관측사실이 나오리라는 확실한 예측을 하였고, 그 예측을 확인함으로써 명확히 시험할 수 있는 계기를 만들어주었다. 영국의 천문학자 에딩턴이 이것을 확인했다. 개기일식에 별의 위치를 관측했더니 아인슈타인의 예측대로 결과가 나왔다는 것이다. 이 사건이 신문에 대서특필

반증주의는 귀납주의가 주장하는 관찰의 진실성은 인정하지만 그로부터 귀납적으로 얻은 이론은 참이라고 주장할 수 없다는 입장을 갖는다. 귀납주의는 관찰 사실은 확실하게 참이며 이에 바탕을 한 귀납이론에 의해 도출된 이론은 참이거나 최소한 개연적인 참이라고 주장한다. 포퍼에 따르면, 귀납주의가 주장하듯 과학 이론은 증명할 수 있는 것이 아니라 오직 반증가능하다는 것이다.

포퍼(K. Popper, 1902-1994)는 오스트리아 출생의 영국 철학자이다.

포퍼의 반증주의에서는, 그 이름에서도 알 수 있듯이, '반증' 가능성이 과학적 언명의 자격기준이 된다. 그는 귀납주의의 전통에 서 있는 검증 가능성과 확증 가능성이 안고 있는 문제점에 주목했다. 과학 이론이 사실에 의해 참으로 증명될 수 있다거나 확증될 수 있다는 주장은 적절치 않다는 것이다. 대신, 그는 반증가능성을 과학과 비과학을 구별할 수 있는 새로운 구획 기준으로 제시

하였다. 그에 의하면 "한 이론의 과학적 자격의 기준은 그 이론의 반증가능성, 반박가능성, 테스트가능성이다. 경험 과학의 체계는 경험에 의해 반박될 수 있어야 한다." 곧 경험에 의해 테스트될 수 있는 언명만이 과학적 언명이라는 것이다.

그림 3.11 포퍼(K.Popper, 1902-1994)

포퍼는 아인슈타인이 일반 상대성 이론을 제시하는 논문에서 태양 근처를 지나는 빛이 어떤 각도로 휜다고 관측될 것이라고 예측하면서 논문의 말미에서 "이 예측이 틀렸다면 내 이론은 틀린 것"이라고 말했던 것에서 큰 충격을 받았노라고 고백한다. 이

되면서 아인슈타인은 일약 세계적 유명인사가 되었고 비엔나에 와서도 이 상대성이론과 개기일식 관측에 관한 내용으로 강연을 했던 것이다. 그때 포퍼는 아인슈타인이 자기 이론을 엄격한 시험대 위에 당당하게 올려놓는 모습을 보고 반했던 것이다. 시험해서 예측대로 나오지 않으면 그 이론은 틀린 것으로 밝혀질 것이고 그러면 미련 없이 포기하겠다는 태도 말이다. 포퍼는 그런 위험을 각오하고 틀리기 쉬울 듯한 예측을 끌어내서 이론을 엄격하게 시험하는 것이 진정한 과학적 태도라는 것을 깨달았다(장하석, 2014).

렇게 반대 사실에 의해서 무너질 준비가 되어 있는 이론이라야 진정한 과학 이론이라고 할 수 있다. 포퍼에게 현재의 과학 이론과 가설들은 반증되어 폐기될 준비가 되어 있으되, 아직 반박되지 않고 살아남아 있는 추측들이다. 그것들이 과학적인 이론이요 가설인 이유는 그것들이 경험적인 반례에 직면해서 반박되어 무너질 준비를 하고 있는 이론이요 가설들이기 때문이다. 아인슈타인은 그런 과학의 정신을 말하고 있었던 것이다(장하석, 2014).

그림 3.12 확증과 반증

반증주의는 과학을 세계나 우주의 어떤 측면의 움직임을 정확하게 기술 또는 설명하기 위해 잠정적으로 제시한 일련의 가설이라고 정의하고, 과학 이론은 확증된 이론이 아니라 언제든지 논박될 수 있는 가설에 불과하다고 주장한다. 과학 이론은 관찰에서 도출되지 않고 문제에서 출발한다. 문제가 제기되면 이론이 제안되고, 문제해결을 위한 가설로서 제시된 이론은 관찰과 실험에 의해 엄격한 테스트를 받아야 한다. 이론이 관찰이나 실험에 의한 테스트를 잘 견뎌내면 그 이론은 경험적으로 확인되었다고 할 수 있다. 이것은 가설이 경험에 의해 지지되었음을 의미하지는 않고 아직까지는 테스트에 의해 반증되지 않았다는 것을 의미할 뿐이다. 테스트를 통해 아직 단 한 가지 반례에 의해서도 반증되거나 반박되지 않고 있는 동안에 이론은 잠정적으로 받아들여진다(신중섭, 1992).

그의 반증가능성의 원리는 과학 이론은 경험에 의해 증명되거나 확증될 수 없어도 반증될 수 있다는 획기적인 통찰에 근거하고 있다. 이론을 증명하는 것은 불가능한데, 그 이유는 지금까지 잘 맞아떨어졌다고 하더라도 앞으로 나올 관측이나 실험 결과도 만족시킨다는 보장이 없기 때문이다. 하지만, 이론이 틀렸다는 것은 반증을 통해 가능하며, 반증은 단 한 가지 사례로도 충분하다. 반증은 경험적 증거로 이론이 틀렸다는 것을 보여주는 것이다. 귀납 추론을 통해

'모든 까마귀는 까맣다'는 이론이 생성되었다고 하자. 이 경우에, 흰 까마귀가 한 마리라도 출현하면, 이 이론이 반증된다. 기존의 이론이 반증되면, 다른 이론이 그 자리를 대신하게 된다. 이러한 반증의 논리가 과학의 가장 기본이며, 반증을 통해 인간은 자연에 대한 지식을 계속해서 만들어가게 되는 것이다.

과학은 시행착오, '추측과 반박'을 통해 진보하며 오직 끊임없는 반박을 잘 견뎌낸 이론만이 살아남는다. 추측이란 확실하지 않은 가설을 제의한다는 의미이다. 이러한 과정을 통하여 지식은 성장하며 지식의 성장에 의한 과학의 진보는 대담한 이론을 제시하고, 이론이 지닌 약점을 반복된 관찰과 실험을 통해 제거하려는 노력에 의해 이루어진다는 것이다. 어떤 과학 이론에 대해서도 절대적 확실성을 부여할 수 없다. 비록 이론이 엄격한 테스트를 무수히 많이 통과했다고 하더라도 잠정적 가설의 성격을 벗어나지 못한다. 이것이 포퍼가 "과학은 확증된 언명의 체계가 아니다. ... 과학은 진지(眞知)가 아니다"라고 말한 이유이다. 다만 우리는 현재 받아들여지고 있는 과학 이론이 이전의 이론과 비교해서 더 나은 이론이라는 말을 할 수 있을 뿐이다. 과학에서 확실성을 획득하려는 노력은 헛된 희망이지만 끊임없는 비판을 통해 이론이 부단히 반증되고 반박되는 과정에서 수정되고 개선되며 이론을 더 정교하게 만들거나 혹은 더 좋은 이론으로 대치함으로써 과학적 지식이 성장하고 진보한다는 것이다(신중섭, 1992).

포퍼에 따르면, 과학의 목적은 이론을 검증하는 것이 아니라 이론을 반증하는 것이다. 반증하려고 노력한다는 것은 이론이 안고 있는 오류를 발견하려고 노력한다는 것을 의미한다. 따라서 과학의 역사는 추측과 반박, 이론과 실험의 싸움터이며, 이 싸움에서 결정적으로 승리하는 것은 항상 실험이다. 어느 이론도 비판을 면제받을 수는 없기 때문에 모든 이론은 항상 끊임없는 비판을 받아야 한다. 여기서 말하는 비판이란 이론에 내재한 모순을 지적하는 것이거나, 이론과 경험적인 사실 사이에 놓여 있는 모순을 지적하는 작업이다. 이러한 과정을 통해 인간의 지식은 성장하며, 따라서 지식이 성장하는 데 필요한 도구는 '비판적인 방법의 의식적인 채택'이다. 이처럼, 포퍼는 '비판은 이성적 사고의 피와 살'이라고 했으며, 비판적 태도를 과학적 태도라고 보았다.

반증주의에 따라 다음 문제를 해결해 보자.

'짝수가 있는 카드 뒷면에는 모음이 있다'는 이론의 진위를 판별하기 위해 가장 효과적으로 카드를 뒤집어 보는 방법은 무엇일까?

| A | D | 2 | 7 |

이 카드놀이는 반증이 무엇인가에 대한 올바른 이해를 하고 있어야 풀 수 있다. 이 경우 만약 카드 A를 뒤집어 보는 것은 아무런 도움이 되지 않는다. 만약 A를 뒤집어서 짝수가 나오면 좋다. 그러나 홀수가 나온다 해도 이론이 틀렸다고 할 수는 없다. 왜냐하면 주어진 이론은 짝수 뒤에 모음이 나온다고 하였지, 홀수 뒤에 모음이 나오면 안 된다고 한 것은 아니기 때문이다. 따라서 카드 A를 뒤집어 보는 것은 아무런 의미가 없는 일이다. 그러나 카드 D를 뒤집어 보는 것은 의미 있는 일이다. 만약 뒤집어서 홀수가 나오면 그 이론은 그런대로 좋은 것이다. 그런데 만약, 짝수가 나온다면 주어진 이론은 반증이 되는 것이다. 왜냐하면 짝수 뒤에 자음이 나왔으니 모음이 나온다는 주장은 틀리다. 카드 7을 뒤집어 보는 것은 의미 없다. 홀수 뒤에 모음이나 또는 자음이 나오든지 주어진 이론과는 관계가 없다. 카드 2를 뒤집어 보는 것은 의미가 있다. 왜냐하면 뒤집어서 자음이 나온다면 그 이론은 틀린 것이 되기 때문이다.

반증주의에 따르면 과학과 비과학의 구획 기준은 무엇일까? 과학과 비과학의 경계는 가설이 반증가능한가에 있는데, 반증가능하려면 경험적인 내용을 가져야 한다.

아래 7개 진술문 중에서 과학 이론은 어느 것이며, 과학 이론 중에서 좋은 이론은 어떤 것일까?

① 모든 일출은 6시 5분이다.
② 모든 물체는 열을 받으면 팽창한다.
③ 빛이 평면거울에서 반사할 때, 입사각과 반사각은 같다.

④ 검은 물체가 흰 물체보다 무겁다.

⑤ 오늘은 해가 동쪽에서 솟거나 솟지 않거나 한다.

⑥ 양성자 한 개로 되어 있는 원자를 수소라고 한다.

⑦ 모험을 하는 자만이 행운을 차지할 수 있다.

1-4번은 모두 반증가능하다. 주장 1은 그 시각에 일출을 관찰함으로써 반증할 수 있다. 주장 2와 3은 좋은 이론이며 참일 수 있지만 반증가능한 것이다. 왜냐하면 주장 2는 열을 가하는데도 팽창하지 않는 사례가 나타난다면, 주장 3은 입사각과 반사각이 같지 않은 경우가 나타난다면 반증이 될 것이기 때문이다. 주장 4는 좋은 이론이 되지 못하지만 반증가능한 진술이다. 5-7번은 모두 반증가능하지 않은 진술이다. 주장 5는 오늘 해가 동쪽에서 솟아도 반증되지 않고, 솟지 않아도 반증되지 않는다. 해가 솟지도 않고 솟지 않지도 않는 현상은 있을 수 없다. 그 주장은 일어날 수 있는 모든 경우를 다 주장하였기 때문에 반증가능하지 않은 것이다. 주장 6은 수소의 정의이다. 약속에 의해 정의한 것을 반증하는 방법은 없다. 주장 7은 모험과 행운이 조작적으로 정의되지 않았기 때문에 반증가능하지 않다.

반증가능성이 없는 가설은 첫째, 애매모호한 표현으로 진술한 가설로, 예를 들면 '오늘의 운세' 같은 것이다. 둘째는 경험이 아니라 정의에 의해서 참인 가설로, 예를 들면 '원주 상의 모든 점은 중심에서 같은 거리에 있다' 같은 것이다. 셋째는 반증 불가능한 형태의 가설로, 예를 들면 '금속은 열을 받으면 팽창할 수도 있고 그렇지 않을 수도 있다'이다.

과학적 이론이 되기 위한 필요조건은 반증가능성이다. 그렇다면 반증가능성이 충족되는 과학적 이론 중에서 어떤 이론이 더 좋은 이론이라고 할 수 있는가? 포퍼는 반증가능성이 높은 이론이 더 좋은 이론이라고 한다. 포퍼는 반증가능성의 정도를 나타내기 위해서 잠재적 반증가능자라는 개념을 도입하였다. 잠재적 반증가능자는 법칙이나 이론을 반증할 수 있는 관찰언명을 의미한다. 다음 4개 가설 중에서 가설의 질적 판단을 위해 반증가능성을 따져보자. 어느 가설이 높은 반증가능성, 즉 세계에 대해서 더 많은 내용을 포함하고 있는가?

- 가설 1: 지구는 태양을 중심으로 궤도 운동을 한다.
- 가설 2: 지구는 태양을 중심으로 타원 궤도 운동을 한다.
- 가설 3: 모든 행성은 태양을 중심으로 궤도 운동을 한다.
- 가설 4: 모든 행성은 태양을 중심으로 타원 궤도 운동을 한다.

가설 1과 가설 2를 비교하면, 가설 2가 반증가능성이 높다. 즉, 가설 2가 가설 1보다 잠재적 반증가능자가 더 많다. 가설 3과 가설 4를 비교하면 가설 4가 반증가능성이 높다. 가설 4가 잠재적 반증가능자가 많은 셈이다. 가설 1의 잠재적 반증가능자는 지구가 직선 운동이나 포물선 운동 같은 비궤도 운동을 하는 것 또는 지구가 태양을 중심으로 하지 않고 화성을 중심으로 운동하는 것 등이다. 그러나 가설 4는 그것들뿐만 아니라 다른 어느 한 행성이라도 궤도 운동을 하지 않는 것이 모두 잠재적 반증가능자가 된다. 뿐만 아니라 궤도 운동을 하더라도 타원 궤도가 아니면 모두 잠재적 반증가능자가 된다. 가설(이론)이 더 포괄적일수록 반증가능성이 높으며, 이론(가설)이 명확할수록 반증가능성이 높다. 즉, 가설 1에 비해서 가설 4는 이론이 포괄적이면서 명확하다는 의미를 갖는다.

앞서 언급했듯이, 반증주의에 의하면 과학은 시행착오, 추측과 반박을 통해 진보한다는 모습을 갖는다. 또한 과학은 반증가능성이 높은 가설을 제시하고, 그 가설을 반증하려는 신중하고도 집요한 노력으로 간주된다. 귀납주의자들이 과학의 진보를 사실에서 출발하는 것으로 본 반면, 반증주의자들은 과학의 진보를 문제에서 출발하는 것으로 본다. 대담한 이론 즉, 반증가능성이 높은 이론을 과감히 제안함으로써 반증이라는 검증을 거쳐야 하는 것으로 보았다. 과학의 이론은 오류의 발견과 시행착오의 과정을 통해 점진적으로 발전하는 것으로 보았다.

포퍼에 의하면, 과학적 인식은 지각이나 관찰 자료나 사실의 수집으로부터 시작하지 않고 오히려 문제로부터 출발한다(그림 3.13). 그는 우리의 지식, 즉 우리가 알고 있는 것과 사실이 일치하지 않을 때 문제가 발생한다고 보았다. 이러한 문제를 해결하기 위해 가설이나 이론이 제시되는데, 가설이나 이론은

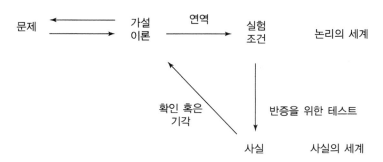

그림 3.13 포퍼의 과학적 방법론

귀납 추리의 과정을 통해서 형성되는 것이 아니다. 과학자가 그의 창조적인 상상력을 통해 과감한 가설을 설정함으로써 성립된다고 하여, 명료하면서도 획기적인 통찰과 과학에 있어서 경험의 역할에 대한 새로운 해석을 보여준다. 관찰과 실험의 결과인 단칭언명은 가설이나 이론을 검증할 수는 없지만, 반증할 수는 있다는 사실에 주목하여 이론과 경험을 한 끈으로 묶었다(신중섭, 1992).

반증주의는 과학의 성격을 잘 반영하는 것처럼 보인다. 연구 결과에 따르면, 이과 고등학생들은 과학에 대한 관점으로 포퍼의 관점을 가장 많이 지니고 있다는 보고도 있다. 반증주의 관점은 과학이 실험을 통해 이론을 반증하면서 발달해가며, 이러한 과정은 매우 합리적으로 보인다. 그러나 반증주의는 세 가지점에서 비판받는다. 첫째는 관찰의 이론의존성이다. 반증이란 참된 관찰언명을근거로 보편언명이 거짓임을 밝히는 것이다. 그러나 이론과 관찰 중에서 관찰이 오류일 수 있다. 관찰 도구에 따라 관찰 결과는 오류가 될 수 있는데, 예를들면 육안으로 금성의 크기를 측정하는 것이다. 이러한 경우에는 관찰언명이오류가 될 수 있다. 둘째는 실제 시험 상황의 복합성이다. 과학은 단일 명제가아니라 복합 명제로 구성되기 때문에 시험 대상 이론뿐 아니라 다른 이론도 관련되어 있다. 따라서 단일 명제로 이론을 반증하기는 어렵다. 즉 이론은 하나의실험, 즉 결정적인 실험으로 반증될 수 없다. 실험 결과가 이론을 반증할 수 있다 하더라도 잘못된 원인이 이론 때문일 수도 있고, 복합적인 실험 상황일 수도 있기 때문이다. 예를 들면, 뉴턴 이론은 천왕성의 궤도와 불일치한 관찰언명에 따라 반증되는가? 관찰언명이 뉴턴 이론과 불일치한 원인은 당시에 발견되지 않은 해왕성을 초기 조건에 포함시키지 않았기 때문이다. 마지막으로는 실제 과학사와 불일치하다는 점이다. 반증주의에 따르면 과학 이론은 발전이 불가능하다. 이론 발달의 초기 단계에서는 이론이 정교하지 않은 상태이므로 모순되는 관찰이 다수 발견된다. 반증주의에 따르면, 뉴턴의 중력 이론은 초기에 달의 궤도 관찰에 의해 반증되며, 그 다음 얼마 이후에 수성궤도에 의해서도 반증되어 폐기되어야 했다. 그러나 실제 과학사에서 보면 폐기되지 않았다.

반증주의는 이처럼 비판을 받았다. 대개의 과학자들은 포퍼가 가졌던 이상적 이미지처럼 비판적이지 못한 것 같다. 서로 남은 잘 비판하는데 자기비판은 그렇게 잘 하지 못한다. 실제 과학연구가 이루어지는 과정을 잘 살펴보면 포퍼의 생각과는 정반대의 독단성을 보이는 경우가 많다. 현대 상대성이론을 의심한다면 물리학계에서 거의 정신병자 취급을 받을 수 있다. 포퍼가 말한 반증주의는 일반 사람들이 갖고 있는 과학의 이상적 이미지와 유사하다. 멋지게 이론을 제시하고 경험 사실에 비추어 맞지 않으면 쿨하게 이론을 버리고 다른 이론을 제시하는 것이다. 그러나 과학자들의 실제 과학 활동을 들여다보면 이론에 맞지 않는 실험 결과가 나왔을 때 이론을 버리는 것이 아니라 실험 결과를 무시하기 일쑤다. 아인슈타인도 개기일식 관측결과가 어떻게 나오든 상관없이 자기 이론이 옳다고 굳게 믿었다고 한다.

3.5 현대의 과학철학

포퍼 이후 현대 과학철학은 전통적 과학관에 대한 반성으로부터 출발한다. 동시에 과학 이론의 복합성을 중요시하고, 이론을 어떤 구조적 전체로 파악하려는 시도를 하게 된다. 과학의 발달을 실제 과학사의 연구에 토대를 두고 살펴보며, 관찰이 편견 없이 이루어지는 것이 아니라 이론의존적이라는 새로운 관점을 제시했다. 대표적인 현대 과학철학자로는 쿤, 라카토슈, 라우든, 파이어아벤트, 폴라니, 툴민, 핸슨 등이 있다.

3.5.1 쿤의 과학혁명(패러다임)

그림 3.14 쿤(Thomas S. Kuhn, 1922–1996)

쿤이 누군지 모른다 해도 그가 퍼트려놓은 '패러다임' 혹은 '과학혁명'이라는 단어를 누구나 한번쯤은 들어보았을 것이다. 쿤은 물리학 박사학위를 받은 물리학자였다. 물리학자인 그가 어떻게 20세기 과학철학과 과학사에 매우 중요하게 공헌하였던 철학적 고전들 중의 하나로 꼽히는 '과학혁명의 구조(The Structure of Scientific Revolutions, 1962)'[4]를 저술하게 된 것일까? 그는 물리학 박사학위를 받았지만 대학원 과정에서 철학을 포함하여 다른 학문 분야에 개설되어 있는 교과과정을 이수하였으며, '과학 교양 교육(General education in science)' 과정 내의 과학사 교과목을 조교로서 담당하였다. 그 당시 과학사는 대학의 하나의 학과로 인정받아 이제 겨우 독립하려는 과정에 있었으며 미국 전역에서 이 과목을 가르치기 위해 채용된 사람은 거의 없었다. 쿤이 대학에서 '역학의 역사'를 가르치면서 그의 관심은 물리학에서 과학사로 전환되었으며, 과학사를 연구하고 해석하는 기존의 방식과 다른 새로운 통찰력을 얻었다. 아리스토텔레스의 역학을 공부하면서 내적 합리성에는 문제가 없음을 깨달았기

---

4) 이 책은 지금까지 백만 권 이상이 판매되었고 27개국 이상의 언어로 번역되었기 때문에 로티(Richard Rorty, 2000)가 설명하듯이 '제2차 세계대전 이후에 가장 많이 읽혔고 가장 영향력이 있는 영문 철학 저서'가 되었다(Preston, 2008).

때문이다. 이로부터 그는 현대 물리학의 세계관이 아닌 아리스토텔레스의 세계관으로 아리스토텔레스의 물리학을 보게 된 것이다. 이러한 관점의 변화는 그가 나중에 '게슈탈트-전환(Gestalt-switch/shift)'에 비유한 과정에 해당한다. 그 변화는 이미 알고 있는 내용에 새로운 내용을 단순히 첨부하거나 오류들만을 교정하는 것이 아니라, '전혀 다른 종류의 사고를 하게끔 만드는 것'과 같은 변화이다. 쿤에게 있어서 이러한 중요한 경험은 '과학혁명' 개념 창출로 연결되었다.

　귀납주의와 반증주의가 만들어낸 과학관에 대하여 쿤은 '과학자의 이데올로기'라고 비판하였다. 쿤이 볼 때 귀납주의와 반증주의의 과학관은 과학의 실제 모습을 반영하지 못한 방법론을 논하는 것일 뿐이었다. 이러한 과학상은 몰역사적이었고, 따라서 쿤은 '역사적으로 정향(oriented)된 과학관'이라는 새로운 과학상을 '과학혁명의 구조'에서 제시하였다.

　1962년에 출판된 '과학혁명의 구조'는 당시 철학계에 대단한 반향을 일으켰다. 쿤은 과학 지식이 누적되고 축적되면서 진리를 향해 간다는 관점을 거부하고, 과학 지식이 혁명적으로 변화한다는 관점을 제시하였다. 더불어 과학자의 활동이 합리적이고 이성적일 뿐 아니라 그 외에 심리적이고 사회적으로 엮여 있음을 조명했다. 쿤의 관점은 철학뿐 아니라 사회학 전반으로 확산되었으며 주요 논쟁의 중심이 되었다.

　쿤의 과학관에서 주요한 키워드는 패러다임과 과학혁명이다.

　　패러다임은 원래 하나의 일상적 의미를 가지고 있었으며 또한 전문적이면서도 적어도 하나의 철학적인 용도를 가지고 있었다. 그리스어에서 유래된 패러다임의 일상적 의미는 하나의 일정 형태(pattern)나 본보기 사례(example)를 뜻한다. 문법을 가르칠 때 이 용어는 한 단어의 어형변화(동사의 형태변화나 명사의 격변화)에 관한 표준어의 그리고 기본적인 용례를 의미하기 위해 사용되는 전문용어였다. 과학철학에서 이 용어의 사용 기원은 18세기 독일의 과학자이면서 철학자인 리히텐베르크(Gerog Christoph Lichtenberg)까지 소급하는 긴 역사를 가지고 있다. 리히텐베르크는 이 용어를 과학과 과학의 변화에 적용하였으나 쿤과 달리 문법적 기준과 비슷하게 기능하는 과학적 업적에 적용하면서 이 용어의 전문적인 용법과 사용은 문제들을 해결하는 데 명시적인 규칙들이 필요하지 않은 모델들에 적용되고 있음을 분명하게 이해하고 있었다. 리히텐베르크의 저서에 영향을 받았던 비트겐슈타인은 그의 강의들에서 하나의 모델이나 정형(stereotype)과 같은 어떤 것을 의미하면서 독일어 용어 'Paradigma'를 사용하였다(Preston, 2008).

영어로 패러다임(paradigm)은 접두사인 para(beside, beyond; 나란히, 옆에)와 digm(derma; to show, to point out; 보여주다, 보여진다)의 합성어로, '나란히 보여진 것', '그 옆에 나타내어진 것'의 의미를 갖는다. 백과사전에 따르면, 원래 의미는 사례(事例)라는 뜻이다. 오늘날은 위의 뜻에서 더 나아가 다양한 관념을 서로 연결시켜 질서 있게 하는 구조를 일컫는 개념으로 쓰인다. 즉, 한 시대의 인간 사고를 지배하는 인식 체계로, 어느 특정 시대와 분야를 견인하는 규범 및 사물을 보는 방식을 나타내며, 과학·사상·산업 등 다양한 분야에 쓰이는 말이다. 사물을 보는 방식으로 정의되는 패러다임은 어느 시대와 분야에서 많은 사람들에게 공유되는 지배적인 규범으로 기능하고, 시대에 따라 비연속적이고 혁명적인 교체(패러다임의 전환)가 일어난다는 특징을 가진다. 이처럼 지금은 패러다임이 동시대의 사람들의 견해나 사고를 근본적으로 규정하고 있는 인식의 체계, 또는 다양한 사물에 대한 이론적인 틀이나 구조라는 의미로 사용되고 있다.

애당초 쿤이 제시한 '패러다임'의 의미는 애매했다. 초고를 읽은 코넌트는 이 용어가 만병통치로 사용되는 것에 우려를 표명하였다. 또한 책이 출판되었을 당시 언어학자들이 모여 분석한 결과 그 책에 쓰인 패러다임의 의미가 무려

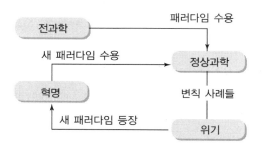

그림 3.15 과학혁명의 과정

22가지가 나올 정도였다고 한다. 이에, 쿤은 1970년대 후기에서 패러다임은 범례(exemplar)라고 구체적으로 제시했다. 이것이 패러다임의 첫번째 의미로서, 초보참여자들에게 가르치게 되는 구체적인 업적이거나 모델을 뜻한다. 두 번째 의미는 '학문적 기반(displinary matrix)'으로서 '전체가 하나의 (과학) 공동체의 구성원들이 공유하고 있는 믿음들, 가치들, 전문기술들 등으로 구성된 집체(constellation)'로서 더 크고 더 포괄적인 인식적 구조를 의미한다(Preston, 2008).

과학의 발달 과정에 대해 귀납주의자와 반증주의자는 모두 과학적 사실에 근거하여 기존 이론이 점진적 수정을 거쳐 발전한다는 관점을 유지한다는 공통점이 있다. 그들은 과학 발달 과정을 학문의 내적 논리를 갖추는 방식 즉, 객관적이고 합리적인 방식으로 점진적으로 발달해가는 것으로 보았다. 이와 달리, 쿤은 과학사의 사례를 근거로 한 과학관을 정립했으며 과학을 점진적인 발달 과정이 아니라 혁명적인 변화 과정이라고 보았다. 과학사에 따르면 과학의 발달이 기존 이론의 점진적인 개선을 통해 이루어졌다고 보기 어렵다. 예를 들면, 뉴턴 이론이 발달하여 상대성이론으로 개선되는 것은 아니다. 뉴턴 이론과 상대성 이론은 서로를 포함하지 않는 완전히 다른 이론 체계를 갖는 것이다. 뉴턴 이론에서 상대성 이론으로의 발달 과정은 점진적 개선 과정이 아니라 혁명적 변화 과정이다.

쿤이 제시한 과학발달 과정을 살펴보면, 전과학(pre-science), 정상과학(normal science), 위기(crisis), 혁명(revolution), 새로운 정상과학의 국면이 순환하는 과정이다. 전과학 국면은 선-패러다임 혹은 선-합의의 시기이다. 전과학은 조직화되지 못한 다양한 활동을 의미하며, 어떤 현상에 대한 보편적 견해가 존재하지 않는 단계이다. 이 국면에서는 다양한 혹은 분열된 활동들이 전면적으로 퍼져 있으며 하나의 특정 패러다임이 정립되지 못한 상태에서 다양한 연구 활동이 이루어지는 것을 의미한다. 과학자들은 저마다 현상에 대한 견해를 갖지만 전체적인 구조가 형성되지 못한 특징을 갖는다. 즉, 과학자들 사이에 합의된 설명의 기준이나 방법론 혹은 권위가 부여된 과학기구도 존재하지 않는다. 다수의 학파들이 존재하여 서로 다른 개념들을 내세우지만, 특정 학파가 과학 활동을 지배하지 못한다. 소크라테스 이전 고대 그리스에서처럼, 전과학 단계에서는 연구 공동체가 하나의 패러다임을 합의하지 않은 상태에서 각자 혹은 집단을 이루어 다양한 연구를 하게 된다. 쿤에 따르면, 뉴턴 이전의 광학 연구, 아리스토텔레스 이전의 운동 연구, 아르키메데스 이전의 정역학에 관한 연구, 블랙 이전의 열에 관한 연구, 보일과 부르하버 이전의 화학 연구, 허튼 이전의 지질학 연구가 전과학 국면의 과학 활동에 해당된다. 전기 분야에 있어서는 18세기 전반 시기도 전과학 단계에 해당한다. 18세기 전반에 전기의 본질에 대한 최초의 패러다임이 나타나기 전에는 전기 실험가의 수만큼이나 전기의 본질에 대한 갖가지 견해가 있었다. 예를 들면, 헉스비, 그레이, 데자귤리에르, 뒤페, 놀레, 왓슨, 프랭클린의 전기 이론 등이 존재했다. 그러다 마침내 전기의 다양한 현상을 포괄적으로 설명할 수 있는 하나의 패러다임이 성립하였다.

전과학 단계를 거쳐 어떤 현상을 연구하는 과학자 사회가 단일 패러다임을 수용하게 되면 정상과학 단계로 들어선다. 즉, '정상과학'은 여러 방식으로 수집된 무더기 사실들 중에서 특정의 방식을 강조하는 하나의 패러다임이 과학 활동을 지배하게 되는 국면이다. 하나의 학파로서의 패러다임의 내용은 어떤 범위의 현상을 성공적으로 설명하는 본보기(범례, exemplar; 훌륭한 모범적인 업적, exemplary achievement)를 포함한다. 본보기는 어떤 범위의 현상들을 성공적으로 설명하기 때문에 업적을 성취한 하나의 이론으로서 성공적인 이론이다. 일반적으로 하나의 이론이 경쟁 이론들보다 더 많은 현상들을 설명하는 것으로 인정받게 되면, 그 이론은 하나의 패러다임이 된다. 예를 들어, 라이덴병은 프랭클린의 이론을 하나의 패러다임으로 만들어 준 것이다. 그 외에도 아리스토텔레스의 운동에 관한 분석, 프톨레마이오스의 행성 위치에 관한 계산, 라부아지에의 천칭의 사용, 전자기장에 관한 맥스웰의 수식화 등이 해당된다. 정상과학의 수행은 그 시기의 과학자사회의 과학자들 사이에 어떤 '합의'를 거쳐 정의를 배우는 것이 아니라, '힘'이나 '화합물' 같은 용어들이 사용된 예제들을 푸는 표준적 방법을 배우는 것이다. 이런 예제들의 유형을 충분히 많이 섭취하면, 그들은 이 예제들의 어떤 특성들이 이들을 표준으로 취급받게 했고 그러한 취급을 타당화해 주었냐에 대해 서로 명확히 같은 의견을 가질 필요가 없이도 이러한 예제들을 표준으로 삼아 그 후의 연구를 수행하게 된다.

　패러다임의 출현은 하나의 분야가 과학이 된 것으로, 초기에는 훌륭한 범례가 학문의 기반으로 자리하게 되며 명백히 규정된 법칙이나 이론적 가정을 의미하고, 과학자들에게 연구 내용과 방향을 제시하게 된다. 쿤은 패러다임이라는 단어를 구체적인 업적이나 모델을 뜻하는 범례를 지칭하던 데서 그 범위를 크게 확장해서, 특정한 과학자사회의 구성원들이 공유한 '학문적 기반(disciplinary matrix)'으로 넓혀 사용했다. 이것은 '전체가 하나의 (과학) 공동체의 구성원들이 공유하고 있는 믿음들, 가치들, 전문기술들 등으로 구성된 집체(集體, constellation)로서 더 크고 더 포괄적인 인식적 구조를 의미한다. 포괄적인 의미에서 패러다임을 구성하고 있는 전형적인 요소들에는 명백히 규정된 법칙이나 이론적 가정이 있다. 뉴턴의 운동의 법칙은 뉴턴 패러다임의 일부를 구성하고, 맥스웰의 방정식은 고전적 전자기장 이론을 구성하는 패러다임의 일부가 된다. 또한 패러다임에는 다양한 유형의 상황에 기본적인 법칙을 적용하는 표준적인 방법도 포함된다. 예를 들면 뉴턴의 패러다임은 뉴턴의 법칙을 행성의 운동, 진자, 당구공 충돌 등에 적용할 때 필요한 방법을 포함하고 있다. 패러다임의 법칙들이 실제 세계와 관련을 맺으려면 실험 장치와 실험의 테크닉들이 필요한데 이것들도 역시 패러다임 안에 포함된다. 뉴턴의 패러다임을 천문학에 응용하려고 하면 여러 가지 공인된 형의 망원경의 사용, 그리고 그 사용에 관련된 기술, 망원경의 도움으로 얻어진 자료들을 정리하기 위해 필요한 다양한 기술이 필요하다. 나아가서 패러다임의 구성요소에는 패러다임 안에서 연구를 이끌어 주는 매우 일반적인 형이상학적 원리도 포함된다. 19세기를 경과하면서 뉴턴의 패러다임은 "뉴턴의 운동 법칙이 지시하는 바에 의하면 물리적 세계 전체는 다양한 힘의 영향 아래서 작용하는 기계적인 체계로 설명될 수 있다"와 같은 가정의 지배를 받았고, 17세기의 데카르트 패러다임에는 "공간은 존재하지 않으며 물리적 우주는 모든 힘이 다른 것을 미는 형태를 띠고 있는 커다란 시계의 태엽 장치와 같다"는 원리가 포함되어 있다. 마지막으로 모든 패러다임은 "당신의 패러다임이 자연과 조화를 이루도록 하는 진지한 노력을 게을리하지 말라" 혹은 "패러다임이 자연과 조화를 이루지 않는 경우, 그것을 심각한 문제로 취급하라'와 같은 방법론적인 규범도 포함하고 있다(Chalmers, 1985).

정상과학 단계에서는 과학자들이 패러다임에 비판적인 입장을 취하지 않으며 과학 연구 활동을 체계화하고 조직화하는 활동을 수행하게 된다. 쿤의 용법에 따르면, 과학에서 패러다임이란 '새로운 혹은 그 이상의 엄밀한 조건들 밑에서 명확성과 구체화가 더 필요한 대상'이다. 이러한 이유는, 패러다임이 처음 나타났을 때 그 패러다임은 그 적용범위와 엄밀성에서 제약되어 있었기 때문이다. 패러다임은 일반적으로 어떤 중요한 문제를 성공적으로 해결하는 장점을 가지고 있기 때문에 과학 공동체가 수용하게 되었지만 패러다임이 모든 문제를 성공적으로 해결한다는 의미는 아니다. 쿤에 따르면, 패러다임의 '성공'이란 처음에는 하나의 약속에 불과하지만 사실들과 패러다임의 예측들 간의 일치도를 증가시킴으로써 패러다임 자체를 더 명료하게 만듦으로써 성공이 현실화된다는 의미를 갖는다(Preston, 2008).

정상과학 단계는 패러다임 규칙에 따르는 과학자 집단의 문제풀이(puzzle solving)에 비유된다. 문제풀이는 그 해결 과정에서 독창력과 기술을 요구하기는 하지만, 패러다임의 규칙 곧 기존의 관점이나 기존의 개념에 그 문제를 해결할 수 있는 방법이 포함되어 있으며, 패러다임의 규칙을 잘 이용하기만 하면 문제는 곧 풀린다. 정상과학 단계에서는 과학자들이 패러다임 내에서 그 패러다임이 제안하는 문제를 끊임없이 해결하고 퍼즐을 풀어나가면서 패러다임이 적용되는 범주를 넓히고 이론의 명료화를 추구하는 과정 즉, 패러다임을 체계화하고 정교화하는 과정이 이루어진다. 정상과학 내에서 과학자들은 패러다임을 비판하지 않으며, 패러다임과 일치하지 않는 연구 결과(변칙사례, anomaly)는 과학자들의 실수로 생각된다.

변칙사례란 패러다임에서 예상한 것과 다른 일이 생기는 상황을 의미한다. 변칙사례가 나타났을 때 포퍼의 방식대로 패러다임이 반증되지 않는다. 그와 달리, 과학자들은 변칙사례를 초기에 잘못된 자료로 간주하고 무시하는 경향이 있으며 패러다임을 유지한다. 동시에 변칙사례를 해결하기 위해 노력할 것이다. 그러나 변칙사례의 수가 증가하고 무시할 수 없을 만큼 중요한 것일 때 과학자들은 위기에 직면하게 된다. 변칙사례를 해결하지 못하면 과학자들은 패러다임을 불신하기 시작하지만 바로 패러다임을 포기하지는 않는다. 패러다임이 없는 과학은 역사적으로 존재하지 않았다. 패러다임을 포기하는 일은 과학 그 자체의 포기와 동일하기 때문이다. 위기의 국면에서는 정상 과학의 규칙이 느슨해지고 전과학 단계의 탐구 활동과 유사하다. 이때 과학자들은 신념이 흔들리고 혼란에 빠지게 되고 정신적 불안감이 증가한다. 과학자들은 연구 활동에 회의를 느끼게 되며, 철학적이고 형이상학적 질문을 던지게 된다. "우리가 하는 활동은 어떤 의미가 있는가?", "우리가 지금 패러다임을 믿고 따르는 것이 어떤 가치가 있는가?" 등의 질문을 던지게 된다. 그런 과정에서 새로운 패러다임이 출현하여 위기를 해결하면 과학혁명이 일어나게 되고, 과학자 공동체가 새로운 패러다임을 받아들이게 되면 과학혁명이 종결된다.

과학자 공동체가 하나의 패러다임을 버리고 새로운 패러다임을 수용할 때 과학혁명은 단순히 이론체계의 변화만을 의미하는 것이 아니다. 그보다는 이론체계에 포함된 과학적 개념, 법칙, 그리고 그 개념 및 법칙들과 외부의 경험적 사실들과의 관계, 심지어는 법칙과 이론을 평가하는 데 사용하는 척도까지 바꾸는 것이다(김영식, 2008).

좀 더 구체적으로 말하면, 사람들은 흔히 과학의 어떤 개념에 대한 정확한 이해, 또는 정의(定義)를 바탕으로 그것을 사용해서 어떤 법칙을 얻어내고 그 법칙을 바탕으로 다시 더 높은 단계의 이론이 얻어진다고 생각하며, 이런 과정을 논리적으로 분석한다. 그러나 실제 과학 활동이 행해지는 과정을 보면, 어떤 개념, 그것이 포함된 법칙, 그리고 그 법칙으로부터 얻어진 이론들을 모두 한꺼번에 배우는 것이 드러나며, 많은 경우에는 오히려 이 과정이 거꾸로 진행되는 것도 볼 수 있다. 예를 들어 우리는 질량, 가속도, 힘 각각에 대한 정확한 이해를 먼저 얻어내고 이들을 사용해서 이들 사이에 성립하는 법칙인 '힘=질량×가속도'를 알게 되고 그 후에 그것을 이용해서 다시 더 복잡한 이론을 얻어내는 것이 아니다. 이와는 반대로 '힘=질량×가속도'라는 법칙을 배우면서 질량, 가속도, 힘 등의 개념들을 더 잘 이해하게 되고 또 위의 법칙이 응용된 예제들을 풀면서 위의 법칙 자체를 이해하게 되는 것이다.

이것은 기존 과학 지식의 습득 과정에만 적용되는 이야기가 아니며, 실제로

이 법칙이 얻어지던 당시의 역사적 과정을 살펴보아도 마찬가지임을 볼 수 있다. '힘=질량×가속도'라는 법칙이 받아들여지면서 그 당시까지 사용되던 힘의 개념은 바뀌었으며 질량이라는 개념은 새로 도입되었다. 즉 이 법칙은 기존의 개념인 힘과 질량, 가속도 사이의 관계를 보여주는 데 그치지 않고 그 법칙에 포함된 힘, 질량이라는 개념들 자체를 바꿔놓은 것이다. 따라서 그전까지 통용되던 법칙 '힘=무게×속도' 즉 힘이 물체가 운동하게 하는 원인이고 외부의 힘 없이는 물체가 운동하지 않는다는 법칙과, 새로운 법칙 '힘=질량×가속도' 각각에서 말하는 힘, 질량, 무게 등의 개념은 다른 것이다.

그러면 이렇게 해서 '힘=무게×속도'<법칙 1>를 바탕으로 한 이론체계가 '힘=질량×가속도'<법칙 2>를 바탕으로 한 이론 체계로 바뀔 때 그 두 이론체계의 우열을 비교할 기준이 있는가? 쿤은 없다고 생각한다. 새 법칙에 포함된 힘, 질량이라는 개념은 이미 전의 법칙에 포함된 힘, 무게가 아닌데 어떻게 이 둘을 서로 비교할 수 있는가 하는 것이 그 이유이다. 그뿐만 아니라 이 두 법칙은 전혀 다른 자연관에 바탕을 두고 있다. <법칙 1>은 자연세계가 각각 다른 '본질'에 의해서 구분되며 운동은 한 본질로부터 다른 본질로 변화하는 '과정'이라고 생각했던 아리스토텔레스의 자연관에 바탕을 두었고, <법칙 2>는 자연세계의 모든 물체를 미세한 입자의 결합으로 보고 운동은 그러한 입자로 이루어진 물체가 공간을 이동하는 것으로 보아서 물체의 '상태'로 이해한 새로운 근대자연관에 바탕을 둔 것이다. 또한 이들 두 자연관은 각각 서로 다른 유형의 질문을 제기한다. 아리스토텔레스의 자연관이 무엇보다도 각각의 본질을 제대로 이해하려 하고 운동에 관한 논의의 초점은 어떤 본질을 다른 본질로 변하도록 하는 원인 또는 목적에 관해서였는데 반해서, 근대자연관은 입자들 간의 상호작용을 기술하는 수학적 법칙과, 그런 작용과 그에 의해 일어나는 운동 '상태'의 변화와의 관계 등에 주목하게 된 것이다. 이처럼 <법칙 1>이 <법칙 2>로 바뀌니 현상은 단순히 힘, 질량, 무게 등 사이의 관계의 변화만이 아니라, 이런 개념들 자체의 변화, 그것들을 포함한 자연관의 변화까지를 수반하는 것이며, 이에 따라 자연세계를 감지하는 형태, 그에 관해 가지게 되는 질문 그리고 이때 사용하는 용어의 종류나 의미도 바뀌는 것이고, 이런 의미에서 그것은 '과학혁명'이라고 부를 수가 있는 것이다.

패러다임들 가운데서 어떤 하나를 선택하는 것은 어렵다. 왜냐하면 경쟁 패러다임은 비교할 수 없는 의미 체계를 사용하고 있기 때문이다. 이를 쿤은 '불가공약성(통약불가능성, 비정합성, incommensurability)'으로 설명했다. 경쟁 패러다임은 불가공약적인데, 패러다임을 구성하는 언어나 개념들은 공통된 의미의 체계를 공유하고 있지 않아서 겹치는 부분들을 갖지 않으며, 따라서 원활한 의사소통이 이루어질 수 없다. 쿤은 통약불가능성의 요소로서 문제들(problems)의 통약불가능성, 언어와 개념들의 의미론적(semantic) 통약불가능성, 과학적 세계들의 통약불가능성을 제시했다. 경쟁 패러다임은 문젯거리로 간주하는 것이 다르고, 여러 가지 개념과 용어의 의미 자체가 다르고, 패러다임을 판단하는 기준이 다르고, 패러다임이 다르면 관측 현상 자체 등이 바뀌기 때문이다.

그렇다면, 과학의 진보라는 관점에서 쿤의 과학혁명은 어떤 인식론적 위상을 갖는가? 경쟁 패러다임을 비교할 수 없다면 어떤 근거로 더 나은 패러다임을 선택할 수 있는가? 하나의 새로운 패러다임 후보에 집착하여 지지하는 사람들은 그 후보가 현재의 풀 수 있는 적은 수의 문제들 보다 앞으로 더 많은 수의 문제들을 풀 수 있다는 것을 아직까지는 보여주지 못한다. 그보다 과학자의 의미에 호소하는 고려사항으로서 적절한 것 혹은 미학적인 것이 추구된다. 이처럼 쿤은 과학자들의 패러다임에 대한 평가가 합리적이지 않다는 점을 지적한다. 하지만 이것은 과학자들의 선택이 단순하게 무모한 짓이라는 의미가 아니라 규칙들의 형식으로 쉽게 제시될 수 없다는 것을 의미한다. 이를 위해, 패러다임의 우선성 논제에 대해 규칙들의 합리성이 아니라 합당함(being reasonable)을 내세운다. 이론 선택에 관한 논쟁들은 증명의 형식으로 된 어떠한 결정과정(알고리즘)이나 계산에 의해 결정될 수 없지만 그럼에도 불구하고 이유들이 이러한 논쟁들 내부에서 작용하고 있으며, 정확성, 단순성, 다산성과 같은 가치들(values)이 기능하고 있다고 보았다.

쿤은 과학의 진보를 설명하기 위해 경쟁 패러다임을 비교할 수 있는 인식적 가치(epistemic values)를 제시했다. 첫번째 인식론적 가치는 포괄성(통섭, comprehensiveness)으로서 문제풀이의 가능성이다. 옛날 패러다임이 미해결의 문제로 남겨놓았고 옛날 패러다임을 위기로 몰아넣었던 문제들 중의 몇몇을 새로운 패러다임이 해결할 때, 새 패러다임이 수학적 엄밀성을 보여줄 때, 게다가 옛날 패러다임이 짐작조차 하지 못했던 새로운 현상들을 분명히 예측할 수 있는가 등이 중요하게 고려된다. 해결할 수 있는 문제 상황의 범위를 의미한다. 둘째는 간명성(simplicity)으로, 보조가설이 적은 패러다임을 의미한다. 포괄성과 간명성이라는 인식론적 가치 외에도 미학적 가치가 작용한다. 따라서 과학혁명을 통해 선택된 패러다임은 '우리가 현대 과학적 지식이라고 부르는 훌륭하게 적응된 도구들의 집합'이다. 발전 과정에서의 연속적인 단계(국면)들은 명확화와 전문화에서의 증가에 의해 특징지을 수 있다. 인식론적 가치 외에도 사회적 요구, 종교적 동기, 개인적 신념 등도 이론 선택에 영향을 줄 수 있다.

3.5.2 라카토슈의 연구 프로그램

그림 3.16 라카토슈
(Lakatos Imre, 1922–1974)

헝가리 출신의 철학자로 런던 정경대학의 교수를 역임했다. 저서로는 <수학적 발견의 논리: 증명과 반박>, 논문집으로는 <과학적 연구 프로그램의 방법론>이 있다.

쿤의 과학혁명 논의는 과학 지식의 사회적, 심리적 차원에 대한 많은 고찰과 논쟁을 불러일으켰다. 쿤은 이러한 과학혁명의 과정을 설명하면서, '게슈탈트 전환', '종교적 개종' 등 극적인 비유를 통해 과학 변동의 단절적 측면을 부각시켰다. 이들 비유는 경쟁하는 패러다임을 평가할 수 있는 초패러다임적 규칙이 존재하지 않는다는 그의 주장과 함께, 과학자들의 패러다임 선택을 비합리적인 것으로 본다는 의심을 불러일으켰다. 이후 쿤의 저작들은 그의 의도와는 상관없이 상대주의자들에게 지속적인 영감의 원천이 되었다. 이들은 과학지식도 사회적으로 결정된다는 쿤의 의견을 좋아하고 영웅시했는데 쿤은 그들을 굉장히 싫어했고 자신을 너무 오해했다고 슬퍼했다. 20세기 말 상대주의적 과학사회학자들은 쿤의 비판이 전통적인 과학관의 중심적 요소들-절대적 진리에 대한 개념, 관찰/이론의 구분, 합리적 선택의 결정성, 과학철학의 규범적 기능 등-에 의문을 제기했다고 평한다. 하지만 쿤에 대한 평가는 여전히 격렬한 반대자와 지지자들 사이에 놓여 있다.

많은 철학자들은 쿤의 주장에 대해 부정적으로 보았는데, 그중 대표적인 사람이 헝가리 출신의 과학철학자 라카토슈였다. 과학사에 대한 쿤의 지적을 많이 받아들이면서도 기본적으로는 포퍼와 마찬가지로 과학적 비판정신을 이성적 사고의 기반으로 중요시여겼던 사람이다. 라카토슈는 쿤이 말하는 과학혁명의 과정에 의하면 과학자들은 군중심리에 지배받는 것에 불과하다고 쿤을 비난했다. 라카토슈는 과학적 판단이란 철저히 이성을 기반으로 해야 한다고 주장했고 혁명적 상황에서는 항상 더 진보적인 패러다임이나 연구 프로그램을 선택해야 한다고 말했다. 여기서 라카토슈가 말하는 진보란 새로운 사실을 성공적으로 예측해낸다는 의미이고, 라카토슈는 이것을 실증적 과학이 이루어낼 수 있는 가장 중요한 업적으로 보았다.

라카토슈는 포퍼와 쿤의 철학에서 좋은 점만 따오려는 시도를 했다. 그는 어떤 방법을 쓰든 중심적 가정을 방어하는 것은 과학적 연구 프로그램의 본질이라고 인정한 후, 그러나 그 과정에서 새로운 사실을 발견해 진보해야 한다고 주장했다. 라카토슈가 제안한 과학적 연구 프로그램은 '견고한 핵(hard core)'과 그 주위를 둘러싸고 있는 '보호대(protective belt)'로 구성되어 있다(그림 3.17).

연구 프로그램 중심부의 '견고한 핵'은 글자 그대로 잘 변하지 않는 것으로서 일반적인 이론적 가설의 형태를 취하고 있으며 논리적 구조를 갖고 있어서 프로그램이 전개되어 나갈 때 기본원리의 구실을 한다. 예를 들면, 코페르니쿠스 천문학의 견고한 핵은 '지구와 행성은 고정된 태양을 중심으로 회전하고 지구는 지축을 중심으로 하루에 한번 자전한다'는 이론적 가설이다. 견고한 핵은 프로그램 지지자의 방법론적 '결단'(부정적 방법론, 핵을 보호할 것!)에 의해 수용되는 것으로 다른 어떤 것으로부터 반증될 수 없는 것이다. 즉, 프로그램이 논리적 구조를 갖고 있지만 단지 논리적인 구조로 유지되는 것은 아니고, 그

그림 3.17 라카토슈의 연구 프로그램

견고한 핵이 가지고 있는 본질적인 구조는 항상 옳다는 정의적인 특성을 내포하고 있는 것이다.

견고한 핵을 둘러싸고 있는 것은 보호대이다. 보호대는 견고한 핵을 보충하는 명시된 보조 가설들로 구성되어 있다. 보호대는 이론적 가설의 초기조건, 관찰언명 기술의 토대가 되는 가정들이다. 코페르니쿠스 천문학에서 보호대의 예를 들면, 행성 궤도의 주전원이 여기에 해당된다. 코페르니쿠스 천문학의 이론적 가설이 잘 맞지 않는 경우, 즉 반증가능한 사례가 생길 경우 즉각 이론을 반증하지 않고, 기존의 이론적 가설에 새로운 주전원을 추가하거나 주전원을 수정하는 방식으로 견고한 핵을 보호한다.

연구 프로그램의 방법론은 핵을 보호하는 두 가지 방식을 포함한다. 하나는 부정적 발견법(negative heuristic)으로서, 앞서 언급했던 대로 견고한 핵을 수정하지 않고 보존하는 것을 요구한다. 이때 프로그램 지지자는 견고한 핵을 수용하는 결단을 해야 한다. 만일 견고한 핵을 수용하지 않으면 연구 프로그램을 벗어나기로 결정하는 것을 의미한다. 반면, 긍정적 발견법(positive heuristic)은 견고한 핵이 실제 현상을 설명하거나 예측할 수 있기 위해 보완되어야 하는 방법을 의미한다. 여러 가지 가설의 첨가와 명료화에 의해 보호대를 확장하고 수정하는 작업이 포함된다. 이때 애드 호크(ad hoc, 임시방편적인 것, 임시적으로 특별히 한 경우를 위한 것)하지 않은, 즉 독립하여 시험할 수 있는, 가설이나 조치는 모두 수용된다. 애드 호크 가설의 예를 보면 다음과 같다. 갈릴레오가 달을 망원경으로 관찰했을 때, 표면에 운석구처럼 생긴 산과 같은 모습을 발견

했고 그 관찰사실을 기반으로 달이 완전한 구가 아님을 주장했을 때 사람들은 '달이 구형'이라는 이론적 가설을 보호하기 위해 "눈에 보이지 않는 어떤 물질이 달 표면을 덮고 분화구를 메우고 있어서 그 물질은 탐지할 수 없다. 달은 완전한 구이다."라는 가설을 추가했다. 그러나 이 가설은 독립하여 시험할 수 없는 것으로서 애드 호크한 가설에 해당하며, 보호대를 구성할 수 없게 된다.

　이상, 견고한 핵을 보호하는 긍정적 발견법과 부정적 발견법은 하나의 연구 프로그램 내에서 이루어지는 방법론이다. 단일한 연구 프로그램 내부에서의 연구는 여러 가지 가설의 첨가와 명료화에 의해 프로그램의 보호대를 확장하고 수정하는 작업이 행해진다. 이러한 보호대의 확장은 새로운 실험의 기회와 새로운 발견의 가능성을 열어주어야 한다. 즉, 새로운 현상의 발견을 유도할 수 있는가 하는 것이 연구 프로그램들 사이를 비교하는 기준이 된다(그림 3.18). 경쟁하는 프로그램들이 있을 때 과학자들은 새로운 현상의 발견을 유도할 수 있는 '전진적' 프로그램을 선택한다. 반대로 새로운 현상의 발견에 계속 실패하는 '퇴행적' 프로그램은 과학자들의 선택을 받지 못하여 소멸하게 된다. 뉴턴 이론과 프톨레마이오스 이론이 경쟁할 때, 뉴턴 이론은 갈레의 해왕성 발견 및 캐번디시의 인력 검출의 기회를 제공한 전진적 프로그램이었던 반면, 프톨레마이오스의 천동설은 중세를 지나면서 새로운 현상의 예측에 계속 실패했던 퇴행적 프로그램이 되었다.

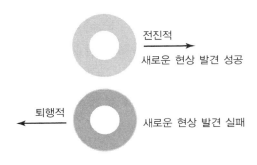

그림 3.18 연구 프로그램들의 경쟁

3.5.3 장하석의 다원주의, 갤리슨의 교역지대, 자연주의적 과학철학 (naturalized scientific philosophy)

과학에 대한 관점을 살펴보면, 한쪽 극단에 객관적 관찰을 중시하고 경험적 지식만을 가치 있는 것으로 여겼던 귀납주의적 관점이 자리하고, 다른 쪽 극단에는 관찰의 이론의존성과 과학적 지식의 사회적 및 심리적 과정을 과도하게 강조하는 상대주의적 관점이 자리하고 있다. 각 관점은 자칫하면 과학적 지식을 절대 진리로 간주하거나 과학에 대한 회의주의로 빠지기 쉽다. 파이어아벤트는 과학적 방법론에 대해 무정부주의적 관점을 제시했는데, "anything goes (어떻게 해도 좋다)!"는 명제를 제시했다.

과학 지식을 명명백백한 자연의 거울로서의 진리를 추구하는 지식체계로 보았던 귀납주의나 과학의 사회적 성격을 강조하고 가치의존적인 지식체계를 강조했던 상대주의와 같은 극단적 관점은 모두 과학의 모습을 제대로 담아내고 있지 못하다. 과학에서 통일된 방법론을 찾으려 했던 논리실증주의 철학자들이나 포퍼의 노력은 과학의 내적 합리성만을 강조했고 실제 과학이 작동하는 모습을 입체적으로 조명하지 못했다. 또한 과학 지식의 발달에 관한 혁명적 관점을 제시했던 쿤은 패러다임 간의 불가공약성으로 인해 비교불가능하다고 주장했다. 쿤은 관찰의 이론의존성과 패러다임에 종사하는 과학자들의 신념과 합의가 과학의 성장과 변화에 미치는 중요성을 역설하다 보니 과학 자체의 합리성을 축소했다는 비판을 받는다. 쿤 이후의 과학철학자들은 과학의 발달에서 관찰 혹은 이론에 중심을 두는 것을 비판하고 복잡한 과학의 실제를 조명하고 있다.

장하석(2014)은 과학의 발달 과정에서 쿤이 설명하는 것처럼 이전 패러다임을 폐기하고 새로운 패러다임으로 변화하는 것은 이롭지 않다고 주장했다. 한 패러다임이 다른 패러다임보다 선호되어야 할 필연적인 이유는 없으며, 한 패러다임을 버릴 경우 그 패러다임으로부터 얻을 수 있는 지식과 성찰을 잃어버리게 된다는 것이다. 실제로 물리학에서 입자적 영역에서는 양자역학이 사용되고 거시적 영역에서는 뉴턴의 역학이 사용되는 것처럼, 각 패러다임이 상호 공존하면서 과학의 지평을 넓히고 있기 때문이다. 장하석은 과학들, 패러다임들,

모형들 사이의 상보성을 드러내 보이며 다원주의적 과학관을 수용해야 한다고 주장했다(김기윤, 2011). 또한 인식적 반복 과정을 통해 과학적 지식의 정당성을 확보하고 우수함을 판단할 수 있다는 것이다.

> 인식적 반복은 앎(knowledge)의 연속 단계들이 각각 앞선 단계에 의존하면서 어떤 인식 목표의 성취를 높이고자 창출되는 과정이다. (…) 각 단계에서, 나중 단계는 앞 단계에 기반을 두지만 어떤 식으로건 앞 단계에서 곧바로 연역될 수는 없다. 단계와 단계의 각 연결(link)은 존중의 원리와 진보의 정언명령에 기반을 두며, 연쇄사슬 전체는 연속적 전통 안에서 혁신적 진보를 보여준다.

헴펠(Hempel)은 이론-관찰 일치의 질은 증거의 양(quantity), 다양성(variety), 그리고 정밀성(precision)이라는 서로 다른 세 가지 기준에 의거해 판단되어야 함을 강조한다. 이에 더해 그는 개연성의 판단 기준으로 단순성, 더 일반적인 이론의 뒷받침, 이전에 알지 못하던 현상의 예측 능력, 그리고 배경 지식과 관련한 신뢰성을 제시한다. 쿤은 정확성, 일관성, 적용 범위, 단순성, 생산성을 "어떤 이론의 적합성을 평가하는 표준적인 기준" 또는 "가치"로 꼽는다. 이런 기준을 이용해 공약불가능성이 존재하더라도 서로 맞서는 패러다임들 간에 비교 및 판단을 할 수 있다는 것이다. 장하석은 이런 다양한 판단 기준을 모두 다 "인식적 가치"라고 하였으며, 일반적으로 인식적 가치로 인정되는 어떤 특징의 향상이 진보를 이룬다고 보았다.

갤리슨(Galison, 1996, 1997)은 이전의 과학관이 과학을 지나치게 이론과 관찰의 관계만으로 설명해왔다고 지적하면서, 과학은 이론과 관찰의 관계만으로 설명할 수 없는 복잡한 양상을 갖는다고 주장했다. 그는 쿤이 주장하는 것처럼 과학에서 패러다임이 이전의 것에서 새로운 것으로 대체되는 과정이 깔끔하게 일어나지는 않는다고 보았다. 과학에 균일하고 통일된 방법론이나 원리가 없다는 것이 과학을 허약하게 만들지 않는다는 것이 갤리슨의 입장이다. 갤리슨은 베니어합판의 메타포를 사용하는데, 결이 다른 얇은 판을 겹겹 엇갈리게 만든 베니어합판이 통판보다 더 튼튼하듯이, 과학의 다양성과 잡종성은 오히려 과학을 더 튼튼한 것으로 만든다고 주장한다.

갤리슨은 '교역 지대(Trade Zone)'라는 개념을 바탕으로 이론(Theory), 실험(Experiment), 실험기구(Instrument)들이 위계적인 환원론적 구조를 가지지 않고, 서로 부분적으로 자율적인 구조를 가지는 과학 모형을 제시했다. 갤리슨은 교역 지대를 "원래 다른 활동(activity)이 지역에서 만나서 협동할 수 있는 무대(arena)"라고 했으며, 후속연구에서 "서로 다른 두 분야가 만나서 공통의 언어를 만들어내고, 발전시키면서 협력해 나가는 공간"(Galison, 1997)으로 보았다(서동인, 2012).

나는 '교역 지대'라는 용어를 서로 통일성이 없는 실험이라는 건물, 이론이라는 건물, 기구라는 건물을 하나로 묶어주는 사회적, 물질적, 지적 시멘트로서 간주하려 한다. 인류학자들은 교환하는 물건의 중요성은 물론, 교역 자체에 대한 개념과 서로 다른 문화들이 교역을 통해 다른 문화와 접하게 되는 과정을 잘 알고 있다. 인류학자들처럼 교역이라는 개념이 꼭 보편적인 통화라는 개념을 미리 상정해야만 가능한 것이 아니라는 점을 인식하는 것이 중요하다.

과학은 이론, 실험, 기구가 겹겹이 중첩되면서 이루어진 이질적인 활동의 총체이지만, 국소적 조건이 충족되는 경우에 불연속적으로 상호작용한다(Gallison, 1997). 서로 다른 과학 분야는 이론적이고 실험적 요소들은 물론 기구를 교환하고, 이러한 교환을 통해 새로운 언어를 발전시킨다. 특히 20세기 실험은 시뮬레이션과 컴퓨터를 사용한 데이터 분석 등이 개입되고 이 과정에서 수많은 이론적 변수가 사용되기 때문에 마치 과학자들이 자신들의 이론에 적합하게 이러한 변수들을 쉽게 조작할 수 있는 것처럼 보일 수도 있지만, 갤리슨은 과학에서의 실험이 종료되는 것은 이러한 자의적인 변수의 조작 때문이 아니라 견해를 달리하던 다른 그룹마저도 다른 도구를 사용해서 실험을 했을 때 같은 실험 결과와 해석이 나오기 때문임을 강조했던 것이다.

1980년대로 접어들면서 과학철학자들은 논리주의적 과학철학의 과학에 대한 지나친 이상화와 규범화, 그에 따른 선험성을 피하고, 또 한편으로는 역사주의적 과학철학의 상대주의를 극복하는 새로운 접근법을 과학철학의 자연화에서 찾았다(송호장, 2011). 기어리(Giere)와 새가드(Thagard) 등이 제시한 것으로 알려진 '자연주의적 과학철학' 관점에서는 관찰의 이론의존성을 인정하지만 과도하게 강조하는 것을 경계한다. 관찰은 과학기술이 집약된 도구의 발전으로 정밀하게, 그리고 다양한 방법으로 이루어진다. 따라서 관찰의 결과는 도구에 결합되어 있는 도구이론과 해석이론, 그리고 다양한 방법론과 연계된 이론들의 연결, 즉 이론망(theory-networks)의 일관성과 정합성에 의해 뒷받침된다. 따라서 관찰이 아무런 기준 없이 관찰자에 따라 주관적으로 이루어지는 것이 아니라 다양한 방식으로 검증되고 검토된 방법으로 이루어지는 것이다. 관찰 도구/관측 기구 자체에 이미 (도구) 이론이 연결되어 있으며, 도구/기구를 통한 관찰/관측 결과를 해석할 때 (해석) 이론을 토대로 한다는 점에서, 관찰은 이론의존적이다. 이때 이론은 홀로 존재하는 것이 아니라 연관된 이론들과 함께 정합성 있게 연결되어 있으며, 상호 검토되고 검증되는 것이다. 이처럼 자연주의적 과학철학은 관찰이 실재를 반영한다는 실재적(객관적) 속성을 확보하면서, 관찰의 이론의존성을 과도하게 강조한 상대주의로부터 실재주의적 관점을 회복하며 과학의 합리성을 부각시켰다.

🗐 요약

과학이 무엇이며 어떻게 발달하는가에 관한 문제들을 다루는 과학철학은 귀납주의, 반증주의, 현대의 과학철학으로 크게 나누어볼 수 있다. 귀납주의는 다양한 조건에서 많은 관찰 사례의 축적으로 일반화에 이르는 귀납의 과정을 통해 과학 지식이 축적되어 발달한다고 주장한다. 귀납주의는 '다양한'과 '많은'이라는 조건이 애매하기 때문에 논리적으로 불완전하며, 단 하나의 변칙 사례에 의해 일반화의 정당성을 확보하기 어렵게 된다는 치명적인 약점을 지닌다. 반증주의는 귀납적으로 얻은 이론은 참이라고 주장할 수 없으며, 과학 이론은 확증된 이론이 아니라 언제든지 논박될 수 있는 대담한 가설이라고 주장한다. 이 대담한 가설은 단 하나의 사례를 통해 얼마든지 반증가능하며, 과학은 대담한 가설과 반증을 통해 진보한다고 보았다. 반증주의는 귀납주의와 마찬가지로 객관적 관찰은 참이라고 보는 반면, 과학철학에서 '관찰의 이론의존성' 테제는 쿤과 라카토슈를 위시한 현대 과학철학이 공유한다. 과학의 역사적 사례를 통해 과학 활동의 사회적이고 심리적 과정을 조명한 쿤의 과학혁명은 과학의 합리적 측면뿐 아니라 비합리적 측면까지도 드러낸다. 자연주의적 과학철학은 과학이 상대주의로 치우치는 것을 경계하면서 실재주의적 관점을 강조한다.

📖 다음 질문에 답해보기

- 과학은 무엇을 규명하고자 하는가?
- 과학의 발달 과정에 대한 귀납주의자, 포퍼, 쿤, 라카토슈의 관점의 특징은 무엇인가?
- 귀납주의와 반증주의가 동시에 가지고 있는 가정은 무엇인가?
- 한의학은 과학인가, 비과학인가? 포퍼와 쿤의 관점에서 논하라.
- 학교 과학과 과학자 과학은 같은가, 다른가? 다르다면 어떻게 다른가?
- 쿤은 패러다임이 신념체계와 유사하며, 패러다임 간의 공약불가능성(incommensurability) 때문에 비교가 불가능하다고 주장하였다. 이것이 상대주의적 과학관이라는 비판에 대해, 쿤은 '하나의 패러다임이 다른 패러다임보다 더 좋은지'를 알 수 있는 인식적 가치를 제시했다. 쿤이 제시한 인식적 가치는 무엇인지 설명하라.

📖 다음의 주장에 대해 논평하기

- "과학에는 국경이 없지만 과학자에게는 조국이 있다"는 파스퇴르의 글의 의미를 해석하고, 그 의미에 대해 논하라.
- "과학은 입증된 지식이다. 과학은 객관적인 지식이며 개인적인 편견이 개재되지 않는다. 과학의 이론은 엄격한 실험을 통하여 얻은 것이기 때문에 과학의 이론은 자연에 존재하는 원리이며 믿을 수 있는 지식이다."
- "사실은 관찰에 의존하고, 관찰은 감각기관에 의존한다. 그런데, 감각기관은 착각현상과 같이 올바로 반응하지 못하는 경향이 있다. 그렇다면 불완전한 감각기관에 의존하고 있는 '사실'도 믿을만한 것이 못된다. 따라서 사실에 바탕을 두고 있는 과학적 이론도 믿을만한 것이 못 된다."

과학과 교육과정의 성격과 핵심 역량

학교교육에서 무엇을, 어떻게, 왜 가르쳐야 하는가를 체계적으로 다룬 것을 교육과정이라 한다. 한국의 교육과정은 1946년 교수요목기를 거쳐 제1차 교육과정을 시작으로 7차 교육과정에 이르렀으며, 이후 전면 개정보다는 필요한 부분만 수시 개정하는 방식으로 바뀌었다.

2022 개정 교육과정은 미래 사회를 살아갈 시민으로서 과학적 소양을 갖추고 더불어 살아가는 창의적인 사람을 육성하는 것을 목적으로 하고 있다. 과학과 교육과정에서는 과학지식·이해, 과정·기능, 가치·태도가 복합적으로 발현되어 나타나는 총체적인 능력인 역량을 함양하는 데에 중점을 두고 있다. 또한 과학과 교육과정에서는 자기관리, 지식정보처리, 창의적 사고, 심미적 감성, 협력적 소통 공동체 역량 등과 같은 범교과적이고 일반적인 총론의 역량과 연계해서 과학적 탐구와 문제해결 능력, 과학적 의사결정 능력 등을 기르는 것을 강조하고 있다. 이를 위하여 과학과 교육과정은 생태 소양, 민주 시민의식, 디지털 소양을 갖추고, 첨단 과학기술을 기반으로 융복합 영역을 창출하는 미래 사회에 유연하게 대응할 수 있는 과학적 소양을 갖춘 사람을 양성하는 것을 목표로 명시하였다.

과학과 교육과정의 영역은 운동과 에너지, 물질, 생명, 지구와 우주외에 과학과 사회라는 영역이 추가되어 총 5개 영역으로 구성되는 것이 특징이다. 각 영역이 전통적인 학문 영역인 물리, 화학, 생물, 지구과학인 데 반해 새롭게 추가된 과학과 사회영역은 개인과 사회의 지속가능한 발전에서 과학의 역할을 강조하는 현실을 반영한다는 특징을 가진다. 과학의 일반적 성격 및 사회적 역할을 중점적으로 다루는 영역으로 볼 수 있다.

  과학과 핵심 아이디어는 2022 개정 과학과 교육과정에서 처음 도입되었으며, 과학영역별로 주요 개념과 일반화된 지식을 중심으로 구성되었다. 각 5개 영역별로 주요 과학 개념과 원리의 일상 생활 적용과 통합 및 융합 교육을 체험할 수 있도록 과학지식·이해, 과정·기능, 가치·태도를 종합하여 핵심 아이디어를 도출하였다고 한다. 이러한 핵심 아이디어는 해당 영역의 학습을 통해 일반화할 수 있는 내용을 진술한 것으로 과학과 관통개념을 공유하면서 과목별로 위계성과 연속성을 지닌다.

  2022개정 과학과 교육과정에서 제시한 목표를 구체화하면 우선 자연 현상과 일상생활에 흥미와 호기심을 바탕으로 개인과 사회의 문제를 인식하고 과학적으로 해결하려는 태도를 기르는데 있다. 두 번째, 과학의 탐구방법을 이해하고 자연현상과 일상생활의 문제를 과학적으로 탐구하는 능력을 기르는 것을 목표로 한다. 세 번째로 자연현상과 일상생활을 과학적으로 탐구하여 과학의 핵심 개념을 이해한다. 마지막으로 과학과 기술 및 사회의 상호 관계를 이해하고 개인과 사회의 문제해결에 민주 시민으로서 참여하고 실천하는 능력을 기른다.

  과학과 교육과정에서 제시하는 과학과 성취기준은 다양한 탐구 중심의 학습을 통해 영역별 과학지식·이해, 과정·기능, 가치·태도의 세차원을 상호보완적으로 함양함으로써 영역별 핵심 아이디어에 도달할 수 있도록 제시하였다. 과학과 지식·이해는 과학과 영역별로 학생이 알고 이해해야하는 내용을 학년군 즉 3-4학년군, 5-6학년군으로 나누어 제시하였다. 과학과 과정·기능은 학생들이 과학 학습을 통해 개발할 것으로 기대하는 과학과 탐구 기능과 과정에 해당하는 것으로 문제인식 및 가설설정, 탐구설계 및 수행, 자료 수집·분석 및 해석, 결론 도출 및 일반화, 의사소통과 협업을 근간으로 영역별 특성을 반영하였다. 과학과 가치·태도에서 과학가치는 과학의 심미적 가치와 감수성 등을 포함한다. 과학 태도에는 과학 창의성, 유용성, 윤리성, 개방성 등이 포함된다. 참여와 실천에는 과학문화를 향유하고, 안전 및 지속가능한 사회에 기여하는 것들을 고려하고 있다. 이는 2015 개정 교육과정에서도 언급한 과학적 참여와 평생 학습 능력과 유사하며 사회에서 공동체의 일원으로 합리적이고 책임 있게 행동하기 위해 과학기술의 사회적 문제에 대한 관심을 가지고 의사결정 과정에 참여하며 새로운 과학기술 환경에 적응하기 위해 스스로 지속적으로 학습해 나가는 능력을 가리킨다.

2022 개정 과학과 교육과정에서는 2015 교육과정에서 중심축이었던 여섯 개 핵심 역량 즉, 과학적 사고력, 과학적 탐구능력, 과학적 문제 해결력, 과학적 의사소통 능력, 과학적 참여와 평생학습 능력을 핵심 아이디어 및 과학지식·이해, 과정·기능, 가치·태도로 암묵적으로 녹여내고 있다고 볼 수 있다. 그러므로 이러한 핵심 역량이 여전히 의미있게 고려된 것으로 평가할 수 있다. 과학적 사고력은 과학적 주장과 증거의 관계를 탐색하는 과정에서 필요한 사고이며 과학적 탐구과정의 기초가 된다고 기술하고 있다. 과학적 사고를 기반으로 한 과학적 탐구는 문제 해결 과정의 중심이 되며, 문제 해결 과정은 다양한 양상의 의사소통으로 이루어질 것이다. 과학적 사고력, 탐구능력, 문제해결력은 더 큰 맥락에서의 역량을 이야기하고 있음을 알 수 있다. 과학적 참여와 평생학습 능력은 과학의 본질과 과정이 일상생활에 작동됨을 의미하며 과학의 문화가 일상에 스며들어 있음을 방증하는 것으로, 현대 과학기술시대를 넘어서 정보화시대를 여는 과학의 문화에 직간접적으로 참여하고 개입할 수 있는 민주 시민의 역량을 이야기하고 있다. "교육은 삶의 과정이지, 미래삶을 위한 준비가 아니다"는 듀이의 말처럼, 학교교육이 역량의 함양을 목적으로 한다면 교육의 과정은 역량을 중심에 두어야 한다. 즉, 학교교육을 마친 후 시민으로서 이러한 역량을 함양할 수 있으려면 학교 과학교육의 과정에서 역량을 발휘하는 방식으로 교수학습되어야 할 것이다.

4.1 과학적 사고력: 주장과 증거의 관계 탐색

과학적 사고는 세계적으로 학교 과학교육의 목표로 자리하고 있는 과학적 소양을 구성하는 핵심 역량이다. 한국의 과학과 교육과정에서도 과학적 소양인

의 양성을 목표로 과학적 사고력의 신장이 강조되어 왔다. 제6차 교육과정
(1992-1997)은 시대적 변화에 대처하고 문제를 해결할 수 있는 능력을 기르며,
생활인으로서 필요한 과학적 탐구 활동을 통하여 과학의 기본 개념의 이해, 과
학적 사고력의 신장, 그리고 자기의 생각과 타인의 견해를 비교하여 합리적으
로 판단하고 옳은 것을 받아들이려는 과학적 태도를 길러주는 데 역점을 두었
다(교육과학기술부, 2008). 또한 7차 이후의 개정 교육과정의 목표는 "자연 현
상과 사물에 대하여 흥미와 호기심을 가지고 탐구하여 과학의 기본 개념을 이
해하고, 과학적 사고력과 창의적 문제 해결력을 길러 일상생활의 문제를 창의
적이고 과학적으로 해결하는 데 필요한 과학적 소양을 기른다"(교육과학기술
부, 2008)라고 명시하고 있다. 2015 개정 교육과정에서는 과학적 사고력이 과
학적 탐구 능력, 과학적 문제 해결력, 과학적 의사소통 능력, 참여와 평생 학습
능력과 더불어 핵심 역량으로 명시되었다.

그러나 과학적 사고란 무엇인가, 과학 수업에서 어떻게 기를 수 있는 것인가
라는 질문에 대해서는 교육과정 문서에서 명확한 답을 찾아볼 수 없다. 최근
개정 교육과정은 과학적 사고력, 창의적 사고력 및 의사소통 능력 등의 함양을
위하여 교사는 학습 내용 지도와 관련하여 적절한 시기에 과학 글쓰기와 토론
을 할 수 있는 기회를 제공해야 한다고 명시하고 있지만(교육과학기술부,
2008), 과학적 사고의 신장을 가시적으로 설명해내기는 쉽지 않다. 2015 개정
교육과정에서는 과학적 사고력을 증거와 주장을 연관 짓는 사고로서 탐구 능력
의 기반이 된다고 정의하였지만 교수학습 상황에서 과학적 사고의 실체를 찾기
어렵다.

그 이유는 과학적 사고를 향상시키기 위해서는 사고 연습을 하는 것이 가장
중요한데(예, Driver et al., 2000; Kuhn et al., 1997; 강순민, 2004), 그 과정은
체득적 속성을 갖기 때문에 명시적으로 표현하여 그 실체를 구체화하기는 어려
운 일이기 때문이다. 즉, 과학 글쓰기와 토론의 기회를 자주 부여하는 것이 과
학적 사고의 신장에 도움이 된다는 것은 사실이지만, 그 작동 과정에 따라 도
움이 될 수도 안 될 수도 있는 일이다. 교사의 설명을 듣고 있어도 학생은 과
학적 사고력을 신장시킬 수가 있는 반면, 글쓰기를 매일 해도 과학적 사고력을

신장시키지 못할 수 있는 것처럼, 특정 전략이나 절차가 과학적 사고력을 신장시키는 것이 아니라 하겠다.

그렇다면, 과학적 사고의 신장은 교육적으로 다룰 수 없는 과제인가? 과학적 사고의 신장이 그토록 어렵기 때문에 개념적인 통찰과 실제적인 장면의 통합적 이해를 통해 그 실체를 규명하고 과학교육의 의미와 방법을 구안해야 할 것이다. 우선, 과학적 사고란 무엇인가를 정의하고 정교화해가는 것이 그 첫걸음이 될 것이다.

4.1.1 일상적 사고와 과학적 사고

일상적 사고는 일상생활에서 일어나는 비형식적 사고를 말한다. 비형식적 사고[5]는 형식적 사고와 달리 엄격한 논리적 체계를 갖추지 않는다. 이와 대조적으로 과학적 사고는 실험실적 사고, 즉 논리 체계를 갖는 형식적 영역으로 인식된다. 이처럼 그 속성이 매우 다르게 보이는 일상적 사고와 과학적 사고의 특징을 비교 대조하면서 그 본질과 관계를 조명하고자 한다.

첫째, 일상적 사고는 그럴듯한 이해를 생성하는 것을 목표로 하는 반면, 과학적 사고는 궁극적으로 과학적 지식을 생성하는 것을 목표로 한다. 여기에는 진실 혹은 확실성을 추구하느냐가 그 기준이 된다. 일상적 사고에서 사람들은 세상을 이해하기 위해 진실이 추구되기보다는 자신과 익숙한 상황을 믿으려 하거나 피상적이라 하더라도 그럴듯한 설명을 창출해 내려고 한다(Kuhn, 1992; Rozenblit & Keil, 2002). 반면, 일반적으로 과학적 사고는 의미 구성의 한 방식인 인식적(epistemic) 사고라고 설명된다(Bruner, 1986). 인식적 사고란 진리와 지식의 근거와 본질에 대해 밝히려는 철학적 노력으로, 사실(facts), 유추(analogy), 그리고 이론(theory) 등 언어학적으로 세상을 표상화함으로써 구성되는 지식과 이해를 의미한다(한승희, 2005).

---

5) 이 글에서 비형식적 사고는 일상적 사고와 유사한 의미로 사용되었다. 따라서 일상적 사고 혹은 비형식적 사고의 용어가 문장에서 필요에 따라 엄격하게 구분되지 않고 자유롭게 사용되었다.

둘째, 일상적 사고는 서사적, 즉 내러티브 사고라 불리며, 과학적 사고는 패러다임적 사고라 일컬어진다(Bruner, 1986). 서사적 사고는 세계에 대한 우리의 경험과 지식을 조직하거나 구성하는 자연스러운 방법으로서 이야기를 만드는 것이다(한승희, 2005). 내러티브는 인간 행위를 중심으로 발생하는 사건들로 구성되며, 무엇이 일어났는가를 단순히 조명하는 것이 아니라 그것을 전체의 의미에 비추어 조정하고 해석하는 활동을 포함한다. 내러티브는 일련의 사건에 질서와 통일성을 부여하며, 그 의미를 구성할 수 있도록 해준다(김기우와 김용재 역, 1992; 김만희 재인용, 2003). 즉, 다양한 해석 중에서 내러티브의 구성 부분을 전체에 비추어보고, 동시에 구성 부분을 통하여 전체를 읽음으로써 이야기에 의미를 부여하는(김만희, 2003) 해석학적 순환(hermeneutic circle) 과정을 갖는다(한승희, 2005). 반면, 패러다임 사고는 기본적인 진술과 관련하여 관찰 가능한 범주로 국한되며, 논리적으로 생성 가능하고, 검증될 수 있는 일련의 가능한 세계(possible world)로 한정된다(김만희, 2003). 즉, 패러다임 사고는 추상적이고 탈맥락적인 사실을 납득하게 하는 논리적 주장으로 이루어진다. 이러한 사고는 객관성의 구조 틀을 토대로 일련의 형식을 갖춘 논증 절차에 따른다.

셋째, 일상적 사고는 그럴듯한 설명을 형성하는 절차에 대해 비교적 자유로운 반면, 과학적 사고는 추론의 엄격성을 강조한다. 일상적 혹은 비형식적 사고는 논리학적 추론이나 삼단논법 대신에 오히려 직관이나 체험을 통해 얻은 방법이 활용된다(Scribner, 1986). 따라서 비형식적 사고의 주체 혹은 공동체가 공유하는 배경지식(일상영역 지식)이 추론에 중요한 영향을 미친다. 사람들은 정보가 충분하면 공통된 증거를 선택하여 자신의 이론을 지지하려고 하며, 논리적으로 견고한 증거를 형성하여 가설을 검증하는 것보다 이를 더 선호하며(Kuhn, 1992) 추론 과정은 비교적 짧다. 반면, 과학과 같은 형식적 영역에서는 지식의 산출 과정이 매우 엄격하다. 과학적 사고 양식은 검증 가능성에 토대를 두고, 객관적 형식을 갖춘 논증을 만들어내는 사고 양식이다(김만희, 2003). 즉, 입증 가능성(testability) 혹은 반증가능성(falsifiability)이 지식과 이해의 참 여부의 잣대가 된다. 예를 들어, 과학에서 지식을 형성할 때 법칙(law), 인과성(causality), 절약(parsimony)의 역할이 강조되고 경험적 산물은 구속되어(Wilson & Keil,

2000; Tweney, 1991), 높은 수준의 최적의 예측(optimal prediction)을 만들어낸다(Wendel, 2002). 즉, 과학적 사고는 일반적으로 원인-결과의 인과적 관계를 다루며, 강력한 이론, 치밀한 분석, 논리적 증명, 타당한 주장, 가설로부터의 경험적 발견 등의 특징적 형태이다(김만희, 2003). 이러한 과학적 사고는 과학과 그 절차적 특징(예컨대, 연역, 가설-연역, 귀납 등)을 통해서 드러난다고 할 수 있다.

넷째, 일상적 사고는 신념을 토대로 세상에 대한 자신의 이해를 구하기 때문에 세상 밖에서 증거를 요구하지 않는다(Pritchard, 2005). 왜냐하면, 그럴듯한 이야기를 만드는 것은 이론을 거부하기보다는 그 이야기를 지지하는 증거를 포함하기 때문이다. 그리고 다소 일상 추론에서는 실제 증거가 없더라도 그럴듯한 설명을 생성하는 것에 만족하는 것처럼 보인다. 증거가 부족하더라도 현재 자기가 세운 가설(working hypothesis, 작동가설)을 구성하는 것이 더 중요하다고 사람들은 느낀다. 따라서 사람들이 관련된 확실한 증거가 없는 것에 대한 문제에 추론을 요구받으면, 그들은 그럴듯한 이야기를 구성하는 것으로 설명을 대신한다(Kuhn, 1992). 종종, 이러한 구성은 내적으로 일관성 있고 그럴듯하다는 점에서 좋은 일상 추론을 만드는 규범에 따라 평가받고 창출된다. 즉, 가능성으로부터 확실성까지의 연속선상에서 자유롭게 움직이면서 상황화된 것으로 주로 추론을 포함하고 반대 주장을 다룰 수 있다(Brewer et al., 2000). 일관성이나 그럴듯함이 확보되거나 주장이 일상 지식과 모순하거나 반대 주장 때문에 와해되지 않는다면, 합당함(reasonableness)이 가정된다(Rief & Larkin, 1991). 반대로 과학을 논리적 추론으로 보는 관점에서는 인간의 의도적 상태와 무관한 불변의 세계와 사물·사건들의 불변성에 관련된 '존재의 세계'를 구성한다. 이는 전형적이고 논리·과학적인 방식으로 형식적이고 수학적인 가설 검증을 요구하고 바깥 세계를 지향한다. 세상 밖에서 증거를 찾고 해석하는 것을 과학적 사고의 중요한 역할로 간주한다. 과학적 사고 혹은 과학적 사고방식은 논리적 추론, 실험의 역할, 증거에 의존, 비판적 사고 능력 등이다(Baram-Tsabari & Yarden, 2005). 과학적 추론이란 과학자들이 과학적 지식을 생성하는 과정에서 사용되는 사고 과정이라고 할 수 있다. 따라서 과학자들이 이론을 결정적인 실험에 의해 평가하고, 어떤 가설은 직접적으로 기각하고 결과적으로 이론을 형성하고 수정을 이끄는 경쟁 가설을 생성하는 모든 과정에서의 사고를 의미한다. 일반적 의미에서 과학적 추론은 인간이 자연 현상의 규칙성과 인과적 구조에 대해 논리적으로 생각하는 과정들의 보다 큰 집합으로 생각할 수 있다 (DeLoache et al., 1998).

이처럼, 일상적 사고와 과학적 사고는 기본적인 전제와 내용이 달라서 공유할 수 없는 것처럼 보인다. 그러나 일상적 사고와 과학적 사고의 주체는 인간이며, 이 두 가지 사고가 서로 다른 사람들이 하는 것이 아니라 맥락에 따라서 달라진다면, 그 맥락에 상관없이 공통으로 적용되는 일상적 사고가 과학적 사고와 공유하고 있는 부분은 무엇일까?

앞서 살펴본 것처럼, 일상적 사고는 비교적 추론의 수가 적고 명시적인 이유(warrant)가 제공되지 않아도 일반화되기 때문에 이해가 정교하지 않더라도 비교적 효율적으로 진행된다. 또한 적절한 사례가 확보되어 일관성이나 그럴듯함이 충족되면 합당하다고 판단된다. 그럼에도 불구하고 어떤 사례가 적절한지 아니면 적절하지 않은지를 평가하는 기준이 없는 것은 아니다. 일반적으로, 전제로부터 결론을 연역하는 형식적 규칙을 따르기보다는 그럴듯함의 비형식적 추론을 따른다. 따라서, 어떤 그럴듯한 설명이 논리적으로 일관성이 있고 그 목적에 충분히 부합하면 인정되는 것이다. 또한, 일상적 지식은 그 메커니즘이 종종 암묵적이라 하더라도 원인과 결과를 설명한다(Ahn & Kalish, 2000). 일상에서 사람들은 사건들의 조합으로서 인과적 관계를 고려하며 일상지식을 토대로 추론하기 때문에 그 지식은 기능적으로 이해된다. 일상적 사고가 매우 도구적인 관점을 토대로 기능하는 반면, 과학적 사고는 인과관계의 수준을 깊게 파헤쳐 지식의 원리적 이해 수준을 요구한다.

그러나 실제 과학 활동에서 과학적 사고의 본질에 대한 의견은 일치되지 못하고 있다. 실제 과학자들은 증거를 모아 가설을 형성하기도 하지만, 형식적 추론을 구속하여 경험적 결과에 대한 최적의 예측보다는 그럴듯한 설명을 만들어내기도 하는 등 추론 방식을 변화시키기도 한다. 최소한 연구자들이 잠정적 가설을 탐색하는 단계에서는 과학적 탐구와 설명이 대체로 일상적 추론과 유사하다(Sebeok & Umiker-Sebeok, 1983; 한승희, 2005 재인용). 당연히 과학 활동은 더 형식적이어서, 단순히 일상 설명에 적용되지 않는 엄격함과 정밀한 기준을 포함한다. 즉, 과학 활동은 최적의 예측을 하기까지의 메커니즘을 명확히 하는 것이다. 그러나 과학의 산출물이 형식적으로 표현된다 하더라도, 출발은 주로 비형식적 추론으로 시작한다(Tweney, 1991).

살펴본 것처럼, 일상적 사고와 과학적 사고는 그 영역이나 방법이 명확히 구분되거나 배타적인 것으로 보기 어렵다. 그보다는 일상적 사고의 엄격한 추론 방식이 과학적 사고의 메커니즘과 연관되며, 과학적 사고의 초기 단계가 일상적 사고의 특성을 갖는다고 할 수 있다. 일상적 사고는 그 설명이 목적에 부합하고 논리적 일관성을 갖출 때 타당성을 확보하며, 과학적 사고는 출발에 있어서 비형식적 추론의 성격을 갖는다는 점에서, 일상적 사고와 과학적 사고는 본질적 측면에서 상당 부분 공유하고 있다.

🖋 카툰 카드 활동: 근거(증거)를 기반으로 주장을 만들어보기

The lost world
When you think about it, the fossil record is like a series of photographs: frozen moments from what is really a moving, ongoing reality. Looking at the fossil record is like thumbing through a family photo album. You know that the album isn't complete. You know life happens in between, you only have the pictures. So you study them, and study them. And pretty soon, you begin to think of the album not as a series of moments, but as reality itself.

(p. 192 of Michael Crichton's The Lost World)

화석 기록을 생각해 보면 그것은 여러 장의 사진과 같다. 실제로 움직이고 이동하고 있는 실제로부터 나온 멈춰버린 순간들. 화석 기록을 보는 것은 가족사진의 앨범을 보는 것과 같다. 앨범은 완전하지 않다. 삶은 사진들의 사이에 존재한다. 따라서 그것들을 연구하고 연구해야 한다. 그리고 곧 그 앨범은 순간들의 나열이 아니라 실재 자체로서 생각하게 된다.

"과거에 찍은 여러 장의 사진들이 있다. 이 사진들을 보고 과거에 무슨 일이 일어났는지를 추론해 본다. 이 사진들은 역사적 사건의 여러 정보를 담고 있지만 불완전하다. 이 사진에서 찾을 수 있는 증거, 이야기가 어떻게 펼쳐졌을 것인가에 대한 당신의 생각과 신념을 토대로, 기록이 불완전함에도 불구하고 어떤 일이 일어났는지 여러 가지로 추론해 본다."

- 주어진 카드를 나열하면서 스토리를 만들어본다.
- 스토리의 근거를 제시한다.　　　　　　　　〈출처: ncisia.wceruw.org/muse/〉

4.2 과학적 탐구 능력: 과학적 실행과 추론

귀납주의, 반증주의, 현대의 과학철학적 관점에서 논박의 중심에 과학에서 경험적 관찰의 위상, 과학 지식이 절대 진리인가의 문제, 과학이 어떻게 발달해 가는가 등이 자리하고 있음을 알 수 있었다. 과학적 지식의 위상에 관한 철학적 논의를 토대로 실제 과학자들의 과학하기의 본질은 무엇이며 과학적 과정은 어떻게 이루어지는가? 과학적 방법의 본질과 그 과정에 대한 이해는 과학적 추론을 이해하는 법을 의미한다. 과학적 소양 관점에서 과학적 추론을 이해하는 법을 배운다는 것은 다양한 경로로 일상생활에서 접하게 되는 과학 관련 사회 문제에 대해 과학적인 추론을 통해 합리적인 의사 결정을 하는 것을 의미한다. 예로, 우리가 대중 잡지, 중앙지, 시사 주간지, 그리고 몇 가지 일반적인 전문 출판물에서 접하는 과학적 연구 결과에 대한 다양한 보고를 이해하고 평가하는 법을 배우는 것을 의미한다.

4.2.1 과학적 방법의 본질

흔히 과학은 이른바 "과학적 방법"을 이용한다는 점에서 다른 학문과 구별된다고 한다. 과학적 방법의 본질은 무엇일까? 과학의 본질은 주로 과학 지식의 본질에 초점을 두고 있어서, 과학 지식의 잠정성, 변화 가능성, 주관성, 사회문화적 맥락, 경험 기반 등이 강조된다. 과학 활동의 목적이 과학적 지식의 생성에 있으며, 과학자들이 생성하는 과학 지식의 특징을 조명하는 것과 관련이 있다.

과학적 방법은 과학철학적 관점에서 주목했던 과학 지식 생성의 인식론적 차원을 넘어서 실질적인 실행의 차원을 포함한다. 과학자들의 탐구 실행에서 사용하는 과학적 방법은 특정 절차가 정해져 있지 않으며 매우 다양하다. 기존의 과학의 본성 문헌에서 탐구와 같은 과학 활동은 단지 '다양한 방법'이라는 표현을 사용함으로써, 방법론적 논제에 대해 더 이상의 논의를 전개하지 않는 것처럼 보인다(Irzik & Nola, 2010). 그러나 이러한 관점은 과학의 이미지를 협

소화시키는 한계를 갖기 때문에, '가족유사성(family resemblance)'의 관점에서 볼 필요가 있다.

01	02	03	04	05	06
A	B	C	D	E	F
B	C	D	E	F	A
C	D	E	F	A	B
D	E	F	G	B	C

01에서 06까지를 일련의 대상이라 하고, A, B, C, D, E, F를 그 대상이 가지고 있는 성질이라 하자. 이들 대상 각각은 서로 세 가지 공통적인 성질과 상이한 한 가지 성질을 가지고 있지만 이들 모두가 공통으로 가지고 있는 성질은 하나도 없다. 곧 이들 사이에는 가족적 유사성이 존재할 뿐이다. 한 가족 사이에는 여러 가지 유사성, 예를 들면 체격, 용모, 눈의 색깔, 걸음걸이, 성격 등이 동일한 방식으로 겹치고 중복된다. 그러므로 일련의 대상들이 한 가족을 형성한다고 말하는 것이다(신중섭, 1992).

과학에 있어서 이론 선택도 탐구자 공동체 안에서 발생하는 사회적 활동이고, 그 활동 사이에는 가족적 유사성이 존재한다. 유일한 과학적 방법은 존재하지 않으며, 합리적인 이론 선택을 가능하게 하는 기계적인 규칙도 존재하지 않는 것이다. 과학의 범위는 과학 지식에 한정하지 않고 과학의 목표와 과정을 포함하며, 과학의 의미는 고정된 것이 아니라 지극히 다양하게 사용되고 따라서 다양한 의미를 지니고 있는 것으로 간주된다. 가족유사성 접근에 따르면 여러 과학에 공통적인 성질을 찾는 것은 적절하지 않다. 어떤 과학자들은 실험실에서 흰 가운을 입고 시약과 기구를 다루고, 기계를 돌리고, 컴퓨터로 시뮬레이션을 한다. 또, 그렇지 않은 과학자들도 있다. 실험은 별로 안하고 들로 산으로 사막으로 돌아다니는 과학자도 있다. 과학 과정의 하나인 '관찰, 실험하기'의 경우, 대부분의 과학은 실험적이지만 몇몇은 그렇지 않다. 예를 들어, 천문학적 이론은 망원경을 사용한 관찰에 의존하지만, 천문학은 전적으로 실험과학은 아니다. 이처럼 가족유사성 개념은 과학의 본질을 방법론 등의 탐구에까지 확장하여 포함시키며, 과학의 공통된 핵심 요소만 다루지 않고 다양성을 다루는 데 타당한 관점을 제공해 주어, 과학의 본성에 대한 풍부한 그림을 제시할 수 있다. 가족유사성 관점에서는 과학의 본성 범주를 활동(activity), 목표(aims), 방법론과 방법론적 규칙(methodology and methodological rules), 산물(products)로 구성하고, 각 범주에 대해 모든 과학에 공통된 핵심적 특성만이 아니라 서로 다르지만 유사한 특성을 묶어내는 것이 필요하다고 주장한다(Irzik & Nola, 2010).

이처럼 과학은 활동, 목표, 방법, 산물에 따라 유사성이 있지만 영역에 따라 조금씩 다른 특징을 지니고 있다. 그럼에도 불구하고, 과학의 탐구과정을 비유한 블랙박스 활동 장면을 통해 과학 탐구의 특징을 대략적으로 밝혀보도록 하자.

4.2.2 수업 장면: 블랙박스 활동

교사가 줄이 네 개 달린 원통을 학생들에게 보여준다. 학생들은 "그게 뭔가요?"라며 원통에 관심을 보인다. 교사는 한 학생 앞에 원통을 내민다. 학생은 "이 줄 잡아당겨 봐도 돼요?" 한다. 교사는 고개를 끄덕인다. 학생은 위쪽 줄 하나를 잡아당겨 보고, 다시 다른 쪽 줄을 당겨보고, 또 다시 아래 쪽 줄을 당겨보고, 마지막으로 반대쪽 아래 줄을 당겨 본다. 그리고 고개를 갸우뚱한다. 그러더니, 이번에는 순서 없이 줄을 당겨본다. "어, 이상하다" 하

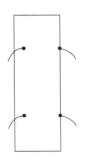

그림 4.1 블랙박스

고 고개를 갸우뚱하며 교사를 쳐다본다. 교사는 원통을 다른 학생 앞에 내민다. 이 학생은 줄 두 개를 동시에 당겨본다. 그리곤 빙긋 웃는다. 나머지 학생들은 서로 고개를 내밀며 줄을 당겨본다.

교사는 학생들에게 질문한다. "줄을 당겨보니 어떤가요?"

학생들은 대답한다. "짧은 줄을 하나 당기면, 긴 줄이 하나 들어가요." "두 줄을 동시에 당기면, 나머지 두 줄이 함께 들어가요."

갑자기 한 학생이 질문한다. "선생님, 그 안이 어떻게 되어 있나요? 보여주세

요." 교사는 원통의 줄이 당겨지는 규칙이 있는지 더 자세히 관찰하고 원통 안에 줄이 어떻게 연결되어 있을지 예상해보라고 했다. 학생들에게 한참 관찰할 시간을 준 다음, 교사는 학생들에게 종이를 한 장씩 나눠 주고, 그 안이 어떻게 되었을지 그려보라고 했다.

학생들은 고개를 갸우뚱하면서, 자신이 생각하는 원통 속 줄의 모양을 그려 보았다. 학생들이 그림을 그리는 동안, 교사는 학생들 사이를 돌아다니며 서로 다른 모양의 그림 4개를 골라낸 후, 그 그림을 그린 학생들에게 설명을 부탁했다.

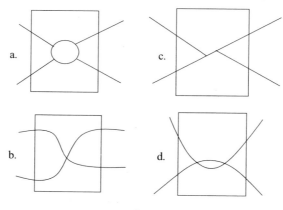

그림 4.2

그림 a의 모형을 그린 학생은 다음과 같이 모형을 설명했다. "한 개의 줄을 잡아당기면 긴 줄이 들어가는데 긴 줄이 위에 있든 아래에 있든 관계가 없다. 따라서 중간에 무언가로 엮어 네 개의 줄이 연결되어 있다고 할 수 있다." 그림 a에 대한 설명을 들은 학생들은 다음과 같은 질문을 했다. "위의 줄을 당기고 반대편 위의 줄이 들어갈 때는 별로 힘이 들지 않는다. 반면, 위의 줄을 당기고 아래 줄이 들어갈 때는 좀 힘이 더 들어간다. 이것을 어떻게 설명할 수 있나? 이 그림으로는 네 줄이 모두 동일한 힘이 들어야 할 것 같다" 이 질문에 대해 그림 a를 그린 학생은 "그런가?" 하더니 실제 블랙박스의 줄을 당겨보았다. 그랬더니 위의 줄과 아래의 줄이 당겨질 때 느껴지는 힘의 정도가 다름을 확인할 수 있었다. 이 학생은 관찰 사항에 대해 그림 a의 모형으로 설명하기에는 부족하다는 것을 인정하게 되었다.

　다음 학생은 그림 b를 다른 학생들에게 보여주면서 다소 자신이 없는 어투로 다음과 같이 설명했다. "이 모형은 그림 a보다 나아 보이진 않는데, 어쨌든 이렇게 생기지 않았을까 추측했다." 이 모형에 대해 설명을 들은 학생들은 "네 개의 줄이 조금씩 나와 있고, 위 혹은 아래의 줄을 하나 당기면 같은 위치의 반대편 줄이 먼저 당겨지고 그 다음 나머지가 당겨진다. 이 현상을 이 모형이 설명할 수 있을까? 이 모형에 따르면 아래 줄을 당기면 바로 위의 줄이 먼저 당겨지고 그 다음 나머지 줄들이 당겨질 것 같다"라고 지적했다. 그림 b를 제시한 학생은 이 의문에 답을 하지 못한 채 발표가 마무리되었다. 그림 c의 모형에 대해서도 여러 의문점이 제기되었다. 예를 들면, "대각선의 줄이 하나이므로, 두 개의 줄이 따로 움직일 거 같다. 줄 한 개를 당기면, 대각선의 끝이 당겨진다. 다른 줄은 움직이지 않는다"이다. 이 의문점은 결국 모형이 관찰 사실에 적합한지를 판단하는 데 중요한 역할을 하였다. 그림 d를 그린 학생은 자신의 모형에 대해 다음과 같이 설명했다. "이 모형은 관찰 사실들을 어느 정도 설명해 준다고 생각한다. 우선, 위쪽 2개의 줄 혹은 아래쪽 2개의 줄이 쌍이 되어 당기고 밀리고 할 때는 힘이 덜 들어간다. 그렇다면 줄이 두 개 있다고 가정할 때, 위의 줄이 하나이고 아래의 줄이 하나이라는 의미가 된다. 위쪽 줄을 당기고 아래쪽 줄이 들어가는 경우 혹은 아래쪽 줄을 당기로 위쪽 줄이 들어가는 경우는 힘이 더 들어간다. 이것은 위아래가 움직일 때 저항하는 힘이 있다는 것이고 그것은 위아래의 줄이 서로 압박하기 때문이다. 따라서 이렇게 생기지 않았을까 생각한다." 이 학생의 설명을 듣고 몇 학생들은 고개를 끄떡이며 박수를 쳤다. 설명과 질의응답이 모두 끝난 후, 학생들은 네 개 그림 중에 제일 나은 모형으로 그림 d의 모형을 선택했다. 모형 d는 모형 a, b, c에서 제기되었던 문제를 해결하였고, 관찰 사실을 설명하는 데 가장 나은 모형이었기 때문이다.

　그 다음 활동으로, 교사는 학생들에게 실험실에 있는 다양한 도구들을 활용하여 자신이 설계한 방식대로 블랙박스의 모형을 만들어 보자고 제안했다. 학생들은 원통, 줄, 고무줄, 송곳 등의 재료를 가져다가 자신이 설계한 대로 모형을 만들기 시작했다. 학생들은 모형을 만들고 나서, 앞서 관찰했던 줄 당기기의 패턴이 동일하게 나타나는지 검증해보기 시작했다. 여기저기서 탄성이 나오기 시작했다. "아, 안 되네", "이걸 고정시키면 안 되나?" 등의 혼잣말이 들리기도 했고, 다른 학생이 만든 것을 평가하는 말소리가 들리기도 했다. "그걸 묶으면 줄을 두 개 잡아당길 때 하나만 밀려들어가" 학생들은 맘대로 안 되는 듯했다.

모형을 만들면서 학생들은 블랙박스의 줄을 당겨보고 관찰 사실을 확인하기도 하고 자신의 그림을 수정하여 블랙박스 모형을 점검해 보는 등의 활동을 하였다. 그러나 어디서도 "성공!!"이라는 소리는 들리지 않았다. 한참 지난 후 한쪽 구석에서 "된 거 같은데~"라는 소리가 들렸고, 학생들은 모두 그 소리가 난 곳으로 눈길을 돌렸다. 교사는 구석에 있는 학생에게 설계도와 모형을 가지고 나와 설명을 해 줄 수 있는지 부탁했고, 학생은 머리를 긁적거리며 앞으로 나왔다.

4.2.3 과학 활동의 과정과 본질

위의 수업 장면은 블랙박스를 이용하여 과학 활동의 본질을 체험해 보는 것에 그 목적이 있었다. 블랙박스를 소재로 학생들이 수행한 일련의 활동은 과학자들의 활동 본질을 단순한 형태이지만 그대로 담아내고 있다. 블랙박스는 자연 세계의 한 단면을 비유한다. 학생들은 블랙박스에 관심을 보이는 과학자들이다. 학생들이 블랙박스의 줄을 잡아당겨 보고, 원통을 두드려 보거나 흔들어 보는 활동은 과학자들이 자연 세계를 다양한 방식으로 관찰하는 활동을 단순하게 비유한 것이다. 주의 깊은 관찰을 통해 패턴(규칙)을 발견하고 그 패턴이 자신이 알고 있는 과학 원리와 관련되면 블랙박스 안이 어떻게 만들어져 있을지를 상상하여 모형을 만든다. 그 다음으로는 관찰 사실(패턴)과 모형이 제공하는 예측치가 맞는지 맞지 않는지를 검토하게 된다. 관찰 사실과 예측치가 맞으면 그 모형이 성공적인 것이 되지만, 맞지 않으면 관찰 사실을 의심하여 다른 관찰 사실을 찾게 된다. 혹은 모형을 수정하거나 대안 모형을 제시하여 앞의 과정을 반복한다.

에피소드	과학활동
블랙박스	실세계의 한 사건(event)
관찰 사실-패턴 예 한 개의 짧은 줄을 잡아당기면 다른 긴 줄 이 끌려들어간다	증거(data)
원통 안의 구조 모형	모형(model, explanation, theory)
예측 자료	예측(predict)

블랙박스의 구조 모형에서 예측한 자료가 관찰 사실과 일치하면, 그 모형이 블랙박스의 구조를 잘 설명한 것으로 받아들여진다. 반면, 모형으로부터 예측한 자료가 실제 관찰이나 실험을 통해 얻을 수 있는 자료와 일치하지 않을 경우, 관찰 자료를 의심하거나 그 모형이 블랙박스의 구조를 잘 설명한 것으로 받아들여지지 않게 될 것이다. 이때 대안 모형을 고려해 볼 수 있으며, 대안 모형에 대한 검증은 앞서의 과정을 다시 반복하게 된다.

과학적 추론 과정은 이러한 과학 활동의 과정과 본질을 잘 나타내 준다(그림 4.3). 과학적 추론 모델은 과학 지식 주장을 확립해 가는 과정에서 추론과 논변이 포함되는 방식을 보여주는데, 모델 자체는 단순하지만 매우 유용하다. 그림 4.3의 화살표에서 볼 수 있듯이, 과학 지식 주장을 확립하는 것은 단순히 관찰 사실을 귀납하여 일반화하는 과정이 아니라, 매우 복잡한 과정이다.

각 단계를 구체적으로 살펴보면 다음과 같다. 우선, 1단계에서 과학자는 연구의 초점에 놓여 있는 실세계의 측면을 확인한다. 이것은 널리 쓰이는 과학적 용어 몇 개 외에는 대부분 일상적인 용어들로 기술될 수 있는 세계 속의 사물이나 과정이다. 2단계에서는 실세계와 들어맞는 것으로 보이는 (스케일, 유사체, 이론적) 모형6)을 확인한다. 이 모형을 기술하기 위해 필요하면 적절한 과학적 용어들을 사용하거나 도표를 사용할 수도 있다. 3단계는 '예측' 과정으로서, 확인된 모형과 실험 장치를 바탕으로, 그 모형이 실세계와 실제로 잘 들어

---

6) 스케일, 유사체, 이론적 모형을 더 살펴보려면, Giere 외(2006)의 '과학적 추론의 이해'를 참고하시오.

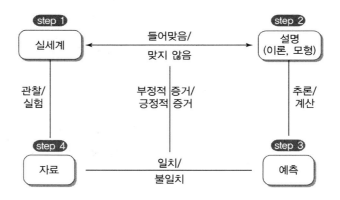

그림 4.3 과학적 추론의 모델(Giere et al., 2006)

맞는다면 반드시 확보해야 할 자료가 무엇인지를 확인한다. 4단계에서는 실세계의 연구 대상들에 대한 관찰이나 실험에서 실제로 확보된 자료를 확인한다. 이 네 단계를 종합하여 살펴보면, 실세계와의 상호작용인 관찰과 실험을 통하여 자료를 확보하고, 그 다음 추론과 계산을 통하여 추측하고 있는 이론으로부터 예측을 연역해낸다.

그러나 이 단계들은 항상 순서대로 일어나진 않는다. 과학자는 실세계의 어떤 측면에서 패턴을 발견한 후 모형을 만들기도 하고, 혹은 모형으로부터 나온 예측을 확인하기 위해 관찰을 하게 되기도 한다. 또, 이 과정들은 연속된 시간 상에 존재하지 않을 수도 있다. 발견된 패턴에 대한 설명이 이루어지지 않은 채 방치되었다가, 그와 연관이 없어 보이는 어떤 과학자의 대담한 가설에 의해 우연히 해석되기도 한다.

다음으로, 자료가 예측과 일치하거나 일치하지 않는 정도가 검증되어야 한다(그림 4.4). 이 과정은 거의 분명하지 않거나 간단하지 않다. 하나의 이론이나 추측이 검증되기 보다는 두 개 이상의 경쟁이론이 있는 경우가 왕왕 있다. 그 다음 과학자가 하는 중요한 활동은 이 대안들이 증거와 일치하는지 혹은 일치하지 않는지를 평가하여, 특정 자연 현상에 대해 가장 설득력 있는 설명을 제공하는 것이다. 구체적으로, 5단계에서는 자료가 예측과 일치하는가를 살펴보아, 그렇지 않다면 모형이 실세계와 들어맞지 않음을 나타내는 좋은 증거가 자료에서 나왔다고 결론짓는다. 자료가 예측과 일치한다면, 단계 6으로 넘어간다. 단계 6에서는 모형이 실세계와 잘 들어맞지 않음에도 불구하고 예측이 자료와 일치했을 가능성은 없는지 질문한다. 이 질문에 답하기 위해서는 고려중인 모형과 분명히 다르면서도 자료에 관해서는 똑같은 예측을 산출하는 그럴듯한 모형들이 존재하는지를 검토해 보아야 한다. 그러한 대안 모형들이 존재하지 않는다면, 앞의 질문에 대한 대답은 "아니오"이다. 이 경우에는 자료에서 모형이 실세계와 들어맞는다는 좋은 증거가 나왔다고 결론짓는다. 앞의 질문에 대한 답이 "예"이면, 자료가 모형과 실세계의 들어맞음에 결정적이지 않다고 결론짓는다. 즉, 여러 모형 사이에서 가장 적합한 모형을 선택하여 확립하는 것이다.

과학자들은 흔히 그들이 하는 일이 모형을 만드는 것이라고 말한다. 과학자들은 특정 영역에서 특별한 문제를 해결하는 데 초점을 두고, 세계가 어떻게 작동하는가를 이해하기 위해 모형을 만든다. 즉, 모형을 만드는 일은 세계가 작동하는 방식을 밝히는 과정의 일부이다. 과학자들은 자신이 만든 모형이 실험

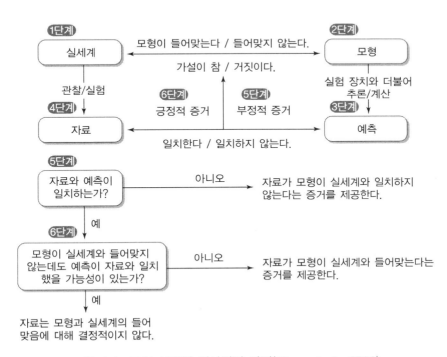

그림 4.4 모형 선택의 의사결정 과정(Giere et al., 2006)

결과로부터 얻은 자료와 일치하는지를 검토하고, 다른 지식과 정합적인지도 면밀히 따져본다. 그 과정을 통과하면, 과학자 스스로 모형이 그럴듯하다고 결정하지만 그것만으로는 충분하지 않다. 다른 과학자들도 같은 결정을 내리도록 설득해야 한다. 이를 위해서는 자료와 모형의 일치를 자신이 납득했듯이, 다양한 관심, 배경, 기술을 가지고 그 주제에 접근하는 과학자들을 자료와 논변을 통해 설득할 수 있어야 한다.

여기서 과학자의 과학 활동의 핵심을 통과하는 것은 실험, 자료, 모형 그 자체가 아니라, 실험 자료가 모형과 일치하는지 일치하지 않는지를 검증하는 과정, 모형이 다른 지식과 정합적인지를 검토하는 과정, 다른 과학자들에게 모형의 그럴듯함을 설득하는 과정의 중심에 존재하는 논변(argumentation)이다. 논변은 관찰 및 실험 자료의 타당성, 모형의 그럴듯함, 자료와 모형의 일치 여부, 모형으로부터 얻은 예측과 자료의 일치 여부, 경쟁 모형들의 비교, 가장 그럴듯한 모형을 다른 과학자들에게도 설득하는 등의 과학 활동 과정의 핵심을 통과한다.

과학에서의 중심에 논변이 있다는 점은 어떤 쟁점이 해결되기 위해서는 여러 해가 걸린다는 사실을 통해서도 알 수 있다(Collins & Pinch, 1993). 또는 어떤 쟁점은 전혀 해결되지 않는 경우도 있다. 하나의 결정적 실험으로 경쟁이론들의 차이가 해결되진 않는다. 오랜 시간에 걸쳐 증거를 주의 깊게 대조하고 선별하여 충분한 증거를 통해서 경쟁 이론을 지지하거나 반대하는 강력한 논변이 이루어지고, 결국 특정한 계열의 사고는 "해석적으로 폐기"되는 것이다. 이러한 과정을 보여주는 좋은 예는 판구조론이다. 판구조론은 오랜 기간 지질학자 집단이 회의적으로 고찰한 끝에 채택되었다. 광우병이 인간에게 전염되는가의 문제를 해결하는 과정을 둘러싼 논쟁과 논변에서 유사한 현상을 볼 수 있다.

이들 논변이 여러 수준을 갖는다는 것을 인식하는 것도 중요하다. 첫째, 실험 계획 또는 자료 해석할 때 개인 과학자의 정신 속에서, 둘째, 집단의 이론적 확신근거와 경험적 토대에 비추어 연구 계획의 대안적 방향이 고려될 때 연구 집단 내에서, 셋째, 학회에서 경쟁 입장간의 상호작용을 통해 또는 학회지를 통해 과학적 공동체집단 내에서, 넷째, 경쟁영역에 있는 과학자들이 매체를 통해 경쟁이론을 드러내는 공공 영역에서 논변이 이루어진다.

4.2.4 화석에 새겨진 사건

블랙박스 활동에 비추어 알 수 있었던 것은 과학자들이 여러 가지 현상을 설명하기 위해 모형을 만들고, 그 모형을 실제 증거와 조정하면서 가장 그럴듯한 모형(설명, 이론)을 만들어내는 활동에 종사한다는 것이다. 또 다른 예를 들면, 아주 오래 전에 살았던 생물의 흔적이 아래 화석으로 발견되었다고 하자(그림 4.5). 화석을 통해 당시 무슨 일이 일어났는지를 설명해내는 것이 과학자가 해야 할 일이다. 아래 화석 그림을 보자. 무엇이 보이는가? 많은 자국들이 보인다. 더 자세히 보자. 큰 자국들은 왼쪽 아래에서 중간 위로 이동했다가 오른쪽 아래로 이동한 것 같고, 작은 자국들은 왼쪽 위에서 중앙으로 이동해 온 것 같다. 도대체 무슨 일이 있었던 걸까? 사람들은 이 그림에 대한 여러 가지 그럴듯한 이야기를 만들어낼 것이다. 또 사람들은 여러 이야기들 중에서 가장 좋은

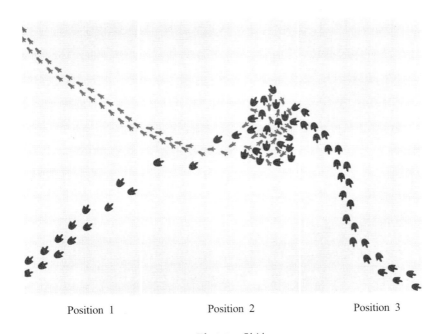

Position 1   Position 2   Position 3

그림 4.5 화석

이야기를 선택하려고 할 것이다. 가장 좋은 이야기가 되려면 그림에서 드러나는 여러 가지 증거들과 잘 맞아떨어져야 할 것이다. 과학도 이와 마찬가지이다. 과학은 시공간에 구애되지 않는 하나의 고정불변한 진리체계가 아니다. 현재의 과학은 실세계에 대해 가장 설득력 있는 설명체계이다. 동일한 현상에 대해 현재의 과학은 과거의 과학이 잘못 설명했던 것을 바로잡아주고 또 과거에 설명하지 못했던 것까지 포괄하여 설명한다. 이처럼, 과학을 한다는 것은 더 좋은 설명을 만들어내고 사람들을 설득하는 것이다.

4.2.5 과학적 탐구의 특징

과학자들은 관심거리에 따라 다양한 활동 양식이나 절차를 보여준다. 블랙박스 활동과 화석 추론 활동을 통해 과학적 탐구에는 일정한 절차가 있기보다는 주요 특징이 존재한다는 것을 알 수 있다. 첫째, '질문하기'이다. 과학자들은 궁금한 현상에 대해 우선 질문을 한다. 그리고 그 질문에 대해 답을 찾으려고 노력한다. 둘째, '증거 찾기'이다. 질문에 답이 될 만한 설명을 하려면 무엇이 필요할까? 바로 증거이다. 경찰이 범인을 잡으려면 사건 현장에 가서 범행과 관련된 증거를 찾아야 하는 것처럼, 과학에서도 설명하려는 것을 뒷받침해줄 수 있는 증거가 필요하다. 증거를 찾으려면, 현상을 자세히 관찰해서 패턴이나 규칙들을 골라내는 것이 중요하다. 셋째는 '설명하기'이다. 과학적 질문에 대한 답으로 사람들을 잘 이해시키려면, 과학자는 증거를 뒷받침해서 좋은 설명을 만들어내야 한다. 넷째는 '평가하기' 혹은 '연결하기'이다. 과학자의 설명이 좋은 것이 되려면 우선, 증거가 뒷받침되어야 하고 다음으로, 그 설명이 다른 과학 지식과 잘 연결되어 있는지를 따져봐야 한다. 만일 다른 과학 지식과 잘 연결되지 않는다면, 설명을 다시 검토하거나, 과학 지식을 다시 검토하거나, 또는 사건이 예외적인 것이 아닌지 검토해야 한다. 마지막으로 다섯째는 '논의하기'이다. 과학자는 질문에 대한 좋은 설명을 얻기 위해서는 혼자 고민하지 않고 과학자 공동체 구성원들과 논의를 한다. 내 주장과 다른 사람의 주장 중에서 어느 것이 더 타당한지, 증거는 있는지, 다른 과학 지식과 잘 연결되는지 등을 고려해서 논의해야 한다. 과학은 과학자의 전유물이 아니다. 과학은 일상생활에 널려 있다. 궁금한 것에 대해 질문하고, 증거를 찾고, 설명을 하고, 평가를 하고, 다른 사람들과 논의하는 과정을 하는 것, 그리고 설명을 더 좋게 발전시켜 간다면 과학을 하는 것이다.

4.2.6 과학적 탐구에서 추론 과정

과학적 탐구는 증거를 기반으로 설명을 만들어내고, 과학 공동체 구성원들에게 그 설명을 제시하고, 비판과 논변의 과정을 거쳐 지식을 생성해가는 과정이다(Driver, Newton, & Osborne, 2000; Duschl, 2000; Sampson & Clark, 2008; Sandoval & Reiser, 2004; Vellom & Anderson, 1999). 과학적 논변의 특징은 증거를 기반으로 논거를 세우고 주장을 하는 것이므로, 논거의 합리성과 건전성을 확보하기 위해서는 증거를 비판적으로 대하는 논리적 추론이 토대가 된다. 여기서 논리적 추론은 얼핏 연역, 귀납 등만을 떠올리기 쉽기 때문에, 논리적 추론 대신 과학적 추론으로 대치하고자 한다.

과학적 추론의 기초는 전제로부터 출발하여 결론으로 가는 과정에 있어서, 결론을 적법화하기 위한 '그 이유'를 나타내는 논리 전개에 있다고 하겠다. 일반적으로 논리전개 방법에는 '연역법(deduction)'과 '귀납법(induction)'이 존재했는데, 이들 방법은 인간이 자연스럽게 생각하는 사고방식에 해당된다(Chalmers, 1985). 귀납과 연역은 흐름이 반대인 사고방식이다. 연역이 두 개의 정보(대전제-일반론, 소전제-관찰사항)를 서로 연관시켜서 (필연적으로) 결론을 도출하는 사고법이라면, 귀납은 관찰된 몇 가지의 공통점에 착안해서 일반론을 도출해 내는 것이다. 귀납은 연역법과는 달리 필연적으로 결론이 도출되는 것이 아니라 일종의 도약이 존재하며 상상력이 필요하다(이선경 외, 2013). 과학 활동의 맥락에 따라 연역, 귀납과 귀추를 좀 더 구체적으로 살펴보기로 하겠다.

자연 현상에 대한 과학적 지식을 생성하는 과학 활동에는 두 가지 맥락이 있다. 하나는 발견의 맥락(context of discovery)이다. 발견의 맥락에서 중요한 추론 유형은 귀추(abduction)이다. 새가드(Thagard, 1988)는 귀추를 네 가지, 단순 귀추(simple abduction), 존재적 귀추(existential abduction), 규칙에의 귀추(rule to abduction), 유비적 귀추(analogical abduction)로 구분했다. 이 중에서 유비적 귀추는 한 경우가 성립할 때 다른 경우도 성립할 가능성인 개연성을 갖는다고 보는 것이다. 예를 들어, 원자 모형은 태양계 모형에 유추하여 만들어졌다. 이 모형은 음전하를 띤 전자들이 양전하를 띤 원자핵 둘레를 원 궤도 또는 타원 궤도로 돌고 있다는 가정, 즉 모든 원자는 작은 태양계로 볼 수 있다는 가정에서 비롯되었다. 이러한 유추적 추리는 과학적 발견의 단초 역할을 한다. 이러한 유추는 모형이 제공하는 정보와 실제 자료 사이에 본질적인 차이가 있음이 밝혀지기 전까지는 과학적으로 매우 유효하고 중요한 인식도구의 역할을 한다. 학교 과학에서도 유추적 추리를 통해 발견된 모형은 개념적 도구로 매우 효과적으로 사용된다. 여전히 교과서에는 원자 모형으로서 태양계 모형이 제시되어 있으며 교사는 학생들이 원자를 쉽게 상상하고 이해할 수 있도록 태양계 모형을 적용하여 설명한다.

유비적 귀추가 새 설명 가설을 만드는 데 중요한 기능을 하지만, 이 경우 가설을 구성하는 개념은 이미 존재하는 것이다. 태양계 모형에 유비된 원자 모형을 구성하고 있는 개념들인 전자, 핵 등의 개념들은 이미 존재하고 있는 것이지 유비적 귀추를 통해 창출된 것은 아니다. 이에, 새 개념이 출현하는 맥락은 과학의 이론적 개념에서 특히 중요하게 고려되어야 한다. 따라서 새가드(Thagard, 1988)는 새 개념이 창출되는 것을 새 설명 가설을 만드는 것과 구분하고 '개념 병합(conceptual combination)'이라고 하였다. 개념 병합은 두 개의 활성화된 개념들이 공통의 사례를 가지고 있을 때 일반화와 같은 과정을 통해 촉발된다. 두 개의 개념이 병합한다고 모두 과학적으로 의미 있는 새 개념을 창출하진 않는다. 예를 들어, '노랗다'와 '바나나'가 결합하여 '노란-바나나'의 개념을 병합하는 것에 의미를 두는 사람은 없을 것이다. 반면, '소리(sound)'와 '파동(wave)'이라는 두 개념은 모두 '구형으로 퍼져 나간다'는 규칙을 공통으로 가지고 있으므로, '소리-파동'이라는 개념 병합이 창출될 수 있다. 이렇게 개념적 병합에 의해 형성된 새 이론적 개념들은 과학적 연구에 강력한 도구로 사용될 수 있다.

다른 하나는 정당화의 맥락(context of justification)으로서, 이는 발견된 과학적 지식을 검증하는 것과 관련된다. 과학적 증거들의 신뢰성과 타당성을 수립하는 작업이 여기에 해당하며 과학적 지식을 합법화하기 위해 사용하는 논리적, 시험적 기준들을 적용하는 것 등을 말한다(양승훈 외, 1996). 예를 들면 분자운동설은 열의 이동과 마찰열의 발생 모두를 설명함으로써 정당화의 지위를 확보한다. 반면, 열소설은 열의 이동 현상을 설명하는 데 성공하지만 마찰열의 발생을 설명하지 못함으로써 정당화에 실패하게 된다. 이처럼 마찰열의 발생이라는 증거는 분자운동설을 타당하게 해 준다. 이때 정당화의 맥락에서 과학적 추론은 매우 다양한데, 연역 추론, 가설-연역 추론, 귀납 추론 등이 그것이다. 경험주의에 따르면, 많은 수의 사례가 그렇다고 할 때 또 다른 사례가 그럴 것이라고 추정할 수 있으며 이는 확률적 추론 즉, 귀납 추론에 해당한다. 귀납적 추론은 경험적 일반화 정도에 관한 것이다. 그러나 반증주의자인 포퍼에 따르면, 대담한 가설이 반증을 견딜 수 있을 때 그 가설은 이론으로서의 지위를 차지하지만, 하나의 반례라도 존재하면 그 가설은 폐기되고 만다. 이러한 정당화의 맥락에서 작동하는 추론 유형들, 즉 연역 추론, 가설-연역적 추론, 귀납 추론 등은 학교 과학에서 많이 발견된다. 물론 과학사에서 나타나듯이 역동적인 추론 과정을 다루고 있지는 않다. 반대로 단순화해서 이론을 확증하는 간단한 실험 등을 통해 전제와 결론의 단순한 인과관계 혹은 전제로부터 결론의 확증 등을 다룰 뿐이다.

4.2.7 연역 추론(deductive reasoning)

연역 추론은 참인 전제에서 결론을 이끌어내는 것으로 엄밀하게 말하면 과학 활동에서 작동하는 것은 아니다. 연역 추론은 논리에 초점이 있고, 전제가 참이면 결론도 참이라는 것이 의심받지 않는다. 이 논리에 따르면 과학 추론을 연역적으로 할 경우, 과학 활동에서는 실제로 참인 전제는 존재하지 않거니와 참인 전제가 있다고 해도 논리적으로 귀결되는 결론을 무조건 참이라고 하지 않는다는 것이다. 과학 활동은 실제 증거와 이론을 서로 조정하면서 발전해 가는 것이 그 본질이기 때문이다. 그럼에도 불구하고 연역 추론은 가설-연역적 추론이라는 이름으로 과학 교수학습에서 흔히 적용되어 왔다. 일상적 맥락에서 인간이 가장 익숙하게 사고하는 방법이 연역 추론인 것과 마찬가지로(강신주, 2006), 과학학습 과정에서 연역적 사고는 설명이나 예측을 요구하는 과제에서 많이 사용된다. 주어진 원리나 법칙으로부터 자연 현상을 설명하거나 예측하는 데 다음과 같은 연역적 과정이 사용된다(Chalmers, 1985).

- 전제 1: 법칙이나 이론들
- 전제 2: 초기 조건들
- 결 론: 자연 현상의 설명이나 예측

예를 들면,

- 전제 1: 움직이는 물체가 점점 느려지고 있다면, 그 물체에는 운동하는 방향과 반대 방향으로 힘이 계속 작용하고 있다.
- 전제 2: 위로 던진 물체는 위로 올라가면서 점점 느려진다.
- 결 론: 위로 던진 물체가 위로 올라가고 있는 동안 그 물체에는 힘이 (아래로 작용한다)(박종원, 2000).

4.2.8 귀납과 귀추 추리(inductive and abductive reasoning)

귀납은 연역과 밀접한 관련이 있다. 귀납적 추리는 관찰사항에서 공통점을 찾아내어 일반론이나 규칙(법칙)을 도출한다. 일반론이나 규칙(법칙)이 연역법에서는 불가결한 일반론이나 규칙(법칙)이 된다. 또한 다른 사항에 대해서도 그 규칙(법칙)이 맞다는 것을 설명할 수 있으면 규칙(법칙)은 신뢰성이 있다 (Chalmers, 1985). 귀납의 결과로 생성된 규칙(법칙)은 연역의 전제로 사용될 수 있다. 이처럼 귀납과 연역은 사고의 흐름이 반대이다. 연역이 참인 전제로부터 필연적으로 결론을 이끌어내는 논리적 문제인 반면, 귀납은 몇 가지 관찰사항으로부터 공통점을 찾아내 법칙(규칙)을 도출해내는 경험적 문제이다. 연역은 논리적 추론의 타당성을 밝히기 때문에 결론은 항상 전제에 귀속되며, 따라서 새로운 것이 발견되거나 인식의 확장이 일어나지 않는다. 반면, 귀납은 경험적 일반화 혹은 통계적 일반화를 추구하므로, 모르던 사실을 알게 되는 경우가 발생한다. 예를 들어, ○○ 지역에 있는 까마귀를 관찰해서 다음을 알아냈다.

· 관찰사항 1: 까마귀 A의 색은 까맣다.
· 관찰사항 2: 까마귀 B의 색은 까맣다.
· 관찰사항 3: 까마귀 C의 색은 까맣다.
        ....
· 결   론: 모든 까마귀의 색은 까맣다.

위와 같이 많은 까마귀의 색이 까맣다는 것을 보고, '모든 까마귀의 색은 까맣다'로 일반화된 결론을 도출했다면 귀납추리에 해당한다. 이처럼 귀납추리에서는 전제에 해당하는 관찰사항들이 결론을 신뢰성 있게 지지한다. 결론을 토대로, 경험적으로 다음에 발생할 사건(까마귀 Z의 색은 까맣다)의 신뢰를 높여주는 것이다.

과학의 출발을 관찰에서 시작했던 귀납 추리는 크게 두 가지 이유로 비판받는다. 하나는 귀납의 일반화 문제이다. 앞에서 든 예를 다시 살펴보면, ○○ 지역에서 관찰된 까마귀의 많은 관찰사례로부터 도출된 '모든 까마귀는 까맣다'라는 일반화는 다른 관찰사례가 출현하면 즉시 반박된다. △△ 지역에서 흰색의 까마귀가 발견된 것이다. 이렇게 되면, '모든 까마귀의 색은 까맣다'는 일반화로부터 '○○ 지역의 까마귀는 까맣다'로 축소된다. 이처럼 세계에 존재하는 모든 까마귀의 색을 다 관찰할 수 없기 때문에 일반화가 가능하지 않다는 것이다. 또 하나는 귀납의 방법이 과학에서 관찰의 객관성에 관한 문제라는 것이다. 즉, 관찰이 객관적일 수 없으며, 이론의존적(theory-laden)이기 때문이다. 관찰이 이론의존적이라는 문제는 과학자가 자연 현상을 관찰할 때 나타난다. 과학자는 자신이 가지고 있는 지식, 신념, 이론에 토대하여 현상을 관찰하기 때문에 초점을 잡아 과학적 관찰을 하게 된다. 예를 들어, 현미경으로 세포를 관찰하고 그림을 그릴 때 세포를 구성하고 있는 핵, 세포질, 미토콘드리아 등을 알지 못하면, 그 특징을 잡아 그리지 못하고 알 수 없는 원, 곡선, 점들을 표시할 것이기 때문이다.

　과학 활동에서 중요하게 작동하는 추론 과정은 연역이나 귀납보다는 귀추 추론이다. 과학은 자연현상에 대한 지식을 생성하는 학문이다. 새로운 지식의 생성은 발견적 의미를 갖는다. 즉, 참인 전제에서 결론을 이끌어내는 것(연역)도 아니고, 여러 가지 관찰사항으로부터 결론을 도출해내는 것(귀납)도 아니다. 기존의 설명 방식이 없는 것으로부터 새로운 설명을 만들어내야 하는데, 이는 이미 알고 있는 경우로부터 출발한다.

　귀추는 미지의 현 상황을 이미 알고 있는 다른 상황과의 유사성에 바탕을 두고, 이를 차용하여 현 상황을 설명하는 추론방법이다(Hanson, 1958; Lawson, 1995; 권용주 외, 2003; 이선경 외, 2005). 즉, 하나의 경우가 성립하면 다른 경우가 성립할 것이라고 추론한다. 이때 두 경우 사이에는 구조적 유사성이 필요하다. 실제 공룡에 대한 과학적 연구에서 귀추는 매우 강력한 추론 도구가 된다(이선경 외, 2005). 인간이 직접 보지 못했지만 공룡 화석을 통해 공룡의 모습을 재현해 내고 공룡이 살았던 환경, 공룡의 섭식, 운동, 생리적 특성 등에 대한 이해를 하는 것은 현재 생물과의 귀추적 추론을 통해 가능했기 때문이다.

- 귀추 논리: 원인 결과 (p à q) 중에서
  - 결과 (q)에서 출발
  - 가장 잘 설명하는 가설, 법칙을 선택하여
  - 원인 (p)를 설명
- (귀추의 예 1) 시계가 멈추었다. (결과)
  - 건전지가 소모되면 멈춘다. (가설 1)
  - 시계가 고장 나면 멈춘다. (가설 2)
  - 강한 자석이 근처에 있으면 시간이 맞지 않는다. (가설 3)
  - (선택) 비교적 새 시계이고, 근처에 자석이 없었다. (가설 1)
  - 이 시계의 건전지는 다 소모되었다. (원인)

• 체화된 귀추

q는 명확하지 않다

p는   q를 설명한다

따라서 아마도 p이다

그 이상한 냄새가 무엇이지?

<u>치즈가 타는 냄새와 비슷하다. 조가 오믈렛을 만들고 있다. 조는 요리에 미</u>
<u>숙해서 가끔 재료를 흘린다.</u>

따라서 아마도 조(Joe)가 치즈를 갈아 오믈렛에 넣으려고 했으나 떨어뜨려
서 난로에 빠졌다

이 경우, 언어적 정보의 한계를 초월하여 시각적, 후각적, 청각적, 몸짓, 그리
고 심지어 운동감각적 표상을 고려하여 추론하게 된다.

문장을 놓고 따지면, 귀추는 단지 "p라면 q; 왜 q? 아마도 p" (If p then q;
why q? Maybe p)이라고 볼 수 있다. 그러나 귀추적 스키마에서 p이고 q 임을
허용함으로써 많은 것이 얻어질 수 있는데, 언어적 정보의 한계를 초월하여 시
각적, 후각적, 청각적, 몸짓, 그리고 심지어 운동감각적 표상을 고려할 수 있게
한다. 극단적 예를 취하면, 귀추는 "그 이상한 냄새가 무엇이지?"를 호소함으로
써 촉발될 수 있는데, 이때 언어뿐 아니라 시각적, 청각적, 심체적 표상을 병합
하면, "조(Joe)가 치즈를 갈아 오믈렛에 넣으려고 했으나 떨어뜨려서 난로에 빠
졌다"는 설명이 생성될 수 있다.

🖋 다음 파인만의 글에서 추론 찾기

아버지와 숲을 거닐면서 나는 많은 것을 배웠습니다. 예를 들어 새의 경우에, 아버지
는 이름을 가르쳐주는 대신 이렇게 말씀하셨습니다. "저것 좀 봐, 새는 걸핏하면 자
기 깃털을 쪼아대지. 자주 그런단다. 대체 왜 그럴까?" 나는 깃털이 헝클어져서 그런
다고 추측했어요. 깃털을 가지런하게 하려고 그런다고 말이지요. 그러자 아버지가 말
씀하셨습니다. "좋아, 그러면 언제 깃털이 헝클어질까? 어쩌다 깃털이 헝클어졌을까?"

"날다가요. 걸어 다닐 때는 괜찮지만, 날다가 깃털이 헝클어져요." "만일 네 말대로라면, 새가 날다가 내려앉았을 때 깃털을 가장 많이 쪼겠구나. 깃털을 다 고르고 잠시 땅을 걸어 다닌 뒤에는 덜 쪼겠지? 정말 그런지 한번 바라보자." 그래서 우리는 계속 지켜보았어요. 내가 관찰한 것에 따르면, 새는 날아다니다가 내려앉은 다음이거나 땅을 걸어 다닌 다음이거나 관계없이 똑같이 깃털을 쪼았습니다. 결국 내 추측은 틀렸어요. 나는 올바른 이유를 추측할 수 없었습니다. 요점은 이것이 모두 관찰의 결과라는 것입니다. 내가 궁극적인 결론에 이르지는 못한다 해도, 관찰은 놀라운 황금 광맥과도 같습니다. 놀라운 결과를 낳지요. 그건 아주 경이로운 것이었습니다. 누가 내게 새를 관찰하라고 시켰다고 해봅시다. 목록을 만들어라, 적어라, 봐라, 이래라저래라 그랬다면, 나는 130 가지가 넘는 목록을 적어야 했을 테고, 관찰 결과는 따분해보였을 테고, 얻는 게 아무것도 없었을 것입니다. 관찰의 결과였고, 관찰이 얼마나 경이로운 것인지를 배운 덕분이었습니다.

4.2.9 과학 수업에서 연역, 귀납, 귀추의 관계[7]

과학학습에서 연역과 귀납은 어떻게 사용되는가? 과학학습 과정에서 연역적 사고는 설명이나 예측을 요구하는 과제에서 많이 사용된다. 주어진 원리나 법칙으로부터 자연 현상을 설명하거나 예측하는 데 연역적 과정이 사용된다(박종원, 2000; Chalmers, 1985). 또 귀납은 과학적 추론의 주요 요소로 강조되어 왔는데, 그 이유는 과학 지식의 생성에서 관찰이 갖는 위상이 컸기 때문이다 (Gustason, 1994; Jung, 1996; Kuhn et al., 1988; Lawson, 2004). 귀납주의자들에 따르면, 관찰은 과학을 행하는 출발점이어서, 관찰로부터 규칙 혹은 일반화를 만들어가는 것으로 이해되었다. 그러나 과학 연구자들에게 귀납은 진리의 위상을 갖는 일반화라기보다는 '새로운 가설', 다시 말해 '임시적 설명'의 생성이라는 의미를 갖는다(Kuhn et al. 1988; Lawson, 2004). 따라서 연역과 귀납만 가지고는 자연 세계를 탐구하여 새로운 지식을 생성하는 과학적 사고의 흐름을

---

7) 이 절은 "이선경, 최취임, 이규호, 신명경, 송호장(2013). 초등 과학 수업 담화에서 나타나는 과학적 추론 탐색. 한국과학교육학회지, 33(1), 181-192."에서 일부 발췌하여 정리한 것임.

충족시키기 어렵다. 즉, 연역과 귀납은 미지의 현상에 대한 새롭고 창의적인 가설을 만들어내는 발견의 과정을 설명하는 데 충분하지 않다.

'귀추(abduction)'는 학교 과학에서 지나치게 정당화 맥락만을 강조하여 주목받지 못했던 추론법으로서, 귀납과 연역이 설명해내지 못하는 이론(설명적 가설) 생성 과정을 설명할 수 있는 것으로 제안되었다(Hanson, 1958; Lawson, 2000). 귀추는 특정한 사실이나 법칙, 가설을 추론하여 어떤 현상이나 관찰 내용을 설명하거나 발견하는 과정을 의미한다(Magnani, 2001). 귀추는 규칙과 결과로부터 사례를 추리하는 것으로, 이론(설명적 가설) 생성의 과정을 설명해줄 수 있다(권용주 외, 2003; 이규호, 권병두, 2010). 따라서 귀추는 과학 활동인 문제 해결 과정에서 과학적 발견과 창조적인 추리의 역할을 한다(Magnani, 2001). 즉, 귀추는 결과로부터 원인들(가설)을 생성하며 이론의 발생과 관계가 있다.

그림 4.6은 퍼스가 제시한 연역, 귀납, 귀추의 세 가지 추론 형태를 가설 생성, 예측, 평가라는 과학적 탐구의 세 단계로 정리한 것이다(Flach & Kakas, 2000). 이 도식에 따르면, 과학자가 여러 관찰 사실들에 대해 설명을 하고자 할 때 초기 가설을 만들어내야 하고, 그 다음 그 가설이 갖는 다른 결과들은 어떤 것이 있는지 조사하고, 최종적으로 그 예측 결과들이 실제와 일치하는지 평가해야 한다. 퍼스는 과학적 탐구에서 초기 가설 생성을 귀추, 제안된 가설로부터

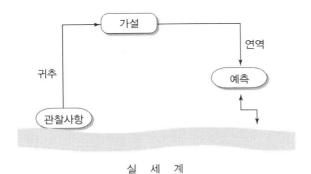

그림 4.6 과학적 추론의 세 단계
(Flach & Kakas, 2000; 이선경 외, 2013)

예측을 끌어내는 것을 연역, 그 가설이 믿을만한 것인지를 예측들에 기반을 두어 평가하는 것을 귀납이라 했다.

그림 4.6의 과학적 탐구에서의 추론은 귀추, 연역, 귀납이 개별적인 추론의 기술로서 취급되어야 할 것이 아니라, 역동적으로 상호연관된 것으로 파악되어야 할 것임을 시사한다. 같은 맥락으로, 연역, 귀납, 귀추 등은 과학적 사고의 기초로서 학교 과학학습 맥락에서 중요하게 다루어질 필요가 있는데, 역동적이고 순환적인 관점으로 탐색할 필요가 있다. 일상적 혹은 과학적 맥락에서 하나의 문제 상황에 하나의 추론 기술이 엄격히 사용되는 것이 아니라 상호 연관을 가지며 역동적으로 발생하기 때문이다. 문제 상황에서 추론의 순서는 일정하지 않으며, 때로 암시적으로 전제되어 명시적으로 드러나지 않기도 한다. 따라서 과학적 지식(설명)을 생성하는 과정을 단순화해서 '귀추를 통한 새로운 가설의 제안-그 가설로부터 예측의 연역-자료로부터 가설의 타당화'의 사이클에서 경쟁 가설의 등장으로 새로운 사이클로 진행되면서 더 나은 설명을 만들어내는 과정이라면(Flach & Kakas, 2000), 연역-귀납-귀추의 추론이 과학 수업에서 어떤 흐름과 역동성을 갖고 작동하는지에 주목해야 할 것이다.

과학 수업에서 과학적 추론의 흐름 탐색은 과학 수업의 고유성을 드러내주는 한 가지 방법이라 할 수 있다. 과학 수업의 '고유한 본질'은 과학적 탐구를 학생들이 경험하고 학습하는 것에 있는데, 구체적으로는 자연 세계에 대한 과학적 추론에 참여하는 것에 있기 때문이다(김찬종 외, 2010). 과학의 고유성은 그 대상이 자연이며, 자연 세계의 다양한 현상들에 대한 믿을만한 지식 체계를 생성하는 과정에 있다(Siegel, 1989). 과학 수업에서 이러한 과학 활동의 고유한 특징이 드러날 수 있어야 하는 것은 너무도 당연하다. 즉, 학생들이 신뢰할 만한 과학 지식 체계의 생성 과정에 참여하는 모습을 과학의 담화 내에서 작동하는 과학적 추론의 흐름으로 밝히는 것도 과학교육의 중요한 과제라 하겠다.

📄 요약

과학과 교육과정은 과학적 사고력, 과학적 탐구력, 과학적 문제 해결력, 과학적 의사소통 능력, 참여와 평생 학습 능력을 핵심 역량으로 제시한다. 증거 평가를 통해 타당한 증거와 주장의 관계를 검토하는 과학적 사고력과, 과학적 사고력에 기반을 둔 다양한 방식의 과학적 탐구력은 다양한 과학적 실행의 근간을 이룬다. 과학적 탐구의 특징은 실세계에 대한 이해를 목적으로 질문하기, 증거 찾기, 설명하기, 평가하기, 의사소통하기로 나타나며, 그 중심에는 귀납, 연역, 귀추의 추론이 작동한다.

🖉 다음 질문에 답해보기

- 귀납, 연역, 귀추 추리의 특징과 한계점을 설명하고, 과학 지식의 생성과 성장 과정에서 이들이 어떻게 작동하는지를 설명하라.
- 많은 과학 교사들은 과학탐구실행의 어려운 이유로 '학생들의 과학 지식 부족'을 제시한다. 이 의견에 대한 입장을 세우고, 그 입장을 지지할 수 있는 논거를 제시하라.

📝 신문 기사 분석하기

Giere의 '과학적 추론의 모형'은 이론적 가설의 평가 단계를 제시한다. 그 모형에 따라 뒷면의 신문 기사를 분석하라. 각 단계별로 분석하고, 긍정적 증거/부정적 증거를 기준으로 이론적 가설을 평가하라.

『〈제목: 그것은 온실효과인가?〉

기억에 남을 정도로 불편했던 1988년 여름은 많은 미국인들에게 자연이 마침내 인류의 무절제한 대기오염에 보복을 하고 있는 것이 아닌가 하는 의혹을 남겼다. 캘리포니아 주에서 캐롤라이나 주에 이르기까지 그해 여름의 장기간에 걸친 혹서와 가뭄은 엄청난 피해를 끼쳤다. 전력은 과부하로 휘청거렸고, 광대한 숲들이 화염에 휩싸였으며, 하천의 선박 운행은 멈추었고, 농사는 흉작이 되었다.

'온실 효과(greenhouse effect)', 즉 대기 중의 오염 가스에 의해 태양열이 갇히는 현상은 귀에 익은 표현이 되었다. 일부 기후학자들은 빨리 우리의 생활방식을 고치지 않으면 세계의 곡창 지대가 건조지대로 변할 것이며, 해안 지역은 범람할 것이고, 숲은 고사할 것이며, 수많은 종들이 영구히 멸종될 것이라고 경고했다. 6월 23일에는 미국 항공 우주국(NASA)의 한센(James A. Hansen) 박사가 상원의 한 위원회에서 온난화 경향이 온실 효과에서 비롯된 것은 거의 확실하다고 말해 국민적 관심을 끌었다. 그는 머지않아 위기가 올 수 있다고 경고했다.

그러나 기상 예측은 결코 과학자들이 바라는 만큼 그렇게 쉽지 않았다. 그해 여름의 날씨가 실제로 어떤 경향을 나타내는 징후였는지에 대해서조차 많은 사람들은 확신하지 못하고 있다. 미 국립기상국의 분석가 와그너(A. James Wagner)는 지난 세기에 가장 따뜻했던 네 번의 해(1980년, 1983년, 1986년, 1987년)가 1980년대에 있었다는 것을 인정했다. 그는 "그러나 나는 이것이 정상적인 기후 변동이 아니라는 주장을 압도적으로 입증하는 것으로는 생각하지 않는다"고 말했다.

기후학자들은 기상의 변동을 이해하기 위해 여러 가지 모형을 만들었다. 실제 기후를 그대로 본뜬 것처럼 보이는 그러한 모형 하나가 매사추세츠 공과대학(MIT)의 로렌츠(Edward Lorentz) 박사가 고안한 것이다. 이산화탄소를 고려하지 않고 대기와 대양의 상호작용에만 의존한 이 모형은 큰 변동들을 보여준다.

"약 400년에 상당하는 시기를 대상으로 하여 로렌츠 모형을 컴퓨터상에서 거꾸로 실행했더니 그 주기가 규칙적이지도, 그렇다고 완전히 불규칙적이지도 않은 큰 변동들이 때때로 나타났는데 이는 아주 놀라웠다"고 와그너 박사는 말했다. 그 변동은 인접한 두 해 사이의 지구 온도 차이가 ±3.6°F일 정도로 컸다고 그는 말했다. 그 모형은 인접한 여러 해 동안 유별나게 더운 경우들도 때때로 산출하였는데, 이는 1980년대의 실제 기후를 닮은 패턴이었다.』

〈출처: Giere et al., 2006〉

📎 『〈제목: 지구상의 생명체는 더 일찍 등장했다.〉

새로운 연구에 의하면 지구는 44억 년 전에 대양을 보존하고 대륙을 발달시키기에 충분할 정도로 온도가 낮았다. 이러한 연구 결과대로라면 우리의 행성에 생명이 시작될 수 있었던 시점을 수백만 년 앞당겨 설정할 수 있다.

초기 지구에 대한 일반적으로 인정된 견해에 의하면, 45억 년 전 지구가 처음으로 형성된 직후, 그것은 용해된 금속과 암석이 소용돌이치는 구와 별반 다르지 않았다. 과학자들은 대양이 금성과 같은 두터운 대기를 형성하도록 응축할 정도로 지구가 식는 데 오랜 시간, 아마도 7억년 걸렸을 것이라고 믿었다.

다국적 과학자들의 한 그룹에서 암석의 나이를 결정하는 데 흔히 사용되는 44억년 된 조그만 지르콘 조각을 정밀하게 조사하였다. 지르콘이 생성된, 금속과 광물의 화학적 성질은 온도가 낮은 지표상의 환경에서만 형성될 수 있었을 것이라고 연구자들은 말한다. 새로운 증거에 근거해 과학자들은 초기 지구가 형성된 방식에 대해 다시 생각하게 되었다. 이제 과학자들은 태양이 형성되는 과정에서 남겨진 것들이 모여 지구가 형성된 후 약 1억 년 경과한 시점의 온도는 물의 비등점에 가깝거나 그 이하로 낮아졌다고 생각한다. 미국 국립과학재단의 지구과학 분야 부국장으로 그 연구의 재정적 지원을 도왔던 마거릿 라이넌은 다음과 같이 말했다.

"이것은 우리의 행성에 액체 상태의 물이 그렇게 이른 시점에 존재했다는 증거이다. 지구의 진화 과정에서 물이 이렇게 일찍 출현했다면, 원초적 생명 역시 그즈음에 출현했을 수 있다."』

〈출처: Giere et al., 2006〉

지식의 인식론적 관점과 과학학습

5.1 지식의 인식론적 관점

과학학습을 보는 관점은 과학학습 과정을 이해하고 설명하는 체계를 만들어 준다. 과학학습을 보는 관점은 학습을 통해서 변화하는 것의 본질이 무엇이고, 변화 과정은 어떠하며, 변화와 관련된 제반 현상은 무엇인지를 결정한다. 행동주의 심리학은 전통적 관점의 학습을 지배해 온 반면, 구성주의 심리학은 개인의 내면을 중시하며 의미구성에 초점을 둔다. 과학교육에 구성주의가 자리를 차지하게 된 것은 지식에 대한 인식론적 관점의 변화와 연관이 있다.

다음 그림 5.1에서 볼 수 있듯이, 과학적 지식이 어떻게 발달하는가 라고 하는 인식론적 물음에서 전통적 가설과 현대적 가설은 지식의 절대불변성을 인정하는가 아닌가에 따라 판가름된다. 지식의 절대불변을 주장했던 전통적 관점은 경험주의와 합리주의로 나누어 볼 수 있고, 지식을 인간이 구성하는 것으로 간주했던 현대적 가설은 포퍼와 이후 현대 과학철학자들의 관점이다.

구성주의 관점은 과학교육에서 중요한 인식론적 위치를 차지한다. 전통적인 견해의 과학적 지식은 인식하는 주체와는 상관없이 독립적으로 존재하는 사실과 원리를 구체적인 실험을 통해 검증 받은 후 이것을 절대적, 보편적 가치로 여긴다. 반면, 쿤, 라카토슈, 핸슨 등으로 대표되는 현대의 과학철학은 관찰사례의 축적을 통한 이론화라는 귀납주의를 배격하고 과학의 사회·역사적인 해석을 통하여 관찰의 이론의존성(theory-laden), 이론의 잠정성 등을 주장한다.

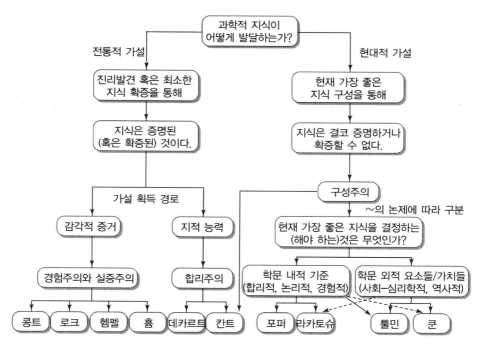

그림 5.1 과학적 지식발달에 관한 다양한 철학적 프레임워크 범주화
자료(Nussbaum, 1989)

이러한 과학철학적 관점을 바탕으로 할 때, 학습에서 가장 중요한 것은 학습자가 이미 알고 있는 것이며, 이는 구성주의적 학습관의 중심을 이루고 있다.

5.1.1 지식의 전통적 관점: 내인적(endogenic) 입장과 외인적(exogenic) 입장

전통적으로 지식에 대한 믿음 체계는 내·외인적으로 나누어 볼 수 있으며 이 관점에 따라 교육실제는 달라진다. 외인적(exogenic) 지식은 물질로 대표되는 외부세계와 인지적이고 주관적이며 상징적 또는 현상적인 심리체계를 구별하는 이분법을 인정한다. 개인의 내적 상태가 외부상태의 존재를 반영할 때 지식이 형성된다. 개인은 '내적 지도(internal map)'를 지니고 있어 그 지도로 지식을 성공적으로 형성한다. 외인적 입장에서 보면, 우선적으로 세계가 주어지고 정신은 세계를 정확하게 반영할 때 가장 잘 작용한다. 내인적(endogenic) 지식은 인간의 정신지향적인 지식을 말한다. 내인적 입장도 외인적 입장과 마찬가지로 이분법에 근거한다. 정신과 세상은 별개이며 지식은 정신상태라고 본다. 외인적 입장이 외부 물질세계를 주어지는 것으로 보며 어떻게 자연이 정확하게 마음속에 표상되는지에 대해 추측하는 데 반해, 내인적 입장은 정신세계를 자명한 것으로 보며 마음이 자연 속에서 적절하게 작용하는지에 관해 문제를 제기한다. 외인적 입장은 내적 표상을 형성하기 위해 필요한 환경적 투입에 초점을 둔다. 이러한 환경적 강조에 비해 내인적 입장은 인간 고유의 이성, 논리, 또는 개념화 과정을 우선 강조한다. 따라서 지식의 내·외인적 입장에 따라 교육실제는 달라진다(표 5.1).

·지식의 관점(Gergen, 1995)
·외인적(exogenic) 입장: 행동주의
·내인적(endogenic) 입장: 이성, 사고력

그림 5.2 지식의 관점

표 5.1 지식의 내·외인적 입장에 따른 교육적 실천

외인적(exogenic) 입장	내인적(endogenic) 입장
· 아리스토텔레스, 로크, 흄, 밀에서 논리실증주의	· 플라톤, 데카르트, 라이프니츠, 칸트, 촘스키, 포도르
· 이분법 인정	· 이분법 인정
· 정보의 습득 강조	· 정보에 관해 사고하는 방식 강조
· 학생은 백지상태	· 학생의 이성 강조
· 직접 관찰, 경험 강조	· 사고력을 키워주는 수학, 철학, 외국어 강조
· 직접 관찰에서 얻지 못하는 것은 방대한	· 강의보다 토론 중심

외인적(exogenic) 입장	내인적(endogenic) 입장
양의 지식을 얻을 수 있는 수단으로 책과 강의 중요시	
· 정형화된 평가, 통계적 진리	· 질적 평가: 논술시험과 리포트 제출, 추론 능력개발방법 평가

지식에 대한 두 입장, 즉 내인적 및 외인적인 입장은 다음의 문제에서 해결점을 찾지 못하게 되었다.

첫째, 외적 지식의 문제

외부세계가 어떻게 인간의 내부세계에 반영되는가 혹은 개인의 정신세계가 어떻게 '객관적 세계'의 본질에 작용하는가의 문제이다. 지식의 외인적 입장은 외부세계가 정신의 백지상태를 어떻게 채울 수 있는지 설명하지 못한다. 만약 사람이 정신적으로 백지상태라면 전혀 구별을 할 수 없고 경험은 완전히 혼란상태가 되어 사물과 사건을 선택하거나 인과관계를 설정하거나 사례를 열거하는 등의 정신작용을 행할 수단을 갖고 있지 않은 셈이 된다.

지식의 내인적인 입장에서는 어떻게 소위 '객관적 세계'의 본질을 기록할 수 있는가 하는 점이 문제가 된다. 칸트에서 핸슨에 이르는 내인적 입장의 철학자들이 주장한 것처럼 어떤 것을 사실로 인정하기 위해서는 기본적인 개념틀을 가지고 세상에 나와야 한다. 칸트가 그랬듯이 누구도 인과율이나 수개념을 관찰할 수는 없다. 오히려 우리가 어떤 사건에 속성들을 부여할 수 있도록 개념에 익숙해져 있어야 한다. 다시 말해서 이 세상의 어느 것도 특정한 개념적 범주를 만들어내는 것은 없다. 어떤 관찰에서 개념적 결론을 이끌어내려면 일련의 범주가 필요하다. 그런데 선험적 범주로 인해 근본적인 한계를 내포하기 때문에 내인적 입장에는 문제가 있다.

둘째, 타인의 주관성 문제

타인의 주관성을 어떻게 이해하는가의 문제이다. 타인의 말과 행위가 타인의 정신을 표현하는 것이라고 할 때, 말과 행위가 표현하려는 내적인 상태는 어떻게 결정되는가? 의사소통이란 특정 공동체에서 형성되는 기존의 해석(interpretive forestructure)을 적용함으로써 이루어진다. 만일 사람들이 어떤 말이 의미하는 바를 사적으로만 정의한다면, 의사소통이란 존재하지 않을 것이다. 말이란 오히려 다른 말과 연계되는 방식에 의해 의미를 지니게 된다. 따라서 어떤 말과 행위의 의미는 그 말을 한 당사자의 주관을 통해 전달되는 것이 아니라 우리가 살아가고 있는 공동체의 관습에 의해 이해되며, 공동체의 관습은 역사적인 맥락으로 이해되어야 한다.

5.1.2 급진적 구성주의와 사회적 구성주의

구성주의는 지식의 전통적 관점, 즉 내·외인적으로 구분하는 데카르트적인 이분법에 반대한다. 구성주의에서의 지식은 아는 과정(knowing)을 말하며 지식이 어떤 독립적 세계를 나타낸다는 관점을 포기하고, 대신에 지식은 우리에게 훨씬 더 중요한 어떤 것, 즉 경험적 세계에서 우리가 할 수 있는 것임을 강조한다. 진리는 외부세계의 상태나 사상을 그대로 반영한다는 기존의 개념에서 유용성(viability)의 개념으로 대치된다. 유용성은 목적의 맥락에 따라 달라지며, 지식은 적응적(adaptive)이다.

최근 개념적 지식의 발달에 있어서 사회적 요소를 강조하는 글들이 발표되면서 사회적 구성주의라는 용어가 사용되고 있다. 구성주의는 모두 지식창출에 대한 경험주의 패러다임을 비판하지만, 급진적 구성주의자는 학습자의 개인적 구성 행동 즉, 개인이 세상의 지식을 수동적으로 획득하는 것이 아니라 어떻게 형성하는가에 중점을 두고, 사회적 구성주의자는 비고츠키의 사회적 차원과 급진적 구성주의를 통합하려는 시도로서 집단 대화에 중점을 두는 것으로 구별가능하다.

급진적 구성주의

급진적 구성주의(radical constructivism)는 피아제를 출발로 하여 글라저스펠트가 주장한 원리에 기초한다. 글라저스펠트에 의하면, 지식은 독립적 세계를 나타내는 것이 아니라 인간의 경험세계에 대하여 구성된 것이다. 급진적 구성주의자들은 '실재(reality)'를 경험세계로 보며, 관계 모음과 창출이 경험세계에 대한 주관적 구성(subjective construction)임을 강조한다. 어떤 개념이 추상화되는 것은, 불완전한 감각 인상에 의해서가 아니라 마음속에 창조하는 영상을 역동적으로 수행하는 과정에서의 주의집중 작용에 의해 이루어진다. 이것은 학습자가 스스로 수행하는 조작을 통해 추상화되는 것이기 때문에 소위 라카토슈가 말한 것처럼 조형적(figurative), 즉 감각적 구조라기보다는 조작적(operative)이다. 따라서 학습에서 개념적 이해를 필수적으로 본다.

사회적 구성주의

사회적 구성주의(social constructivism)는 외인적 입장처럼 외부세계를 근본적인 관심사로 시작하지 않고, 내인적인 입장처럼 개인의 정신을 관심사로 시작하지도 않는다. 사회적 구성주의자들의 관심의 초점은 언어이다.

우리가 지식이라고 간주하는 문화를 분석하면, 우선 언어적인 것들, 즉 텍스트와 문서, 저널 등을 발견하게 된다. 교실 내에서의 지식의 전수 과정을 분석해 보면, 강의와 토론, 디지털을 위시한 다양한 매체 사용의 중심에는 언어가 존재한다. 사회적 구성주의자들은 지식은 세상을 형상화하는 능력에 의해서가 아니라, 사회적 상호작용이라는 과정에 의해 적합해지는 것이라고 주장한다.

이때 '사회적'이라는 의미는 무엇인가? '사회적(social)'은 첫째, 행위를 의사소통하는 것과 같은 구성과정에서의 어떤 시점에서 사람들 간의 실제적 면대면 사회적 상호작용을 요구할 수 있으며, 이는 사회적 대 사적인 것을 의미한다. 둘째, 개인 자신의 사적인 의미와는 대조되는 개념으로 '공공의' 또는 사회의 의미를 나타낼 수도 있으며, 이는 공적 대 사적인 것을 의미한다. 또는 자신의 선택 및 문제에 대한 개념화, 자신의 도구 선택 및 적절한 행동방안, 완성에 대한 자신의 평가, 그리고 성찰 또는 의사소통을 위한 자신의 언어선택 또는 표상 등을 포함하여 사회가 구성원의 모든 행위에 미치는 영향을 주장할 수도 있으며, 이는 사회문화적 대 보편적인 것을 의미한다.

이와 같이 사회적 구성주의는 전통적인 지식의 개인주의적 관점을 공동체적 관심으로 대치한다. 이 공동체에서 합리적 표현이 이루어지며, 이로써 개인의 자아가 그 의미를 드러낼 수 있다. 사회적 구성주의에서 비고츠키의 이론은 많은 영향력을 발휘해 왔다. 하지만 사회적 구성주의자들이 인간의 능력을 향상시키기 위한 협동과정과 협동학습의 효과에 초점을 맞추는 반면, 비고츠키는 학습의 심리적 과정 – 추상, 일반화, 비교, 차이, 의식, 성숙, 연상, 주의, 표상, 판단 – 에 초점을 두며 현재 및 잠재적인 인지능력 사이의 정신적인 공간인 근접발달영역(ZPD, Zone of Proximal Development)에 주요 관심을 둔다.

급진적(개인적)이고 사회적인 구성주의는 모두 지식을 발견되기보다는 구성되는 것으로 간주한다. 지식은 학습자가 학습의 내용을 자신의 것으로 만들어 가는 과정이며, 따라서 과정(knowing), 유용성(viability), 적응적(adaptive)이 강조된다. 구성주의에 따르면, 학습자는 능동적 의미 형성자이며, 학습은 지식을 활성화시키는 과정이어서 과학적 지식에 대한 학생들의 능동적인 구성이 강조된다.

전통적 관점과 구성주의 관점을 비교해 볼 때 학생 및 교사를 보는 관점, 학습을 보는 관점, 교수활동을 보는 관점이 확연히 대별된다. 전통적 관점에서는 학생을 백지상태로 보는데, 백지상태(tabula rasa, blank slate)는 경험론자들이

표 5.2 객관주의와 구성주의 인식론

객관주의	구성주의
지식의 성질	
· 실제 세계의 복사 혹은 직접적인 표상으로서의 지식	· 주관적 경험과 행동의 구성으로서의 지식
· 기존 사상의 발견으로서의 지식	· 새로운 해석적 틀의 발견으로서의 지식
· 지식은 사상의 축적을 통한 절대적 진리, 진보를 향한 연속적인 근접에 의해 조성	· 진화로서의 지식 예 선택과정과 적응으로부터 조성된
지식 타당화의 준거	
· 감각을 통한 실제 세계에 의해 제공된 지식의 타당화	· 기존의 지식 구조와 관찰자 사이의 사회적 일치에 있어 내적 일관을 통한 타당화
· 실체와 똑같은 매칭 혹은 일치	· 적합과 적절성 예 해석적 틀에 따른 예견의 정확성
· 단지 한 가지 진짜 의미 예 진리	· 가능한 의미의 다양함과 대안적 해석

쓰는 용어로, 감각이 외부의 대상세계에 반응하여 관념을 새기기 이전의 인간 정신 상태를 가리킨다. 정신을 아무것도 쓰지 않은 칠판에 비유한 것은 아리스토텔레스의 <영혼에 관하여 De anima>(BC 4세기)가 처음이다. 그 후 아리스토텔레스의 소요학파와 마찬가지로 스토아학파도 정신의 본래 상태는 공백이라고 주장했다. 그러나 이 두 학파는 정신이나 영혼이 감각을 통해 관념을 받아들이기 전에는 단지 잠재적이거나 활동하지 않을 뿐이며, 지적 과정에 들어서면 관념에 반응하고 이 관념을 지식으로 바꾼다고 강조했다. 타불라 라사를 새롭게 혁명적으로 강조한 철학자는 17세기 후반 영국의 경험론자 존 로크였다. 로크는 <인간 오성론 Essay Concerning Human Understanding>에서 정신은 원래 '아무 글자도 쓰지 않은 백지'와 같아서 경험을 통해 '이성과 인식의 모든 원료'를 얻는다고 주장했다. 로크 자신은 주어진 '원료'를 이용하는 마음의 힘인 '반성'을 매우 중시했지만 그가 옹호한 타불라 라사는 이후 철학자들이 더욱 급진적인 입장으로 나아가는 신호탄이 되었다.

표 5.3 교수·학습에 관한 전통적 관점과 구성주의적 관점

	전통적 관점	구성주의적 관점
교사의 역할	지식 전달자	학생들이 의미를 잘 구성하도록 경험을 제공하는 학습 촉진자
학생의 역할	수동적으로 받아들임	의미를 능동적으로 구성
수업전 학생의 상태	백지상태에 지식을 집어넣은 과정 또는 쉽게 변하는 지식을 가지고 있는 상태	선행경험에 기초한 쉽게 변하지 않는 지식을 가지고 있는 상태
결정요인	외부적인 학습 상황 (교사, 교실, 교과서)	외부적인 학습상황과 학생의 기본개념과 선행개념
학습	백지상태의 학생에게 지식을 주입하는 과정	기존의 개념을 바꾸거나 수정하는 과정(개념변화가 학습이다.)

5.2 구성주의와 과학교육

1970년대 말 이후 구성주의는 과학교육의 가장 중요한 흐름이 되었다. 구성주의에서 중요한 것은 오스벨(Ausubel, 1968)이 말한 "학습에서 가장 중요한 것은 학습자가 이미 알고 있는 것이다. 이것을 확인하고 그에 따라 가르쳐라"이다.

1970년대 말 이후 학생들의 과학 개념에 관해 활발하게 이루어진 과학교육 연구는 과학학습에 대하여 두 가지 중요한 결과를 제공하였다. 첫째, 아동은 물론 성인에 이르기까지 다양한 개념체계를 갖고 있다는 점이다. 자연 현상에 대한 과학적 이해는 직관과 일치하지 않는 경우가 많으며 추상적이고 논리적인 사고를 요구하는 데 반해, 사람은 태어나면서부터 자연 현상을 접하면서 직관과 경험적 사고를 발달시켜 개념과 개념체계를 형성해가기 때문이다. 둘째, 한 번 형성된 개념은 과학 수업 후에도 지속되어 과학 개념으로 변화되기 어렵다는 점이다. 개념의 이러한 속성은 과학학습을 어렵게 만드는 원인으로 간주되었고, 많은 연구자들은 학생들이 가진 개념을 과학 개념으로 변화시키는 것을 중요한 연구 과제로 삼게 되었다.

과학교육 연구에서 학생들의 과학 개념에 대해 알아낸 바를 정리하면 다음과 같다. 학생들은 과학을 배우기 전에도 자연 현상에 대해서 나름대로의 생각을 가지고 있다. 학생들의 자연 현상에 대한 생각은 현대 과학과 부합되지 않는 경우가 많으며 이를 대안 개념 등으로 부른다. 학생들의 개념은 안정적인 경우가 많으며 쉽게 바뀌지 않는다. 학생들의 개념은 과학에 대한 새로운 정보에 의미를 부여하고, 해석하며 처리하는 과정에 영향을 주므로, 과학학습에서 매우 중요한 역할을 한다.

학생들의 개념에 대한 명칭은 연구자들에 따라 다양하다. 초기에 오인 혹은 오개념(misconceptions)이라 불렸지만, 학생 개념을 틀린 것으로 간주하는 의미의 명칭은 적절치 않다고 비판받았다. 이후, 연구자들은 맥락에 따라 선입관(prior knowledge), 아동과학(children's science), 순진한 개념(naïve theories), 대안 개념(alternative conceptions), 대안 개념틀(alternative framework), 직관적 견해(intuitive ideas), 선개념(preconceptions), 작은 이론(mini theories) 등의 이름을 붙여 사용하였다.

대표적인 학생들의 과학 개념은 '움직이는 방향으로 힘이 작용한다', '물질은 연속적이다', '식물은 영양을 흡수한다', '지구의 모양은 편평하다' 등이 있다. 정확히 같은 단계를 따르지 않아도 과학사에서 나타나는 개념 발달과 학생의 개념 발달 사이에는 유사성이 있다는 증거가 있다(Sequrie & Leite, 1991). 다음 표 5.4는 힘과 운동에 관련된 학생들의 개념과 과학사에서 나타났던 유사한 생각들을 대비해 정리한 것이다.

표 5.4 힘과 관련된 학생들의 오개념과 과학사(권재술과 김범기, 1993; 이선경과 김우희, 1995 재인용)

뉴턴의 생각	학생들의 생각	과학사의 생각
무거운 물체는 가벼운 물체와 마찬가지로 같은 속도로 떨어진다.	무거운 물체는 가벼운 물체보다 빨리 떨어지며 속도는 점점 증가한다.	속도는 떨어지는 동안에 증가한다. (Albert de Saxe, 13C)
진공에서 모든 물체는 같은 가속도로 떨어진다.	진공에서 물체는 떨어지지 않는다.	진공에서 자유낙하는 불가능하다. (Aristotle, B.C. 4C)
중력은 거리에 관계된 힘이다. 물리적 접촉 없이도 어떤 거리에서나 작용할 수 있다.	중력은 물리적인 접촉이 필요하다. 진공에서는 움직일 수가 없다.	중력은 힘이 전파될 때 물리적 접촉이 필요하다. (Averroes, 13C)
외부의 알짜힘이 없다면 일정한 속도로 움직이던 물체는 일정한 속도로 계속 움직이려고 한다.	운동방향으로 힘이 작용한다.	운동은 기동력에 의해서 지속된다. (Buridan, 14C)
물체는 운동과 반대방향으로 힘이 작용하면 멈춘다.	물체는 모든 힘을 다 소비했을 때 멈춘다.	물체는 기동력이 없어질 때 멈춘다. (Buridan, 14C)
운동과 정지는 유사한 법칙으로 지배되는 현상이다.	운동과 정지는 다른 규칙이 지배하는 상태이다. 정지는 설명할 필요가 없는 자연스러운 상태다.	물체가 강제 운동을 할 때 공기는 일정한 속력을 갖게 한다. (Aristotle, B.C. 4C)
일정한 힘은 일정한 가속도를 갖게 한다.	일정한 힘은 일정한 속력을 갖게 한다.	물체가 강제 운동을 할 때 공기는 일정한 속력을 갖게 한다. (Aristotle, B.C. 4C)

뉴턴의 생각	학생들의 생각	과학사의 생각
힘은 가속도에 비례한다.	힘은 속도에 비례한다.	기동력은 속도에 비례한다. (Buridan, 14C)
속도가 느려지는 운동은 마이너스 가속도에 의해서 일어난다.	속도가 느려지는 운동은 운동방향 힘의 감소에 의해서 일어난다.	속도가 감소하는 이유는 기동력이 감소하기 때문이다. (Buridan, 14C)
힘은 물체 사이에 상호작용 때문에 쓰인다.	물체는 힘을 소유하거나 획득한다.	물체는 기동력을 획득하거나 증가할 수 있다. (Buridan, 14C)

✎ 다음 문제를 풀어보기

✐ __문항 1__ 책상 위에 책이 놓여 있다. 다음 중에서 책에 작용하는 '힘'을 가장 잘 표현한 것은? (그림에서 화살표의 방향은 책에 작용하는 힘(들)의 방향을 나타내고, 화살표의 길이는 힘(들)의 크기를 나타낸다.)

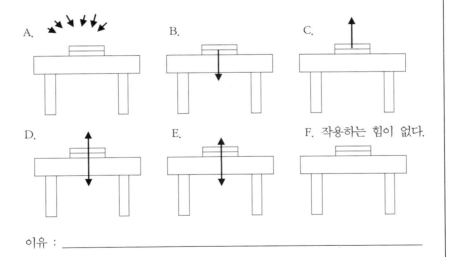

이유 : _____

✎ **문항 2** 떨어지는 사과에 작용하는 '힘'을 화살표로 그려보기.

이유 : _____

〈출처: 박지은·이선경, 2007〉

✎ **문항 3** '전류'에 관한 연구의 예

전류에 관하여 학생들이 얼마나 다양한 생각을 갖고 있는지 알아보기 위하여, 뉴질랜드의 학생을 대상으로 다음과 같은 질문을 주었다.

오른쪽 그림과 같이 도선을 이용하여 전구에 건전지를 연결하니, 전구에 불이 들어왔다.
여러분의 생각에 다음 그림 중에서 도선에 흐르는 전류를 가장 잘 나타낸 그림은 어느 것인가?

(A) 다음 그림과 같이, 건전지의 아래쪽에 연결된 도선에는 전류가 흐르지 않을 것이다.

(B) 전류는 양쪽 도선에서 모두 전구 쪽으로 흐를 것이다.

(C) 양쪽 도선에서 전류가 흐르는 방향은 오른쪽 그림에 나타낸 것과 같을 것이다. 그리고 전류는 도선 (가)보다는 도선 (나)에서 적게 흐를 것이다.

(D) 양쪽 도선에서 전류가 흐르는 방향은 오른쪽 그림에 나타낸 것과 같을 것이다. 그리고 양쪽 도선에서 같은 양의 전류가 흐를 것이다.

〈출처: 화학교육〉

문항 4 고무풍선을 끼운 플라스크에 들어 있는 공기 입자의 모형을 보기와 같이 나타내었다. 이 플라스크를 얼음물 속에 넣었더니 고무풍선이 오므라들었다. 이때의 공기 입자를 모형으로 나타냈을 때, 다음 중에서 올바른 것은?

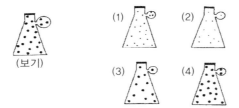

〈출처: 화학교육〉

문항 5 혈액이 심장을 떠나서 엄지발가락까지 여행을 할 때, 어떤 경로를 지나겠는가?

A. 혈액은 엄지발가락으로 곧장 간 다음, 다시 심장으로 곧장 돌아온다.

B. 혈액은 엄지발가락으로 곧장 간 다음, 폐로 들어가고, 그 다음에 다시 심장으로 돌아온다.

C. 혈액은 엄지발가락으로 곧장 가서 더 이상 움직이지 않는다.

D. 혈액은 처음에 폐로 들어간 다음, 엄지발가락으로 가고, 그 다음에 다시 심장으로 돌아온다.

E. 혈액은 엄지발가락으로 곧장 갔다가 심장으로 돌아온 다음, 폐를 지나 다시 심장으로 되돌아온다.

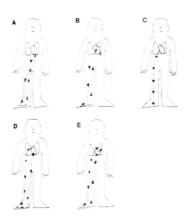

〈출처: Mintzes & Wandersee, 1998〉

✏️ <u>문항 6</u> 태양빛이 지구에 도달하는 모습을 아래 그림에 화살표로 나타내고 설명하기.

이유 : _____

5.3 학생 개념에 대한 관점: 학습에 장애물인가? 자원인가?

학생 개념을 어떻게 볼 것인가? 이에 관해서는 두 가지 관점이 존재한다. 하나는 개념변화 초기 관점으로서 학생 개념을 과학학습에 장애물로 간주하고 학생 개념을 과학적 개념으로 대체해야 한다는 관점이다. 이런 관점은 학생 개념을 잘못된 것으로 보고 고쳐야 하는 것으로 취급하였다. 반면, 개념변화 연구가 지속되면서 학생 개념을 과학학습의 자원(resources)으로 간주하는 관점이 있다. 개념변화는 이전에 몰랐던 개념을 학습하는 것이 아니라 이미 가지고 있는 학생 개념으로부터 출발하여 과학적 개념으로 나아가는 과정이라는 것이다.

개념변화 유형은 크게 두 가지로 대별된다. 하나는 강한 개념변화로서 게슈탈트 전환(Gestalt shift)으로 불린다. 강한 개념변화는 과학사 사례에서 풍부하다. 예를 들면, 창조론 대 진화론, 뉴턴 역학 대 상대론, 플로지스톤설 대 연소설, 연속적 물질관 대 입자론적 물질관, 천동설 대 지동설 등이 해당된다. 반면 약한 개념변화는 하나의 개념이 새로운 개념으로 대체되기보다는 개념이 정교화 혹은 확장되는 경우로서, 새로운 사실이 첨가되거나 기존 개념들 간의 새로운 관계가 생성되는 것을 의미한다.

표 5.5 개념변화의 유형

저자	정보 첨가	쉬운 개념변화	어려운 개념변화
Kuhn(1970)		정상 과학	혁명 과학
Lakatos(1970)		약한(soft-core)변화	강한(hard-core) 변화
Posner et al.(1982); Strike & Posner(1992)		동화	조절
Hewson(1981, 1982)		개념 획득	개념 교환
Carey(1986)	단순 첨가	약한 재구성	강한 재구성
Vosniadou(1994)	단순 축적	약한 재구성	급격한 재구성
Chi et al.(1994)	연관된 축적 (첨가된 정보)	재분류	존재론적 변화
Duschl & Gitomer(1991), Laudan(1984)	세 개념의 점진적 또는 진보적 발달		
Thagard(1992)	1 2 3 4 5 6 7 8 9 사례 첨가 연속 존재론적 변화		

자료: Harrison et al., 1999

📝 **글쓰기**

- 나의 개념변화 경험을 기술해 보자. 어떤 개념변화 유형에 해당되는가?

📖 다음 질문에 답해보기

- 과학적 지식의 인식론적 위상(epistemological status)에 대하여 논하라.
- 현대 과학철학에서 중요한 테제인 '관찰의 이론의존성'은 과학교육에서 어떤 의미를 갖는지 논하라.
- Kuhn의 과학혁명, Lakatos의 연구 프로그램(핵과 보호대로 이루어진)의 어떠한 관점이 학생의 개념, 또는 개념변화 학습 이론에 영향을 주었는가?
- 과학교육에서 기본 개념의 학습은 매우 중요하다. 개념변화는 약한 개념변화와 강한 개념변화로 대별된다. 각 개념변화 범주가 어떤 의미인지 설명하고, 예를 제시하라.
- "자르지 않으면 케이크가 존재하지 않는다"는 말은 "다양한 방식(개념)으로 잘라지는 케이크(현실)가 있는 것이 아니라, '자른다'는 행위에 의해서 비로소 케이크가 구성된다는 것이다"는 의미를 갖는다. 이 문구를 토대로, 지식에 대한 관점을 객관주의와 구성주의로 대별하고, 교사, 학생, 학습의 본질에 대해 설명하라.

논변과 개념변화

6.1 과학적 설명과 논변

과학 수업에서 가장 많이 이루어지는 것은 '설명'이다. 그렇다면 '설명(explanation)'과 '논변(argument)'은 그 의미와 기능에 있어서 어떤 차이가 있는가? 오스본과 패터슨(Osborne & Patterson, 2011)은 여러 연구자들이 설명과 논변을 혼용하고 있어서 과학교육 실행 즉, 교수학습을 실행하는 교사와 학생에게 혼란을 야기한다고 지적하면서, 설명과 논변을 구별해야 한다고 주장하였다. 그러나 많은 과학교육 연구자들은 설명과 논변을 혼용하여 사용한다. 그 이유는 설명과 논변을 구분하는 것은 간단하지 않기 때문인데, 그중 하나는 '설명'에 대한 과학자와 철학자들 사이에 오랫동안 진행된 논의가 아직 정리되어 있지 않기 때문이다. 따라서 이 절에서는 설명과 논변에 관해 어떤 논의가 이루어져 왔는지 살펴보고, 그 의미를 훼손하지 않는 한에서 이 책에서 사용하기 위한 설명과 논변의 관계를 살펴보고자 한다.

과학적 설명이란 무엇인가? 과학의 가장 중요한 활동 중 하나는 관찰된 현상에 대한 설명을 제공하는 것이다. 과학적 설명은 세계의 현상에 대한 인간의 이해를 충족시켜 주지만, 무엇이 과학적 설명인가에 대한 답은 그리 간단하지 않다. 과학적 설명은 자연 현상에 대한 답을 제공하기 위한 과학 활동의 일환이므로, 과학적 설명의 정체를 밝히는 것은 과학 활동의 성격과 방법을 조명하는 것과 깊은 관계가 있다. 따라서 과학적 설명의 정체를 밝히려는 노력은 과학철학자들에게 중요한 과제였다.

과학적 설명 이론을 처음 제안한 사람은 헴펠이다. 20세기 중엽, 경험주의자 헴펠(Hempel)은 흄(Hume)의 인과 개념을 기초로 하여 포괄 법칙 모형(연역적-법칙론적 Deductive-Nominological 모형과 귀납적-확률론적 Inductive-Probabilistic 모형의 두 개 하위 모형으로 구성)이라고 하는 설명이론을 제안했다(von Wright, 1971). 흄을 위시한 경험주의자들에 의하면 하나의 사건은 다른 사건의 원인이 되므로, 어떤 사건에 대해 설명을 한다는 것은 그 사건의 원인이 무엇인지를 지적하는 것이 된다. 이때, 현상의 인과적 설명은 원인과 결과를 연결시켜 주는 일반적인 법칙이 전제된다. 이러한 인과적 설명을 토대로 헴펠의 포괄 법칙 모형은 설명이 연역이라는 생각으로부터 시작한다. 헴펠의 설명이론의 핵심은 "이론이 한 사건을 설명한다는 것이 무엇인가 하는 것은 문제된 사건의 이전 조건들을 적절히 명시하는 이론으로부터 그 이후의 사건에 대한 예측을 끄집어내는 것이 가능하다"(조인래 외, 1999, p.155)는 것으로서, 연역-법칙적 (D-N, Deductive-Nominological)이다. 설명은 '설명하는 것(explana)'과 '설명될 필요가 있는 것(explanandum)'을 포함하여 연역적으로 관련된 문장을 구성하는 구문적 구조를 지칭했다. 즉, 설명 활동의 본질을 설명항과 피설명항의 연역 관계로 해명하고자 했다. 연역-법칙적 모형을 도식화하면 다음과 같이 표현된다 (조인래 외, 1999).

L1, L2, ... Lt   설명하는 문장들
C1, C2, ... Ck

――――――――――

　　　E   설명되는 문장

L1, L2, ... Lt은 일반적 법칙들이고, C1, C2, ... Ck은 사건 E 앞의 적절한 조건들이다. 이 모형에서는 자연의 법칙들 L과 사건 E2에 앞선 적절히 정의된 조건들을 표현하는 진술 C가 존재하고, L과 C와 사건 E1의 발생을 보고하는 진술로부터 다음에 일어나는 사건 E2의 발생이 연역될 수 있을 경우에만 사건

E1이 사건 E2의 원인이 된다(조인래 외, 1999).

연역-법칙론적 모형이 제시하는 "설명"은 우리에게 E가 꼭 일어나게끔(발생하게끔) 된 이유를, 즉 일단 설명의 토대가 주어지고 법칙이 받아들여진다면 E가 왜 필연적으로 발생하였는지를 말해 준다고 할 수 있을 것이다. 그러나 E가 발생하지 않을 수도 있다는 것을 인정하는 것이 귀납적-확률론적 설명의 주요 요점이다. 실제 과학 분야의 많은 설명들은 연역적이지 않다. 과학적 설명이 연역적이라면 새로운 법칙이나 지식의 발견이 이루어지지 않을 것이다. 연역에서처럼 전제가 피설명항을 필연적으로 함축한다면, E는 전혀 새로운 것이 아니기 때문이다. 이에 귀납적-확률론적 설명에서는 필연적으로 참인 전제가 아닌, 확률적으로 있을 법한 전제를 상정한다. 즉, 귀납적 확률에 의해 설명항으로부터 피설명항을 이끌어내는 것이다. 귀납적-확률론적 모형에 대해 리히트(Wright, 1971)는 일어난 사건을 설명한다고 말하기보다는 단지 특정한 기대나 예측을 정당화한다고 말하는 것이 더 바람직하다고 하였다.

헴펠의 설명 모형이 등장하였을 때 과학적 설명에 관한 문제가 해결된 것처럼 보였으나, 경험주의 형이상학에 기초해 있었기 때문에 해결할 수 없는 어려운 문제들에 부딪치게 되었다. 따라서 여러 과학철학자들은 헴펠의 설명 모형을 비판하고 수정과 보완을 하였으며, 새로운 모형들을 제안하였으나 여전히 합의에 이르지 못하고 있다. 현대 과학철학의 풀리지 않은 주요한 문제 중의 하나가 과학적 설명이라는 말이 있을 정도로(Salmon, 1989; 조인래 외 재인용, 1999), 과학적 설명이 무엇인가에 대한 합의가 어려운 이유는 이론, 방법 등 과학적 활동의 본질을 다루는 과학철학의 다양한 관점들과 연관되기 때문이며, 과학 영역의 세분화에 따라 설명 방식이 달라지기 때문이다. 따라서 과학적 설명은 표준적 모형이 확립되기보다는 더욱 다양화의 길을 걷게 되었다고 볼 수 있다.

경험주의자 네이글(Nagle, 1961)은 설명 패턴으로 연역적 설명, 통계적 설명, 기능적 혹은 목적론적 설명, 발생적 설명을 제시하였다. 새먼(Salmon)은 설명을 크게 세 가지, 양상적(modal) 개념-인과적 관계-, 인식적(epistemic) 개념-추론적 해석, 정보이론적 해석, 의문문적 해석을 포함-, 존재적(ontic) 개념으로 나누어 다루었다. 립톤(Lipton)은 설명의 네 개 모형, 즉 이유(reason) 모형, 친숙 (familiarity) 모형, 연역-법칙적 모형, 인과적(causal) 모형을 제시하였다. 조인래 외(1999)는 과학철학자들 사이에 논점화되어 온 설명 이론을 개략하면서 반 프라센(van Fraassen)의 '화용론적 설명', 키처(Kitcher)의 '통일로서의 설명', 새먼이나 루이스(Lewis) 등의 '인과적 설명'의 이론을 제시하고 문제점을 다루었다. 최근 인지과학 분야에서는 '기능적 설명'이 새롭게 등장하였다(박정혜, 2003; 조인래, 2001). 기능적 설명의 등장은 기존의 설명 이론이 해석하지 못하는 사회과학의 분야와 생물학 분야의 설명을 위한 것이다. 이처럼 과학적 설명을 하나의 표준화로 다루기 어려운 이유 중 하나로 과학의 분야가 세분화되고 다양화되는 것도 해당된다. 즉, 과학의 범주와 내용이 다르면 설명 방식도 달라야 한다는 것이다. 과학교육 연구에서 오필석(2007)은 과학철학자들 사이에 제시된 과학적 설명을 크게 네 개 유형, 연역-법칙적, 통계-확률적(귀납-확률적), 통계-유관적, 귀추적 유형으로 구분하여 교사의 설명을 분석한 바 있다.

과학적 설명에 대한 다양한 과학철학적 논의들에 대해 새가드(1988)는 설명이라는 용어는 매우 애매하다고 하며 그의 철학적 기반(계산적 접근)과 조화를 이루는 대안적 설명 개념을 제시하였다. 그에 따르면, 설명은 설명적 구조가 아니고, 설명하는 무엇도 아니라, 이해를 제공하는 과정이라는 것이다. 과학적 설명의 다양성에도 불구하고, 과학적 설명의 목적은 하나로 정리된다. 과학적 설명은 '이해'를 목적으로 한다. 설명은 사람들이 하는 무엇이지만, 문장 체계의 외적 속성이 아닌 것이다. 설명은 누군가에게 이해를 제공하거나 누군가가 성취하는 과정인 것이다. 그렇다면 이해(understanding)는 무엇인가? 가장 일반적으로 어떤 현상을 이해하는 것은 "이미 조직된 패턴이나 상황에 그 현상을 맞추는 일"이다. 이런 특징은 패턴과 상황의 본질을 구체화해야 알 수 있다.

한 사건을 이해하는 것은 사건이 촉발되는 지식 구조의 기억으로부터 나온 것이다(Schank and Abelson, 1977). "존은 카트를 밀어서 계산대까지 가져가서 비누를 꺼내었다"와 같은 문장을 이해하기 위해, 대상자는 슈퍼마켓에서의 전형적인 행동을 기술하는 구조(틀, 스크립트, 스키마)를 활성화해야 한다. 슈퍼마켓이라는 틀에서의 장소들은 문장에서 제공되는 정보와 매치되고, 다음으로 그 틀 내에 포함된 추가적 정보가 문장에 기술된 존의 행동에 대한 질문에 답을 하기 위해 사용될 수 있다. 적당한 프로그램은 요구된 틀-슈퍼마켓에서 사람들은 전형적으로 카트를 카운터로 끌고 와서 카트에서 물건을 꺼내 카운터에 올려놓은 다음, 계산을 한다- 내의 통합된 지식을 사용하여, "왜 존이 비누를 카트 밖으로 꺼내었는지"에 대하여 답을 할 수 있게 될 것이다. 그 질문에 답을 끄집어내는 것은 적절한 틀이 발견되어지기만 하면 쉽게 된다. 이해를 성취하는 데 있어서 주요 단계는 설명되어져야 하는 사건의 중심 양상과 일치하는 틀을 끄집어내는 절차적인 것이다. 여기서, 설명은 함축된 법칙에 의해서 혹은 구체화되지 않은 통계적 일반화에 의해서가 아니라, 전형적 사건들을 기술하는 구조를 적용함으로써 이루어진다. 이해는 연역이라기보다는, 위치지움과 일치시킴(locating and matching)의 과정을 통해 일차적으로 성취된다.

살펴본 바에 따르면, 과학적 설명은 자연 현상에 대한 이해를 목적으로 하여 설명하려고 하는 사건의 중심 양상과 일치하는 틀을 끄집어내어 위치지움과 일치시킴의 과정을 통해 이루어진다. 그런데, 하나의 자연 현상에 대해 여러 가지의 틀, 즉 설명 가설이 존재할 수 있다. 그 경우, 하나의 현상에 대한 여러 가지 설명 가설 중에서 가장 좋은 것을 구분하는 기준은 무엇일까? 새가드(Thagard, 1988)는 설명 가설(explanatory hypotheses)을 평가하는 기준으로 통섭(consilience, 포괄, 종합), 간명성(simplicity, 단순성), 유비(analogy)를 제시했다. 즉, 더 간단하고, 더 가용성이 있고, 더 많이 설명하고, 덜 애드 호크적인 가설 하나를 선택하는 것이다. 하지만 통섭, 간명성, 유비의 적용과 그 관계는 매우 복잡하다. 한 이론을 지지하는 다양한 구성요소들 간에는 종종 긴장이 존재한다(Buchdahl, 1970). 통섭과 간명성은 서로 방해가 되는데, 한 이론을 더 통섭적으로 만든다는 것은, 만일 추가 가설들이 추가 사실들을 설명하기 위해 필요하다면, 그 이론을 덜 단순하게 하는 것일 수 있기 때문이다. 유비의 기준은 통섭과 간명성 모두와 맞지 않을 수 있는데, 만일 급진적으로 새 이론이 모든 현상의 단순한 explanatia를 위해 필요하다면 말이다. 과학적 이론 평가의 다차원적 특성을 포착하는 것은 과학적 추론이 가장 좋은 설명에의 추론이라는 관점의 또 다른 장점이다.

화학사에서 가장 큰 진보 중 하나로 꼽히는 라부아지에의 산소 연소설을 살펴보자. 산소 연소설은 플로지스톤설을 대체하였다. 라부아지에는 연소, 금속의 소성(calcination), 그리고 공기와 반응한 여러 현상들에 대한 설명을 제공했다. 플로지스톤설에 따르면 타고 있는 물질은 플로지스톤이란 물질을 배출한다고 본 반면, 산소 연소설에 따르면 타고 있는 물질은 산소와 결합한다. 산소 연소설에서 중요한 점은 연소한 물질의 무게가 증가한다는 사실을 설명할 수 있다는 것이다. 탄 물질의 무게가 증가한다는 사실을 설명하기 위해 플로지스톤설을 주장하는 자들은 플로지스톤이 "음의 무게"를 가지고 배출되는 것으로 가정해야 했다. 산소 연소설은 그런 가정을 하지 않고 증거를 설명하기 때문에 더 훌륭한 설명으로 평가될 수 있었다. 즉, 산소 연소설은 플로지스톤이 설명한 현상을 포함하여 더 많은 현상들을 모두 설명할 뿐 아니라(통섭), 보조 가설을 필요로 하지 않으며, 플로지스톤의 존재를 가정하지 않는다(간명성). 또한 다윈이 자연선택과 인공선택의 유비를 적용하여 진화론을 발견(유비)하였다는 것은 좋은 설명의 기준으로 유비가 중요함을 말해주는 사례이다.

정리하자면, 과학적 설명 모형은 과학철학자들 사이에 여전히 합의에 이르지 못하고 있으나, 기본적으로 자연 세계에 대한 우리의 이해를 목적으로 하고 있기 때문에 통합된 지식(이론, 모형, 설명 가설 등)을 사용하여 자연 현상의 중심 양상과 위치짓고 일치시키는 과정이라 할 수 있다. 이때 경쟁적인 설명 가설이 존재할 수 있고, 새가드에 따르면 더 좋은 설명이 어떤 것인지를 판단하는 기준이 포섭, 유비, 간명성이라 하겠다.

이 지점에서 설명과 논변의 관계를 살펴볼 수 있다. 논변은 더 좋은 설명이 무엇인가를 평가할 때 발생한다. 여러 가지 설명 가설이 제시될 때 각 설명 가설마다 자신이 보다 좋은 설명이라는 증거(data)와 주장(claim)이 따르게 된다. 물론 각 설명은 주장과 일치하는 증거를 토대로 제시된다. 이때, 경쟁하는 설명 가설이 각기 옳은 증거를 토대로 하는지, 증거와 주장이 일관적인지, 더 나아가 어떤 설명이 더 많은 증거를 갖고 있으며 불필요한 보조가설이 없는지 등을 평가하게 되는 것이다. 또, 논변은 새로운 설명 가설의 타당성을 검증하는 과정에서 발생한다. 하나의 설명 가설이 새로 등장했을 때 과학자 공동체 내에서 그 설명 가설이 타당한 것이라는 것은 수많은 비판 관점을 견뎌내고 나서야 확립되는 것이다. 예로 왓슨과 크릭의 DNA 이중나선 구조는 여러 번의 실험 실패를 거쳐 설명 가설의 재구성을 통해 확립된 것이다. 그 과정에서 중요하지 않은 실험 증거를 버리고 혹은 중요한 실험 증거를 채택하고, DNA 모형을 수정하고, 결국 증거를 토대로 DNA 이중나선 구조를 일관성 있게 타당화한 것이 논변활동이 된다. 이때, 전제(증거)로부터 결론(주장)을 이끌어내는 과정은 '논변'에 해당하며, 전제와 결론의 내용 관계는 '설명'에 해당한다고 할 수 있다. 즉, DNA 이중나선 구조의 기능에 대한 기술(description)은 '설명'에 해당하는 반면, DAN 이중나선 구조의 모형과 기능을 확립해 가는 과정은 '논변' 활동이라 할 것이다.

설명 그 자체는 논변이 아니다. 그러나 논변은 설명을 포함한다. 논변은 제공된 설명이 타당한가의 논제를 다루는 것이다. 논변은, 그럴듯한 설명이 있는지 혹은 더 포괄적인 설명이 있는지와 같이, 진술 그 자체를 포괄하는 (혹은 초월하는) 판단 기준에 따라 이루어져야 한다. 하나의 설명이 타당한가 혹은 둘 이상의 설명 중에서 어느 설명이 더 타당한가는 논변의 주제가 된다. 어느 설명이 더 그럴듯한가 혹은 더 포괄적인가와 같은 판단 기준에 의해 정당화하는 과정이 논변활동의 본질이다.

이처럼 과학에서의 논변은 경쟁 관계에 있는 두 이론 중에 어느 하나를 선택하는 과정이라기보다는, 설명을 포함하는 과정으로 "이론(개념, 생각들)과 증거 간의 관계를 알아내고자 하는 목표를 갖는 논리적 담화"의 형태를 갖는다 (Duschl et al., 2007, p. 33). 과학적 논변은 결과적으로, 과학적 지식(설명)의 발달, 평가, 타당화에 중심 역할을 하며, 과학을 다른 앎의 방식과 구별해 주는 과학의 중요한 실제가 된다(Driver et al., 2000). 이에, 몇 연구자들을 제외하고 (예, Osborne & Patterson, 2011) 대부분의 연구자들이(예, 정주혜, 2010; Bell & Linn, 2000; Driver et al., 2000; Jimenez-Aleixandre et al., 2000; Kelly & Takao, 2002; McNeill & Krajcik, 2008; Sandoval, 2003; Zohar & Nemet, 2002) 설명과 논변을 구별하지 않고 혼용한다. 또한, 과학학습 목표를 담은 공적 자료 (예, 미국과학교육기준)나 실제 수업에서 사용하는 용어도 논변보다 설명이 많은데, 그 이유는 논변과 설명이 엄격하게 구분되지 않는 것뿐 아니라 논변이 갖는 부정적인 이미지에 기인한다고도 볼 수 있다.

6.2 과학교육에서 논변의 위치

앞에서 살펴보았듯이, 설명과 논변은 과학 실행의 핵심으로서(McNeill, 2009), 그 둘의 실제는 상보적인 관계에 있다(Berland & Reiser, 2009). 우선, 과학적 현상의 설명은 논변의 재료를 제공해 준다. 설명을 주장하는 사람은 자신이 지닌 이해에 대해 동료나 다른 사람들의 설득을 얻기 위해 노력하기 때문이다. 다음으로, 논변은 공동체 구성원 혹은 과학 수업에서 학생들이 동의할 수 있는 더 좋은 설명이 타당성을 얻게 되는 맥락을 창출한다.

이처럼 논변은 과학적 설명을 타당화하는 맥락을 제공하는 것으로서, 과학교육에서 최소한 두 가지가 적용될 수 있다. 하나는 지식 정당화(knowledge justification)로서의 논변, 그리고 두 번째는 설득(persuasion)으로서의 논변이다. 논변을 정당화로 보는 관점은 논변을 "결론을 정당화하는 추리의 예, 근거를 들어 결론을 뒷받침하거나 반대 주장으로부터 방어함으로써 정당화함" (an instance of reasoning that attempts to justify a conclusion by supporting it with reasons or defending it from objections)(Finocchiaro, 2005)으로 본다. 설득으로서의 논변은 논변 과정의 사회적 차원을 잘 반영한다. 글쓰기나 모노로그(monologue)는 저자나 화자가 글이나 말을 통해 독자 혹은 청자를 공감시키고 설득함을 목표로 한다. 저자와 독자, 화자와 청자의 관계는 그 상호작용이 일방적이기는 하지만 저자와 화자가 독자나 청자를 고려한다는 점에서 소극적 차원의 사회적 관계를 형성한다. 이보다 명시적인 사회적 상호작용은 입장의 차이가 다른 사람들의 논변 과정에서 드러나며, 이때는 자신의 주장을 변호하고 타인의 주장이나 근거에 대한 논박을 통해 자신의 주장을 더욱 강화하게 된다. 이때의 논변 과정에서는 설득적인 측면이 가장 두드러지게 나타난다.

과학교육에서 중요한 목표는 학생들이 지식구성과정에 참여하여 능동적으로 과학적 지식을 구성 혹은 재구성하는 것이다. 오랫동안 과학교육 연구는 학생들의 학습에 대한 관점을 전통적인 행동주의 관점에서 구성주의 관점으로 변화시켜왔고, 학생들의 학습과정의 본질에 대해 이해를 더해왔다. 학생들은 과학수업에서 다루어지는 목표 개념에 대해 아예 개념 자체가 없을 수도 있고, 자신의 생각과 개념을 가지고 있을 수도 있다. 지식의 정당화로서 논변을 고려할 경우, 새로운 개념을 학생들이 잘 이해할 수 있도록 하기 위해 주장(이론, 법칙)에 대해 근거(증거, 자료)를 토대로 타당화하는 것이 수업의 목표가 될 것이다. 이것은 경쟁 이론이나 법칙이 존재하는 것이 아니고 수업의 목표가 되는 이론이나 법칙이 이해할 만하고 그럴듯하고 많은 곳에 적용가능하다는 것을 근거에 기반을 두어 확증하는 과정이 된다. 또한 반박에 대응하여 이론의 포괄성과 일관성을 보여주는 과정도 포함된다.

　과학 수업에서 학생들이 직접 경험으로부터 얻기 어려운 고도로 추상화된 개념을 다루게 되었다고 하자. 예를 들어, '중력' 개념은 학생들이 일상적으로 습득한 개념이 아니다. 그러나, 물건이 아래로 떨어진다거나 지구 여러 곳에서 사는 사람들이 걸어다닐 수 있다거나 하는 여러 가지 현상을 중력이라는 개념으로 설명할 수 있을 때, 학생들은 그 현상을 근거로 중력이라는 과학적 개념을 타당화할 수 있게 될 것이다. 중력 개념에 대한 경쟁 개념이 존재하지 않기 때문에 교사는 학생들에게 자연 현상 혹은 일상 현상과 연관하여 그들의 개념 도식의 적당한 곳에 중력 개념을 자리매김하고 위치지울 수 있도록 돕는 것이다. 이처럼 이해를 목표로 하는 과학 개념의 설명은 개념의 정당화라고 하는 증거를 토대로 한 주장을 타당화하는 과정, 즉 논변 과정을 통해서 이루어진다고 할 수 있다.

　개념학습을 목표로 하는 수업에서 설득의 경우는 학생의 개념을 과학적 개념으로 변화시키는 것에 초점을 둘 것이다. 학생이 자신의 개념을 과학적 개념으로 변화시키기 위해서는 과학적 개념이 기존의 개념보다 더 타당하다는 점에 설득되는 과정을 겪어야 한다. 이때, 기존의 개념으로 이루어진 설명과 과학적 개념으로 이루어진 설명은 경쟁 설명이 될 것이다. 경쟁 설명 중에서 어느 설명이 더 그럴듯하고 타당한지는 논변의 주요 초점이 된다. 여기서 근거(data)의 확실성은 전제되고, 주장(결론, 설명)은 잠정적이다. 이때, 근거와 주장을 연결해주는 이유를 검토함으로써 어떤 주장(결론, 설명)이 더 나은 것인지를 판단하게 된다. 따라서 학생은 자신의 개념이 어떤지를 설명하고 과학적 개념은 어떤지를 확인하여 그 차이를 인식하는 것이 논변의 출발이 될 것이다.

이처럼 논변의 본질을 가장 잘 보여주는 것은 변증법적 논변으로서, 과학교육에서 둘 또는 그 이상의 학생들이 주장, 반대주장, 반증의 연속을 통해 논변에 참여하는 변증법적 활동을 표면화시키는 것이다. 이때 논변에서 다루어야 할 목표로서 펠튼(Felton)과 쿤은 (1) 주장을 정당화하는 데 필요한 전제를 확인하기, (2) 반대 입장을 약화시키기 위해 그들의 주장에서 확실하지 않은 주장을 확인하기, (3) 자신의 주장에 반대하여 나오는 주장을 반박하거나 무효화시키기라고 제시하였다.

과학사에서는 두 개 이상의 설명이 경쟁하는 관계에 있을 때 어떻게 변화해 가는지를 잘 보여주는 사례가 풍부하다. 앞서 인용되었던 플로지스톤설과 연소설의 예로 다시 살펴보자.

- **설명 1:** 물질이 탄 후 무게가 증가하는 것은 플로지스톤 물질이 빠져나갔기 때문이다.
- **설명 2:** 물질이 탄 후 무게가 증가하는 것은 타고 있는 물질이 산소와 결합했기 때문이다.

설명 1과 설명 2의 자료는 "물질이 탔다"는 것이고, 주장은 "무게가 증가했다"는 것이며, 이때 자료와 주장은 실험으로부터 얻어진 경험적인 것이다. 자료와 주장을 연결해 주는 이유(warrant)로서 설명 1은 "타고 있는 물질에서 플로지스톤 물질이 빠져나갔다"이고, 설명 2의 경우 "타고 있는 물질이 산소와 결합했다"이다. 여기서 논변의 형식은 동일하나 내용 관계인 과학적 설명은 달라진다. 과학자들의 주요한 활동은 설명, 이론, 모형을 만드는 것이며, 두 개의 설명 중에서 어느 것이 더 좋은 설명인지를 판단하는 것은 논변적으로 이루어진다. 이 두 설명 중에서, 논변의 내용 관계로서 어느 설명이 더 그럴듯하고 타당한가를 따지는 것이 논변의 본질이다. 더 그럴듯하고 타당한 주장을 판단하기 위해서는 좋은 설명의 조건인 통섭, 간명성, 유비를 따져봐야 할 것이다. 통섭의 조건을 충족시키는 것은 설명 2의 산소설이므로, 설명 2가 더 통섭적이다. 화학 현상에 대해 플로지스톤의 무게에 따라 설명하는 것도 있고 설명하지 못하는 것이 있는 반면, 산소설은 다 포괄하여 일관성 있게 설명할 수 있었다. 또, 플로지스톤의 무게를 양으로 상정했다가 상황에 따라 음으로 상정하는 등의 보조가설을 포함하는 설명 1은 간명성에서 불리한 설명에 해당한다. 따라서 설명 2가 더 그럴듯하고 타당한 설명이 된다는 판단 과정이 논변을 통해 이루어진다. 즉, 논변의 형식으로만 보면 설명 1과 설명 2가 모두 타당하다고 볼 수 있지만, 논변의 내용 관계인 설명 차원에서 보면 설명 2가 더 타당하고 건전한 주장이라고 판단될 것이다.

연소설을 배우게 된 학생이 기존 개념으로서 플로지스톤설을 가지고 있었다면, 플로지스톤설에서 연소설로의 변화는 매우 씁쓸한 경험이다. 자신이 아는 것, 즉 세상을 이해하는 매우 적절하고 좋은 방식을 포기해야 하기 때문이다. 따라서 다양한 정보가 제시되고 그것을 납득할 수 있을 때 개념변화 즉, 학습이 일어난다. 그렇다면, 적절한 증거를 바탕으로 한 논변과정의 경험이 개념변화를 이끌어낼 수 있는 효과적인 교수학습 과정이라고 볼 수 있다.

이처럼 과학교육에서 논변의 위치는 매우 중요하다. 학생들이 조작을 위주로 하는 경험을 한다 해도 경험으로 얻은 증거와 자신이 믿고 있는 설명방식인 신념과 따져보고 검토하지 않는다면 경험은 지식과 연결되지 못할 것이다. 법정에서 피고인의 죄를 구형하는 검사와 무죄 혹은 감형을 주장하는 변호사는 자신의 주장을 판사와 법정에 들어선 사람들에게 설득하려고 노력한다. 때로는 직접적인 증거를 제시함으로써, 때로는 상대편의 증거에 반론을 제시하면서 말이다. 증거가 확실한가, 다양하고 중요한 증거가 제시되었는가, 그 증거가 주장을 충분히 뒷받침해주는가 등의 검토는 검사의 주장과 변호사의 변론 중에서 어느 것이 더 그럴듯하고 타당한가를 판단하는 기준이 된다. 이와 마찬가지로, 과학 교실에서 학생들은 자신의 개념을 변화시키기 위해 다양한 정보와 증거를 토대로 추론을 통해 과학적 설명이 타당한지를 검토할 기회를 가져야 한다. 즉, 교사가 설명을 하든, 학생들이 토론을 하든, 수업 방식과 무관하게, 학생들은 자신의 개념과 과학적 개념을 끊임없이 비교하고 검토하는 논변과정에 참여해야 하는 것이다.

듀실(Duschl, 2008)의 제안에 따르면, 학생들이 과학적 논변에 참여할 수 있으려면 몇 가지 중요한 이해와 능력을 발달시켜야 한다. 첫째는 중요한 개념 구조(예, 과학적 이론, 모델, 법칙, 일반 개념)를 사용할 수 있어야 하며, 둘째는 과학이 주장을 세우고 평가하는 것이라는 인식적 틀을 알고 사용할 수 있어야 하며, 셋째는 과학적 지식을 의사소통하고, 표상하고, 주장하고, 논쟁하는 법을 포함하는 사회적 과정을 이해하고 그 과정에 참여할 수 있어야 한다는 것이다 (Sampson et al., 2011).

요약

과학자의 목표는 실세계(자연 현상)에 대한 체계적인 지식을 생성하는 것에 있다. 체계적인 과학 지식은 과학적 설명(모형)을 만들어내고 확립하는 것이며, 이 과정에서는 실험 혹은 관찰로부터 얻은 사실(패턴)과, 설명(모형, 이론)으로부터 얻은 예측 사이의 적합성에 대한 다중적 논변이 수행된다. 이때 훌륭한 설명은 가장 그럴듯한 이해를 목적으로 하며, 여러 경쟁 설명들 중에 가장 좋은 설명을 선택하기 위한 판단 기준으로는 포괄성, 간명성, 유비 등이 관련된다. 즉, 가장 좋은 설명의 생성과 확립은 논변이라는 과정을 통해 이루어진다. 그러나 과학철학에서는 여러 가지 이유로 과학적 설명에 대한 정의가 여전히 확립되어 있지 못하며 최근 다양한 학문 분야의 성립으로 과학적 설명의 의미는 더욱 확장되고 있다. 마찬가지로, 과학 교수학습에서는 설명과 논변을 구별하여 쓰지 않으며, 과학교육 연구에서는 논쟁 중에 있는 주제이다.

6.3 과학 탐구와 논변

» 에피소드 1: SAPA

학생들은 4명씩 한 조가 되어 책상을 붙여 서로 마주보고 앉아 있다. 교사는 그림이 가득 찬 큰 종이를 한 장씩 각 조에 나눠준다. 큰 그림 종이에는 여러 종류의 개 사진으로 가득 차 있다. 학생들은 개 사진을 보며 '귀엽다', '멋지다' 등의 형용사를 던지기도 하고, '와' 하는 감탄사를 연발하기도 하며, 사진을 구경하는 것만으로도 즐겁고 흥분된 모습을 보인다. 교사는 그림을 다 나눠주고 나서 조별 활동을 알려준다. 학생들에게 큰 그림 종이에 있는 사진을 각각 오려낸 다음, 개 사진을 분류하는 활동을 해 보라고 교사는 지시한다. 분류 기준은 조별로 만들고, 분류는 2개, 3개, 4개 등 자유롭게 할 수 있다고 알려준다.

» 에피소드 2: 열린 탐구

학생들은 교사를 빙 둘러싸고 앉아 있다. 교사는 학생들에게 '부패'에 대해 알고 싶은 것이 있는지 생각해 보라고 한다. 수업의 목표는 '부패'에 대해 탐구하는 것이었고, 학생들은 스스로 알고 싶은 것을 찾아내야 한다. 학생들은 '설탕물에서 더 잘 부패하는지...', '땅속에서 더 잘 부패하는지...', '소금과 식초에 넣었을 때 어느 쪽이 더 잘 부패하는지...' 등을 알고 싶다고 이야기한다. 비슷한 질문을 가진 학생들끼리 조를 엮어 소집단별로 궁금한 질문을 분명히 하고, 그 질문을 해결하기 위한 방법을 고안한다. 학생들은 비교해야 할 것 외의 다른 조건을 일정하게 해야 할 것 등을 의논하고, 실험 장치를 고안하고 직접 실험 결과를 측정한다. 이 과정은 한두 시간에 끝나는 단발성 실험이 아니라 여러 날, 여러 주에 걸쳐 관찰과 논의를 통해 변인들을 조정해가면서 답을 향해 나아간다.

에피소드 1은 1970년대 탐구의 전형으로 일컬어졌던 SAPA(Science-A Process Approach) 프로그램의 한 예이다. 과학교육에서 과학의 개념 학습이 전부가 아니라 과학의 탐구과정을 가르쳐야 한다는 움직임이 일어나면서 여러 가지 형태의 과학 탐구과정에 대한 분류가 있었고, 또 그에 따른 각 탐구과정 요소를 학생들에게 가르치고 평가하는 기준들이 있었다(강은형, 2001). 에피소드 1은 학생들이 탐구 기능 중에서 '관찰하기'와 '분류하기'를 연습할 수 있도록 고안된 것이다. 학생들은 여러 특징을 지닌 개의 모습(생김새 및 특징인 털, 꼬리, 귀, 색 등)을 자세히 관찰하고, 패턴을 찾아내고, 비슷한 종류끼리 묶어 분류하는 활동을 하는 것이다. 이 활동은 저학년 학생들의 과학 탐구 경험을 위한 것으로, 기초 탐구 기능인 관찰, 분류 등을 강조한다. SAPA II(Delta Education Inc., 1990)에 의하면, 탐구 기능을 크게 기초 탐구 기능(basic inquiry skills: observing, using space/time relationship, classifying, using number, measuring, communicating, predicting, and inferring)과 통합 탐구 기능 (integrated inquiry skills: controlling variables, interpreting data, formulating hypotheses, defining operationally, and experimenting)으로 나누어, 교육과정의 위계를 기초 탐구 기능으로부터 통합 탐구 기능의 숙련으로 구성하고 있다. 즉, 학생들이 탐구 기능을 숙련하면 과학자의 탐구 능력을 갖추게 될 것을 가정하고 있는 것이다.

에피소드 2에서는 학생들이 탐구 질문을 스스로 만든다. 학생들이 스스로 질문을 만들어 낼 때 진정한 탐구가 이루어진다고 보는 것이다. 질문을 만들어내는 것으로부터 질문에 대한 답을 얻기 위한 과정, 그리고 결론에 이르는 모든 과정에 있어서 학생들이 주체가 된다.

에피소드 1과 에피소드 2의 근본적인 차이는 무엇일까. '탐구'에 대한 본질에 차이가 있을까, '탐구'에 대한 교육과정 상에서의 해석에 차이가 있는 걸까. 교육과정이 생긴 이래, 과학교육의 가장 중요한 목표에는 '탐구'가 자리해왔다. 드라마나 영화에서 끊임없이 되풀이되는 테마가 '사랑'이고, 시대에 따라 맥락에 따라 여러 형태의 사랑이 묘사되고 해석되고 본질에 대한 추구가 이루어진 것처럼, 과학교육에서 '탐구'도 이와 유사한 양상을 갖는다. 학교 과학이 학생들로 하여금 과학자의 '탐구' 활동을 경험하게 해주는 것을 목표로, 탐구는 무엇인가 그리고 탐구를 어떻게 경험할 것인가에 대한 본질적인 의미 추구와 여러 가지 방법론이 변천을 겪어왔다.

6.3.1 학교 과학 탐구의 특징[8]

그동안 학생들에게 과학을 어떻게 가르쳐야 하는가는 크게 두 가지 관점으로 나뉘어 왔다. 하나는 내용 중심적인 것이고, 다른 하나는 방법 중심적인 것이다. 이는 과학교육의 목표에 직접적으로 연관되는데, 하나는 과학 지식을 이해하는 것이고, 다른 하나는 과학 지식의 생성과정을 이해하는 것이다. 그러나 이 두 목표는 분리될 수 없는데, 과학 지식을 과학의 결과적 산물로서 받아들이게 되면 과학의 본질에 대한 이해가 결여된 채 추상적인 과학 언어만을 받아들이게 된다. 과학 지식의 생성 과정에 대한 탐구를 통해서 과학 지식을 이해하게 될 때, 진정한 과학적 '앎'이 이루어지는 것이다.

과학자의 대표적인 이미지가 '흰 가운을 입고 실험하는 자'인 것처럼(송진웅, 1993), '실험'은 학교 과학을 나타내는 상징이 되었다(Wellington, 1998). 1960년대 발견학습이 과학 교수학습의 패러다임으로 등장하면서, 많은 실험과 새로 개발된 기구가 교육과정 상에 도입되고 시행되어 왔다(Hodson, 1996). 그 이후로 실험에 대해 목적과 접근 방법이 변화하고 비판적 논의가 전개되었지만(Wellington, 1998), 실험이 학교 과학교육의 역사에서 여전히 중요한 위치를 점해 왔다는 것은 의심의 여지가 없다. 학교 과학 실험의 중요한 목적은 첫째, 과학 지식의 지도를 돕고 둘째, 과학 탐구과정을 지도하는 역할을 한다는 것(Millar, 1998)으로 보는 것이 일반적이다. 이때 학교 과학에서 실험은 탐구를 경험할 수 있는 과정으로 인식된다. 실험은 과학적 방법, 즉 탐구의 구현을 위한 교육적 목적으로 구조화된 것이기 때문이다. 그러나 과학에서 과학의 실제적 관점, 즉 과학적 탐구가 교실 수업에서 제대로 다루어지지 못했다는 비판이 미국의 경우 1950년대 말부터 1960년대 초에 집중적으로 이루어져 왔다. 영국 과학교육의 경우에도 1900년대부터 활성화되었던 과학 실험에 대한 비판이 탐구의 관점에서 집중적으로 이루어졌다. 학교 과학 실험이 과학자들의 과학적

---

8) 이 절의 내용은 "이선경 외(2013). 고등학교 과학 수업 사례 분석을 통한 학교 과학 탐구의 특징. 한국과학교육학회지"의 글을 일부 수정, 보완한 것임.

방법을 실현하지도 못하고 심지어는 흉내도 내지 못했다는 비판적 관점이 여러 연구자들에 의해 제기되었다(Wellington, 1998). 지식과 탐구를 분리하고 학교 과학에서 과정기능을 배우면 그 기능이 다른 상황에 전이될 수 있으리라는 믿음은 실제 과학에 대한 왜곡된 이미지를 낳았다는 것이다.

이들의 공통된 비판은 학생들이 과학을 비활성화된 지식체로 접하고 있다는 점이며, 따라서 학생들이 과학의 더 실제적 관점, 즉 탐구 관점으로 배워야 한다는 주장으로 이어졌다(Eltinge & Robert, 1993). 실험실습이 특히 비판의 중심 대상이었는데, 교육과정으로 제공되는 과학 실험실습을 통해 과연 학생들이 실제적 과학을 접하고 있는가에 관한 것이었다. 대부분의 실험실습은 이론을 확증하기 위한 하나의 사례로 제공되는 형태로 되어 있어서, 이는 과학의 본질과 동떨어져 있다는 것이다. 게다가 그마저도 쿡북(cookbook)의 형식으로 학생들은 실험절차만 따라하여 실험의 목표가 무엇인지 그리고 실험과 연관되는 이론이나 개념이 무엇인지조차 알지 못한 채 수업을 마치게 된다는 것이다. 그러나 실제적 과학 탐구가 학교 과학에서 이루어지기 어려운 여러 이유가 존재한다. 과학과 교육과정은 학생들이 배워야할 기본 과학 개념과 지식을 시간과 공간의 한계 내에 위계적으로 다루고 있으므로 실제적 과학 탐구를 경험하기 어려운 구조라는 것이다. 이러한 한계점을 감안하여, 과학 실험이 탐구의 본질과 동떨어져 있더라도, 수업의 목표를 과학 이론의 설명으로 명확히 하고 이 목표를 확실히 달성하기 위해 실험을 이용하는 방식이라면 실험실습이 더 유의미하게 될 수 있으리라는 주장도 있다.

이처럼 학교 과학 탐구에 대한 여러 비판과 일부 제안들을 통해 과학 탐구의 본질에 대한 논의가 활발하게 이루어졌다. 이때 과학의 본질을 이해하는 기본적 출발은 과학자 활동의 본질을 이해하는 것이며, 최종 목적은 학교 과학에의 적용점을 찾는 것으로 이해되었다. 즉, 과학자 활동의 본질을 탐색함으로써 과학적 탐구에 대한 이해를 얻고 이를 학교 과학에 적용해왔던 것이다. 과학적 탐구는 1950년대부터 현재에 이르기까지 끊임없이 정의되고, 비판되고, 재고찰되는 과정을 겪어왔다(Grandy & Duschl, 2007). 초기에 과학적 탐구는 '과정 기술(process skills)'을 익히는 것으로 이해되거나, 일련의 탐구과정으로 불리는

'관찰-가설 형성-결론 연역-관찰 근거의 가설 수용/거부'의 전통적인 과학적 방법으로 이해되었다. 그러나 최근 교수학습은 과학적 탐구를 조작적으로 정의되는 특정한 절차나 방법으로 보지 않고(Abd-El-Khalick et al., 2004), 자연을 이해하는 다양한 방식이라고 이해하고 있다(NRC, 1996).

이후, 과학교육 연구자들 사이에서 학교 과학 탐구를 정의하고 특징을 찾는 작업이 많이 이루어져왔다. 이는 학교 과학 탐구의 정의와 특징 규명의 중요성을 반영함과 동시에, 그 명료화의 어려움을 방증하는 것이다. 여러 연구자들은 국제 심포지엄(Abd-El-Khalick et al., 2004)에서 탐구를 특징짓기 위해 사용되는 용어와 어구들을 30개로 목록화한 바 있다[9](Grandy & Duschl, 2007). 여기서 이 용어와 어구들은 지식을 얻는 수단(방법)으로 해석되어, 이들 능력을 단편적으로 경험하는 것이 탐구 학습과 동일한 것으로 이해될 위험성이 있다. 그보다는 이 탐구의 특징들이 인지적(cognitive), 사회적(social), 인식적(epistemic) 실행이라는 점에서 개념화될 필요가 있다(Duschl & Grandy, 2012; Giere, 1988; Grandy & Duschl, 2007; Nersessian, 2002). 예를 들어, 이론에 대해 글쓰기(writing about theories)는 분명히 인지적 과제이나, 그것은 저자가 독자를 위해 글을 쓰는 것이므로 사회적 판단을 또한 요구한다(Norris & Phillips, 2005). 독

---

9) 질문 제기하기(posing questions), 질문 정교화하기(refining questions), 질문 평가하기(evaluating questions), 실험 계획하기(designing experiments), 실험 정교화하기(refining experiments), 실험 해석하기(interpreting experiments), 관찰하기(making observations), 자료 수집하기(collecting data), 자료 표상하기(representing data), 자료 분석하기(analyzing data), 자료를 가설/모델/이론과 연관시키기(relating data to hypotheses/models/theories), 가설 형성하기(formulating hypotheses), 이론 학습하기(learning theories), 모델 학습하기(learning models), 이론 정교화하기(refining theories), 모델 정교화하기(refining models), 대안 이론/모델과 자료를 비교하기(comparing alternative theories/models with data), 설명 증명하기(proving explanations), 모델과 이론에 찬/반하여 논쟁을 제공하기(giving arguments for/against models and theories), 대안 모델 비교하기(comparing alternative models), 예측하기(making predictions), 자료 기록하기(recording data), 자료 조직하기(organizing data), 자료 논의하기(discussing data), 이론/모델 논의하기(discussing theories/models), 이론/모델 설명하기(explaining theories/models), 자료에 대해 글쓰기(writing about data), 이론/모델에 대해 글쓰기(writing about theories/models), 자료에 대해 읽기(reading about data), 이론/모델에 대해 읽기(reading about theories/models)

자를 위한 글쓰기가 의미하는 것은, 저자가 독자의 신념과 동기적 구조가 어떠한지에 대해 매우 미묘하고 섬세한 개념을 가지고 있어야 한다는 것이다. 저자가 독자의 동기적 구조를 끌어내지 못한다면, 독자는 피상적으로 글을 읽게 될 것이기 때문이다(이선경 외, 2005). 저자가 독자의 신념 구조를 연관된 방식으로 끌어내지 못한다면, 독자의 신념은 변화될 수 없고 독자는 논쟁에 심지어 집중하지 못할지도 모른다. 그리고 그 과제는 또한 인식적인데 그 이유는 글쓰기가 전제하는 것이 이론에 대해 믿거나 의심하게 하는 증거를 인용하는 것이며, 그래서 글쓰기 과제의 본질적인 것은 증거와 이론 간의 관계에 대한 인식적 판단을 내리는 것이기 때문이다. 즉, 학교 과학 탐구는 전통적인 의미의 과학적 방법을 넘어서 인지적 과제에 대한 사회적이고 인식적 판단을 포함하는 것으로 이해될 필요가 있다.

그러나 탐구로서의 과학의 모습이 실제 수업에 반영되지 못하는 이유는 첫째, 교육과정이 내용 지향적이며, 둘째, 탐구 본질 자체의 애매함에 기인하며, 셋째, 교과서에 반영된 과학의 이미지가 탐구과정이라기보다는 사실의 집합으로 드러나기 때문이다(Eltinge & Robert, 1993). 과학교육과정은 내용 중심으로 목표를 진술하는데, 전통적으로 과학에서 배워야 하는 대상은 내용이었기 때문이다(Welch et al., 1981). 또한 과학을 사실의 집합체로 가르치는 것이 평가의 효율성 면에서도 간편하기 때문에, 교사는 과학 수업에서 과학의 이미지를 탐구로서가 아니라 사실의 표현으로서 다루어왔다(Duschl, 1986). 많은 교사들이 과학 수업에서 학생들이 탐구과정을 경험하도록 가르치고 평가하는 것에 익숙하지 못하기 때문이기도 하다(심재호 외, 2010). 이와 더불어 과학 교과서에 반영된 과학의 모습도 탐구과정보다는 사실의 집합으로 이미지화되어 있다. 교과서가 수업의 주된 자료이기 때문에, 교사는 교과서에 반영된 과학의 이미지를 수업에서 명시적으로 혹은 암묵적으로 제시하게 될 것이다.

실제로 과학은 이론을 전제로 매우 다양한 방식으로 이루어지고 사회문화적 맥락에 따라 영향을 받는다. 과학의 과정은 과학의 내용 즉, 지식과 분리될 수 없고, 모든 과학의 과정기능요소들 즉, 추론하기, 분류하기, 예상하기, 가설설정하기, 관찰하기 등은 과학 지식과 이론에 붙박여 있는 것이다(Wellington,

1998). 과학의 과정기능요소(process skills)가 탐구의 본질을 반영하는 것이 아니며, 지식을 생성하는 과정에서 과정기능요소들이 지식과 통합적으로 작용하는 것으로 탐구를 이해해야 한다는 것이다. 즉, 과학 지식의 생성과 탐구의 과정은 통합적으로 이해되고 다루어져야 한다는 것이 최근 과학교육의 관점이다(NRC, 1996, 2000). 그럼에도 불구하고, 학교 과학에서 지식과 탐구의 통합된 관계는 거의 강조되지 않았고, 두 극단 중 하나만 반영하는 경향이 왕왕 나타난다(Haefner & Zembal-Saul, 2004).

우리나라의 과학 교과과정에서도 지식과 통합된 과정으로서의 탐구의 본질과 위상은 잘 드러나지 않는다. 중등 과학이 과학 지식만을 강조하는 경향이 있는 반면, 초등 과학은 과학의 과정기능을 강조하는 특징을 갖는다(Haefner & Zembal-Saul, 2004; 이선경 외, 2010). 초등 과학이 과학의 과정기능을 강조하는 특징은 교과서에 잘 드러나는데, 초등학교 과학 교과서에는 과학 개념이나 이론이 먼저 설명되어 있고, 그와 관련된 탐구 활동으로 실험의 목표와 과정을 학생들이 따라할 수 있도록 제시되어 있다. 이와 같은 실험의 형태는 단순 탐구 과제의 유형으로서, 대표적으로 세 가지의 핸즈온(hands-on) 활동, 즉 단순 실험(simple experiments), 단순 관찰(simple observations), 단순 예증(simple illustrations) 중 하나에 해당한다(Chinn & Malhotra, 2002; Rudolph, 2005). '단순 실험'은 하나의 독립변인이 하나의 종속변인에 어떠한 영향을 미치는지를 살펴보는 간단한 실험을 의미한다. '단순 관찰'은 학생들이 사물을 주의 깊게 관찰하고 기술하는 것이다. 마지막으로, '단순 설명'은 주어진 절차에 따라 실험을 하고 결과를 관찰한 후 이론을 확인하는 활동이다.

실질적 과학 탐구(authentic scientific inquiry)와 단순 탐구 과제(simple inquiry tasks)의 특징을 대조하는 분석틀(Chinn & Malhotra, 2002)에 따르면, 학교과학에서 단순 탐구 과제는 단순 실험, 단순 관찰, 단순 예증의 3개 유형으로 나타난다. 이 유형들은 초중등 과학 교과서에서 가장 많이 발견되는 핸즈온(hands-on) 활동에서 추출, 분류된 것이다. 탐구 과제가 실질적 탐구에서부터 단순 탐구의 연속선상에 있다고 할 때, 많은 학교 과학 탐구는 그 연속체의 중간쯤에 위치할 것이고, 어떤 것은 실질적 탐구 과제 쪽에 다른 어떤 것은 단순 탐구 과제 쪽에 가깝게 위치할 것이다. 표 6.1은 실질적 탐구, 단순 실험, 단순 관찰, 단순 예증의 네 개 유형에서 연구 과제의 특징과 주요 차이를 요약한다. 이 개념틀에서, 과학자가 연구를 수행할 때 참여하는 6개 기본 인지 과정, 즉 연구 질문 만들기, 연구 질문에 답하기 위해 연구 계획하기, 관찰하기, 결과 설명하기, 이론 발전시키기, 다른 연구를 조사하기를 논한다. 실질적 탐구와 단순 탐구의 차이점은 출발 사건과 최종 사건 사이에 얼마나 많은 변화가 있느냐에 있다. 실질적 탐구는 출발 사건과 최종 사건 사이에 여러 단계적 사건들이 존재하는 반면, 단순 탐구는 출발 사건과 최종 사건만이 존재할 경우가 많다는 것이다. 이것은 관찰 사건과 이론 간의 조정이 얼마나 이루어지느냐에 따라 달라질 수 있다. 또, 실질적 탐구는 불확실하더라도 발견적 추론을 다중적으로 수행하는 것과 달리, 단순 탐구는 주로 인과 관계에 토대한 단순 추론을 사용하는 경향이 있다.

이상의 세 가지 유형을 포함한 단순 탐구 과제의 인식론은 과학자들이 수행하는 참된 탐구 과제의 인식론과 상당히 다르다. 각 유형별로 약간의 차이는 있겠지만, 단순 탐구 과제에서는 공통적으로 연구 질문이 주어지고, 실험 절차나 과정 기술이 제공되며, 통제해야 할 변인이 제시되거나 복잡하지 않은 것이 특징이다. 또, 연구 질문과 직접 관련된 하나의 관찰 자료만 허용되어, 측정 오차나 실험의 오류는 무시되기 일쑤이다. 따라서 실험결과는 경험 자료의 규칙성을 찾기보다는 단순히 대조하거나 귀납하거나 연역하는 추론이 수행되어, 다른 연구 결과를 참조하지 않고 하나의 실험 상황에 대해서만 일반화되는 경향이 있다. 이러한 과제 유형들이 대부분의 교과서에서 탐구 과제를 다루는 방식이다(Germann, Haskins & Auls, 1996). 이런 형태의 실험을 통해 실험 절차를 완수했을 때 학생들은 새로운 현상을 경험하게 되지만, 그 이상을 탐구할 자유를 갖지는 못한다. 즉, 학생들은 자료를 다르게 해석하려는 것에 대해 생각할 필요가 없다. 학생들은 간단한 실험과 간단한 관찰로부터 애초에 분명하게 제시된 탐구의 결론을 이끌어낼 뿐이므로 추론과정은 단순하고 즉각적이다(Chinn & Malhotra, 2002).

표 6.1 실질적 탐구, 단순 실험, 단순 관찰, 단순 예증에서 인지적 과정 (1)

인지 과정	추론 과제 유형			
	실질적 탐구	단순 실험	단순 관찰	단순 예증
연구 질문 생성	과학자들은 자신의 연구 질문을 생성한다.	연구 질문은 학생에게 제공된다.	연구 질문은 학생에게 제공된다.	연구 질문은 학생에게 제공된다.
연구 계획하기				
변인 선택하기	과학자들은 연구할 변인을 선택하고 심지어 창출한다. 많은 가능한 변인들이 있다.	학생들은 하나 혹은 두 개의 제공된 변인들을 조사한다.	학생들은 처방된 특징을 관찰한다.	학생들은 제공된 변인을 사용한다.
절차 계획하기	과학자들은 복잡한 절차를 창출해서 흥미 있는 질문을 언급한다. 과학자들은 종종 유비 모델을 고안해서 연구 질문을 언급한다.	학생들은 간단한 지시에 따라 절차를 수행한다. 유비 모델은 때로 사용되지만, 학생들은 그 모델이 적절한지에 대해 반추하지 않는다.	학생들은 단순한 지시에 따라 무언가를 관찰한다. 유비 절차는 보통 사용되지 않는다.	학생들은 간단한 지시에 따라 절차를 수행한다. 유비 모델은 때로 사용되지만, 학생들은 그 모델이 적절한지에 대해 반추하지 않는다.
변인 통제하기	과학자들은 종종 다중 통제를 한다. 무엇이 통제되어야 하는지, 그것을 어떻게 배치해야 하는지를 결정하는 것은 어려울 수 있다.	단일 통제 집단이 있다. 학생들에게 통제되어야 할 변인과 통제된 실험을 배치하는 방법에 대해 보통 알려준다.	변인 통제는 논제가 아니다. 적용불가능	변인 통제는 보통 논제가 아니다. 적용불가능
측정 계획하기	과학자들은 독립의, 매개의, 종속의 다중 측정을 전형적으로 통합한다.	학생들에게 무엇을 측정해야 할지 알려주며, 그것은 보통 단일 산출 변인이다.	학생들에게 관찰해야 할 것을 알려준다.	학생들에게 무엇을 측정해야 할지 알려주며, 그것은 보통 단일 산출 변인이다.

표 6.2 실질적 탐구, 단순 실험, 단순 관찰, 단순 예증에서 인지적 과정 (2)

인지 과정	추론 과제 유형			
	실질적 탐구	단순 실험	단순 관찰	단순 예증
관찰하기	과학자들은 정교한 기술을 사용해서 관찰자 편견을 경계한다.	자와 같은 측정 도구가 사용된다 하더라도, 관찰자 편견은 명백하게 언급되지 않는다.	자와 같은 측정 도구가 사용된다 하더라도, 관찰자 편견은 명백하게 언급되지 않는다.	자와 같은 측정 도구가 사용된다 하더라도, 관찰자 편견은 명백하게 언급되지 않는다.
결과 설명하기				
관찰 변형하기	관찰은 종종 다른 자료 형태로 반복적으로 변환된다.	관찰은 아마 단순 그래프를 제외한, 다른 자료 형태로 거의 변환되지 않는다.	관찰은 아마 그림 그리기를 제외한, 다른 자료 형태로 거의 변환되지 않는다.	관찰은 아마 단순 그래프를 제외한, 다른 자료 형태로 거의 변환되지 않는다.
결함 찾기	과학자들은 그들의 결과와 다른 사람의 결과가 옳은지 아니면 실험 결함의 부작용인지를 끊임없이 질문한다.	실험에서 결함은 거의 중요하지 않다.	실험에서 결함은 거의 중요하지 않다.	학생들이 기대한 결과를 얻지 못하면, 그들은 실험이 잘못되었다고 종종 가정한다.
간접 추론	관찰은 복잡한 추론 사슬에 의해 연구 질문과 관련된다. 관찰된 변인은 관심 있는 이론적 변인과 동일하지 않다.	관찰은 단순명료하게 연구 질문과 연관된다. 관찰된 변인은 관심 있는 변인이다.	관찰은 단순명료하게 연구 질문과 연관된다. 관찰된 변인은 관심 있는 변인이다.	관찰은 단순명료하게 연구 질문과 연관된다. 관찰 변인은 이론적 변인과 다르지만, 교재는 그 관계를 직접 설명한다.
추론 유형	과학자들은 다중 논증 형태를 사용한다.	학생들은 단순한 대조 추론을 사용한다.	학생들은 단순한 귀납 추론을 사용한다.	학생들은 단순한 연역 추론을 사용한다.

표 6.3 실질적 탐구, 단순 실험, 단순 관찰, 단순 예증에서 인지적 과정 (3)

인지 과정	추론 과제 유형			
	실질적 탐구	단순 실험	단순 관찰	단순 예증
이론 발달시키기				
이론의 수준	과학자들은 관찰되지 않은 속성을 갖고 메커니즘을 가정하여 이론을 구성한다.	학생들은 보통 경험적 규칙성을 찾아내며, 이론적 메커니즘은 찾지 않는다.	학생들은 경험적 규칙성을 찾는다.	학생들은 이론적 메커니즘을 예증하는 실험을 하지만, 이론을 개발하거나 조사하지 않는다.
다중 연구로부터 결과를 조정하기	과학자들은 다중 연구로부터 결론을 조정한다.	학생들은 단일 실험만을 한다.	학생들은 한 번에 특정 범위의 관찰만 한다.	학생들은 단일 시범실험만을 한다.
	다른 연구로부터 얻은 결과는 부분적으로 모순될 수 있는데, 이때 모순을 해결하는 전략 사용이 요구된다.	적용불가능	적용불가능	적용불가능
	메커니즘 수준에서의 연구, 그리고 관찰할 수 있는 규칙성 수준에서의 연구들을 포함하는, 다른 유형의 연구들이 있다.	적용불가능	적용불가능	적용불가능
연구 보고서 연구하기	과학자들은 다른 연구자들의 연구 보고서를 여러 목적으로 연구한다.	학생들은 연구 보고서를 읽지 않는다.	학생들은 연구 보고서를 읽지 않는다.	학생들은 연구 보고서를 읽지 않는다.

　　실질적 과학 탐구 활동은 단발성으로 이루어지는 것이 아니고 장기 프로젝트로 수행되기 때문에, 단편의 시공간에서는 탐구의 특징이 모두 반영되지 않는다. 또 학문의 분야에 따라 탐구의 어떤 특징들은 생략되기도 한다. 학교 과

학 탐구에서도 마찬가지로 활동의 성격에 따라 강조되는 탐구의 특징이 있기 마련이다. 따라서 과학 탐구의 연구에서 어떤 특징에 초점을 맞추느냐에 따라 탐구 활동의 범위와 특징이 조명되는 것은 매우 당연한 일이라 하겠다.

6.3.2 학교 과학 탐구에서 논변의 위치

학교 과학 탐구에서 지향하는 모습은 과학자 탐구 활동을 반영하고자 하는 것이다. 그렇다면, 과학자들이 하는 탐구 활동의 본질은 무엇인가? 과학자들은 탐구 활동에서 자연 현상에 대해 의문을 갖고, 관련된 현상을 끊임없이 자세히 관찰하고, 패턴을 찾아 분류하고, 가설을 설정하고, 가설을 검증하기 위해 실험을 고안하고, 실험을 고안할 때 변인을 통제하고, 실험 자료를 얻고, 그래프로 그리고 수식을 사용하여 계산하고, 실험 결과에 대해 다른 과학자들과 의사소통하는 등의 과정을 겪는다. 여기서 각 활동의 특징을 탐구 기능으로 정하고, 그 기능을 위계적으로 분석하여 배열한 뒤 학생들의 수준에 맞게 경험하도록 고안한 교육과정이 에피소드 1에서 SAPA의 특징이다. 반면, 에피소드 2는 탐구 기능을 분석하여 위계적으로 배열한 것에 초점을 두기보다는 과학자들의 활동을 전체로 보고 학습자 스스로 의문을 갖는 것을 중심으로 문제를 제기하고, 그 문제를 해결하기 위한 다양한 방법들을 스스로 해보는 것에 초점이 있다. 과학자들의 탐구의 핵심은 탐구기능이라기보다는 스스로 질문하고 문제를 해결하는 과정을 총체적으로 경험하는 것에 있으며 그 경험 과정 내에서 탐구 기능은 자연스럽게 흡수되고 체화되어야 한다는 것이다. 손기술을 배워 숙달하는 것처럼 탐구를 기능으로 쪼개고 나누어서 학습하는 것은 진정한 탐구 활동의 본질에서 벗어나기 때문이다.

에피소드 2에서 강조하는 것은 미국과학교육기준(NSES, National Science Education Standards)에서 권고하는 탐구의 특징에서도 잘 드러난다. 과학적 탐구는 특정 방법이나 절차가 아니라, "과학자들이 자연 세계를 탐구하고 얻은 증거를 기반으로 설명을 만들어내는 다양한 방식"으로 정의된다. NSES는 과학적 탐구의 본질을 방법이나 절차를 나열하고 제시하기보다는 본질적인 특징

(essential features)으로 제시하였다. 그것들은 질문하기(asking), 질문에 답을 제시할 수 있는 증거 찾기(evidencing), 증거에 기반을 두어 설명하기(explaining), 설명을 다른 지식과 비교하고 평가하기(evaluating), 설명을 다른 과학자들과 비판적 검토하기(communicating)이다. 이 다섯 가지 과학적 탐구의 본질적 특징은 순서가 있는 것이 아니다. 과학자가 자연 현상에 대해 의문을 갖고 문제를 제기한 후 증거를 수집하다가 문제를 정교화하거나 다시 제시할 수 있으며, 증거에 기반을 둔 설명을 만들어낸 후 다른 지식과 검토하고 평가하다가 설명을 수정하는 등의 일련의 과정을 순서대로 거칠 수도 있지만 그 과정을 필요에 따라 순환하면서 조정 및 재조정한다고 볼 수 있다. 과학적 탐구의 특징을 각각 살펴보면 다음과 같다.

첫째, 질문하기(asking)이다. 과학은 궁금한 현상에 대해 설명체계를 만들어내는 것이 목적이므로 과학 활동의 출발은 자연 세계에 대한 질문이다. '하늘은 왜 파랄까?', '지진은 어떻게 나는 걸까?' 혹은 '내가 알고 있는 과학 개념이나 이론이 맞는 것일까?' 등이다. 그리고 그러한 질문에 대해 답을 찾으려고 노력을 한다. 이렇게 궁금한 것에 대해 질문을 만드는 것이 과학 활동에서 매우 중요하며 탐구의 출발점이라 할 수 있다. 이때 질문은 과학적으로 정향된(scientifically oriented) 것으로 정교화시키는 것이 중요하다.

둘째, 증거 찾기(evidencing)이다. 질문에 답이 될 만한 설명을 하려고 할 때 필요한 것이 '증거'이다. 범인을 잡으려면 사건 현장에 가서 범행과 관련된 증거를 찾아야 하는 것처럼, 과학에서도 설명하고자 하는 것과 관련된 증거를 찾아야 한다. 이때 증거를 찾으려면, 가용한 자료들을 자세히 관찰해서 질문에 답을 줄 만한 패턴이나 질문과 관련된 것들을 골라내야 한다.

셋째, 설명하기(explaining)이다. 질문에 대답하는 것을 '설명한다'고 하며, 좋은 설명을 하려면 타당한 증거를 대야 한다. 누군가 UFO가 있다고 주장할 때, 그 주장을 듣는 사람들은 '못 믿겠어, 증거를 대봐'라고 하듯이, 과학자가 어떤 설명을 할 때 다른 사람들을 잘 이해시키려면 증거를 뒷받침해야 한다. 증거가 설명을 지지하지 못할 때, 증거 혹은 설명을 비판적으로 점검하고 조정해야 한다.

넷째, 평가하기(evaluating)이다. 과학적 설명이 좋은 것이 되려면 우선, 증거가 뒷받침되어야 하고, 다음으로 중요한 것은 동일 분야 그리고 다른 분야의 과학 지식들과도 정합적인지를 따져보는 것이다. 만일, 연관된 과학 지식과 적절하게 연결되지 않는다면 제시된 설명이 과연 괜찮은 것인지 의심해 봐야 한다.

다섯째, 논의하기(communicating)이다. 질문에 대한 답을 설명력 있는 것으로 만들기 위해서는 주위 사람들을 설득할 수 있어야 한다. 만일, 질문에 대한 답에 해당하는 설명이 여러 개 있을 경우, 어떤 설명이 더 타당하고 건전한지를 검토해야 한다. 즉, 설명을 지지하는 증거는 타당한지, 다른 과학 지식과 잘 연결되는지 등을 고려하여 설명을 정당화하고 그 설명의 건전성에 대해 학습 공동체 구성원들을 설득할 수 있어야 한다.

NSES의 권고에 따르면, 과학적 탐구를 수행하는 가장 이상적인 방법은 학생들이 스스로 질문을 제기하고, 그 질문에 대한 답을 만들기 위해 증거를 찾아 제시하고, 증거를 기반으로 설명을 만들어내며, 그 설명이 타당한 것임을 확인하기 위해 다른 지식과의 일관성을 검토하고 다른 사람들을 설득함으로써 이루어진다. 그러나, 가르쳐야 할 내용의 범위와 깊이가 정해져 있고 시간과 공간과 자료가 제한된 학교 수업에서 학생 스스로 탐구 경험을 전체적으로 하는 것은 쉽지 않은 일이다. 따라서 NSES에서는 탐구의 수준을 여러 단계로 나누어 교육과정의 내용과 과정에 맞추어 학생들에게 탐구의 다양한 적용이 가능하다고 권고한다. 예를 들어, 교사가 문제를 주고(질문하기의 적용 4), 학생들에게 실험하여 증거를 찾는 과정을 직접 하도록 열어놓고(증거 찾기의 적용 1) 증거를 기반으로 설명을 만들고 검토하고 타당화하도록 할 수 있다(이하 적용 1)(표 6.4 참조). 혹은 다른 것들은 교사가 주도적으로 하고, 설명을 검토하는 과정을 학생 주도적으로 하게 할 수 있다. 즉, 과학사에서 발견되는 여러 설명에 대해 어떤 설명이 더 좋은 설명인지 검토하고 따져보는 과정을 학생이 주도적으로 수행하게 하는 것이다.

이들 탐구의 본질적 특징의 핵심에는 추론하고 논변하는 과정이 내포되어 있다. 증거가 타당한지를 따져보는 것, 그럴듯한 설명을 만들어내는 것 혹은 기존의 설명이 그럴듯한지를 탐색하는 것, 설명과 다른 지식이 일관성이 있는지

표 6.4 교실 안에서 탐구의 기본 요소와 다양한 적용

교실 탐구의 기본 요소와 다양한 적용				
기본 요소	적용 1	2	3	4
학습자는 과학적으로 지향된 질문에 참여한다.	학습자가 문제를 제기한다.	학습자가 제시된 문제 중에서 선택하여, 새로운 문제를 제안한다.	학습자는 교사, 교재 등에 의해 제시된 문제를 재정리해서 정교화한다.	학습자는 교사, 교재 등에 의해 문제를 제공받는다.
학습자는 자료를 수집하고 증거물을 구별한다.	학습자가 어떤 실험을 하여 어떤 증거물을 찾을지 직접 결정하고 실행한다.	학습자는 제시된 절차에 따라 실험하여 자료를 수집한다.	학습자는 주어지는 자료를 분석하도록 요구받는다.	학습자는 자료를 제공받고, 분석 방법도 지시받는다.
학습자는 증거를 기반으로 설명을 만든다.	학습자가 수집된 증거를 기반으로 직접 설명한다.	학습자는 증거를 기반으로 설명을 만드는 과정을 안내받는다.	학습자는 증거를 기반으로 설명을 만들 수 있는 방법을 제안 받는다.	학습자는 증거와 함께 설명을 제공받는다.
학습자는 설명을 과학적 지식과 연관시킨다.	학습자가 직접 다른 지식의 출처를 조사하고, 자신이 만든 설명과 연관시킨다.	학습자는 어떤 과학적 지식을 활용해야 될지 교사로부터 지침을 받는다.	학습자에게 모든 과학적 지식이 제공된다.	
학습자는 의사소통을 하고 설명을 정당화한다.	학습자가 추론과 논리에 기반을 둔 적절한 논변을 펼치며 자신의 설명을 정당화한다.	학습자는 교사로부터 코치를 받아 논변의 기회를 갖는다.	학습자는 논변 참여를 위해 교사로부터 지침을 받는다.	학습자는 논변 과정을 교사로부터 단계적으로 지시받는다.

많게   ←——— 학생들의 제어도 ———→   적게
적게   교사나 교과서의 지침도   많게

를 검토하는 것 등을 학생 스스로에게 더 나아가 학습 공동체 구성원들에게 설득해야 하는데, 그 과정은 추론과 논변으로 이루어지기 때문이다. 과학 활동의 핵심인 추론과 논변 과정은 학생들이 단순히 과학 실험을 하는 것 이상으로 중요하다. 따라서 탐구의 본질을 이해하고 이를 수업에서 다양하게 적용하기 위해서는 학생들이 단순히 탐구 기능을 습득하는 것을 넘어서 탐구 활동에서 추론하고 논변하는 과정이 중심에 있다고 하겠다.

그렇다면 학교 과학 탐구가 갖는 시공간의 한계와 교육과정의 범위를 고려했을 때, 학교 과학 탐구 목록 중에서 어떤 측면이 강조되어야 할까? 과학 탐구의 핵심은 앞에서 언급한 특징들 중에서 '증거와 설명의 조정'에 있다(Grandy & Duschl, 2007). 이런 의미에서, 학교 과학 탐구는 학생들에게 "과학적 증거와 설명을 생성하고 평가하는" 능력, 그리고 "과학적 실제와 담화에 생산적으로 참여하는" 능력을 기를 수 있는 기회를 제공해야 한다(NRC, 1996; Millar, 1998; McNeill, 2011). 탐구과정에서 중요한 요소인 설명을 지지하거나 반증하기 위해 증거와 이론을 조정하는 것이 논변 과정이라 할 수 있다(Sampson & Clark, 2008). 즉, 탐구에서 '증거와 설명의 연결 및 평가'(Grandy & Duschl, 2007) 그리고 '그 과정에서의 담화 및 논변'(Jimenez-Aleixandre & Erduran, 2008; Sampson et al., 2011)이 핵심을 이루고 있으며, 과학 수업을 들여다볼 때 중요한 준거로 사용될 필요가 있음을 의미한다.

이상 살펴본 것처럼, 과학적 탐구의 본질은 일련의 확실한 과정을 거쳐 이루어진다기보다는, 증거, 이론, 방법의 조정 과정으로서, 불확실성과 다중적 논변을 통한 자기발견적(heuristic) 추론의 과정이다(Siegel, 1989; Driver et al., 2000). 따라서, 학교 과학 수업은 과학적 탐구의 줄기가 되는 논변 활동을 중심으로 이루어져야 한다. 강의, 시범실험, 실험, 자료해석, 발표 및 질의응답, 과제연구, 창의적 체험활동 등 다양한 형태의 수업이 존재한다 하더라도, 그 수업 활동은 본질적으로 탐구, 즉 추론과 논증 과정이 되어야 한다는 의미이다.

6.4 과학 수업 담화에서 논변과 과학적 추론

논변활동(argumentation)이란 합리적인 판단에 앞서 어떤 입장을 정당화(또는 반박)하려는 의도로 일련의 명제들을 제시함으로써, 논박의 여지가 있는 그 입장을 청자 또는 독자가 수용할 가능성(acceptability)을 증대시키는(또는 감소시키는) 것을 목적으로 하는 언어적이고 사회적인 추론(reason) 행위이다(Van Eemeren et al., 1996). 논변활동은 그것이 대개 일상어로 이루어진다는 점에서 언어적(verbal) 행위이며, 다른 사람들을 향하여 이루어지고 상호작용된다는 점에서 사회적이며, 주제에 대한 어떤 생각들을 제시한다는 점에서 추론 행위이다. 담화에서 논변활동은 특정의 주제에 대한 특정의 의견 또는 입장을 전제로부터 이끌어내는 것이지만 그것은 즉각적으로 받아들여지는 것이 아니라 논쟁을 수반한다. 그리고 논변활동은 논변자의 입장을 정당화하거나 상대편의 입장을 반박하거나 하는 활동이다. 그리고 이러한 시도를 하는 데 있어서 하나 이상의 일련의 명제들이 사용된다. 그럼으로써 논변활동은 논박의 여지가 있는 (controversial) 입장을 청자 또는 독자가 수용할 가능성을 높이거나 낮추는 것을 지향한다. 그리고 변증활동은 합리적인 판단이 이루어지리라는 전제 위에서 이루어진다(민병곤, 2001).

논변활동은 특정 문화를 반영하며, 하나의 장르로서 기능한다. 장르는 유형화된 특정 텍스트 그 자체만이 아니라 텍스트의 생산과 해석을 둘러싸고 개입되는 생산자와 수용자 그리고 상황의 맥락을 포함하는 개념이다. 즉, 장르란 특정의 문화적 배경 하에서 텍스트의 생산과 수용에 관여하는 시공간(locality), 배경(background), 참여자(participant), 화제(topic), 양식(mode) 등을 포함하는 개념이다. 과학 텍스트는 어떤 장르인가. 과학자의 논변 텍스트는 추상적인 과학 언어, 기호로 이루어진 합리적 추론의 짜임이다. 그러나 학교 과학에서 교사와 학생들이 구성하는 논변 텍스트는 일상적이고 과학적인 언어가 혼재되어 있기도 하고, 이를 구별하려는 노력, 혹은 일상적인 언어로 과학 현상을 설명하려는 노력 등으로 이루어진다. 그렇다면, 논변 장르의 특징은 추론(연역, 귀납, 귀추)의 틀 속에서 현상, 사례, 일상의 예, 유비, 인과관계, 상관관계 등의 일상적 언어와 추상적 언어의 혼합으로 이루어진 논리를 가지는 것으로 이해된다. 구체적으로 귀추적 추론에서는 일상적인 언어, 상상 등이 개입될 여지가 많으나, 연역 귀납 등의 형식적 추론으로 갈수록 과학적인 언어 등이 개입될 여지가 많을 것이다. 언어적이고 논리적인 측면뿐 아니라 학교라는 시공간, 교사와 학생들이 가지고 있는 과학 개념과 관련된 과거 경험과 다양한 일상적 개념들, 이 복잡한 관련 개념들을 의사소통하는 언어와 표현 양식 등, 과학 수업 담화의 텍스트는 맥락화되어 있다.

  과학 수업 담화의 텍스트가 매우 복잡하게 맥락화되어 있다 하더라도, 우리는 담화에서의 논변과 추리에 초점을 맞추기 위해 좀 더 단순화해 논할 필요가 있다. 즉, 수업 담화 텍스트의 중심이 논변이며 그 논거를 세우는 과정이 추리라 할 때, 추리의 전개에는 일상적이고 과학적인 측면들이 복합적으로 혼재되어 있기 마련이다. 이때 논변의 논거를 이루는 추리는 대개 연역, 귀납, 귀추라 할 것이며, 귀추적 차원에서는 사례, 비유, 경험, 유추, 권위 등의 일상적 경험과 개념이 자리하고 있을 것이다. 귀추가 잘 작동되면 '만일 그렇다면(if, then)'의 잠정적 설명 가설이 세워지고, 그 가설을 확증하는 과정에서 연역이나 귀납의 추론이 작동할 수 있다. 이런 과정의 되풀이가 과학 활동에서도 일어나듯이, 과학 수업 담화에서도 발생하는데, 귀추의 과정이 더욱 활성화될수록 학생들의 학습은 보다 현실적이고 유의미해진다. 그 이유는 연역이나 귀납의 과정만 강조되면, 현상에 대한 과학적 이론 혹은 법칙(대전제로 의심의 여지가 없어짐)의 적용이 강조되거나 한두 가지의 사례로 패턴이나 규칙을 확증해버리게 되어 추상적인 과학 개념이나 이론의 이해는 더 어려워지게 되기 때문이다.

요약

  과학적 탐구는 과정기능이나 절차 위주의 실험 형식으로 보는 관점에서 벗어나 과학자의 실제적 과학 활동을 전체로 보는 관점으로 변화하였다. 과학자의 과학 활동의 본질을 기반으로 학교 과학에서 과학적 탐구의 요체는 질문하기, 증거 찾기, 설명하기, 평가하기, 의사소통하기로 볼 수 있으며, 전 탐구 활동에는 과학적 추론과 논변이 그 핵심을 관통하고 있다. 연역, 귀납, 귀추 등의 추론법의 역동적 흐름을 기반으로 한 과학 지식의 생성 과정에 논변이 위치하고 있다. 따라서 과학적 논변은 형식적 구조뿐 아니라 논거를 생성하는 추론에서의 내용에 대한 고려가 중요하게 연관되어 있다.

6.5 과학 교수학습 과정의 연구 방법: 논변 분석 도구 및 사례 제시

» 에피소드 1. 일상적 과학 수업 담화

1 교사: 자, 오늘 할 것이 무엇이냐 하면은 압력과 부피에 대해서, 온도와 부피에 대해서 하겠다 이거예요. 일단, 자 아까 책에서 읽었지만 압력을 더하면 부피는 늘어나나 줄어드나? 실제 부피는?

2 학생: 줄어들어요.

3 교사: 네. 줄어들어요. 줄어드는데 우리가 가장 쉽게 알아볼 수 있는 곳은 어디냐 하면, ...(중략)... 참, 운동화에 에어를 왜 집어넣어? 왜 그런 신발을 신어? 왜 신어? 그것을. 날다가 착지할 거 아니야. 착지하는데 나막신 갖고 착지했다고 해봐.

4 학생들: 죽지.

5 교사: 발목하고 무릎하고 남아나겠어? 어? ..(중략).. 날아갔다가 떨어질 때 충격을 완화시키기 위해서, 우리 체중이 떴다가 떨어질 때 발바닥에 압력을 가하잖아요. 그죠? 근데 딱딱한데 떨어져 봐. 얼마나 충격이 세겠어. 그지? 근데, 그 중간에 있는 공기층이 완충시켜 주는 거 아냐. 이게 에어지. 그래서 선수들이 그걸 좋아하잖아. 그런 거. 그렇다는 거죠. 그럼, 압력을 가하면 부피가 줄어든다. 우리 일상생활에서 일단 농구화 그렇고, 그 다음에 에어백 어때? 에어백. 에어백이 뭐냐? 에어백.

6 학생들: 자동차

7 교사: 자동차 풍선이지. 앞에 달려가지고 사고 났을 때 퍽 터지는 거. 풍선이 터졌다 근데 사람이 박을 때 걔가 풍선이 어떻게 돼야 돼? 더 팽팽해져야 돼? 쭈그러들어야 돼?

8 학생들: 쭈그러들어요.

9 교사: 쭈그러들어야 돼. 왜 쭈그러들어요?

10 학생: (몸짓과 함께) 팽팽해지면 다시 이렇게 돼요.

11 교사: 팽팽해지면 다시 이렇게 되지. 그럼, 핸들에 박나, 에어백에 받나 똑같잖아. 어? 쭈그러들어야지. 사실은 터져야 되요. 이해돼? 터져야 돼. 터져서 공기가 빠져 줘야해. 이해돼? 왜냐면 터지지 않으면

사람이 숨 막혀. 껴가지고. 중간에 껴. 어떤 사람은 에어백이 안 터져서 목뼈 부러진 사람도 있어. 사고가 나면 에어백은 터져줘야 돼. 사람이 부딪치면 충격을 완화시켜 줘야해. 에어백은. 응? 그래서 그런 얘들이 압력과 부피에 관한 것인데. 자 이것을 공식화시킨 사람이 누구냐 하면 보일이에요. 보일.

<고등학교 화학 수업; 이선경, 고기환, 2011에서 발췌>[10]

» **에피소드 2. 실험 활동 후 소집단 담화**

1. SY: 그러니까 바람이 빠진 이유는 무엇일까. <C1>

         내 생각에는, 어, 헬륨 분자가...헬륨이라는 기체가 <D1>

         ...(중략)...

2. SY: 헬륨이라는 기체가 분자운동이 더 빠르기 때문에 <W1>

3. SY: 그래그래그래 헬륨 분자가아~

4. SH: 우리도 다 알아, 그건...

5. SY: 헬륨 분자의 운동이 활발하기 때문에 <W1>

         ...(중략)...

6. SH: 헬륨 분자의 운동이 활발하기 때문에... 밖으로 빠져나간다. <W1, C1>

7. SY: 헬륨 운동의 분자가

8. SH: 아니야~ 헬륨 분자의 운동이 활발하기 때문이야

         ... (중략) ...

9. SH: 근데, 활발해지니까 퍼지지 않냐

10. SY: 이렇게 이렇게 있잖아, 한참되니까 그러니까 활발하니까 공기가 막 튀어 다니잖아. 그러다가 이렇게 쑤욱쑥 빠지는거 아니야? 좀

---

10) 에피소드 1에서, 교사는 학생들이 기억하고 있을 법한 간단한 질문을 던지고(I), 학생은 교사가 원하는 응답을 하고(R), 교사는 그 응답이 적절하다는 평가(E)를 내리면서 관련 사례를 제시하고 있다. 교사가 일상생활에서 경험하기 쉬운 운동화에 주입한 공기를 사례로 제시하면서 압력과 부피가 서로 반비례한다는 주장을 일상용어로 풀어가고 있다. 이 양상에서 여전히 교사 주도적인 설명 담화로 전개되지만, 교사가 학생들에게 익숙한 예를 들어 설명할 때 학생은 간단한 응답을 하면서 교사 설명의 흐름을 따라가는 반응을 보였다.

느리면은 이게 가만히 있으면... \<W1, C2, W2\>

11. SY: 밖으로 못나가는거 \<C2\>

12. SH: 근데 그거 그냥 풍선도 한 10일 놔두면 바람 빠지잖아 \<D'3, C'3\>

...(중략)...

13. SY: [그냥 풍선은 분자 운동이] 느려지는 거 아니야? 활발한 게 아니라 \<W'3\>

14. SY: 야 있잖아 이거도[그냥 풍선도] 이렇게 하다가 벽에 부딪치다가 \<W'3\>

15. SH: 이렇게 튕겨서 나가[밖으로 나가]

16. SY: 봐봐봐 이게 분자가 있잖아~ 이게, 이게 풍선이다 좀 이상한 풍선 이긴 하지만 근데 요게 있잖아

그러면 얘가 있잖아 활발하다는 건 막 튀기면서

\<W'3\>

17. SH: 알겠어.

18. SY: 공기를[가] 팽창된단 말이야 \<W'3\>

[ ]: 연구자가 관찰을 통해 학생들의 이야기 상황을 파악하여 추가한 내용임

\<중학교 과학 수업; 이선경, 2006에서 발췌\>[11]

---

11) 에피소드 2는 전 차시의 탐구 문제인 "터지지 않은 풍선을 오래두고 관찰해 보기"로서, 동영상 자료를 통해 공기를 주입한 풍선과 헬륨 기체를 주입한 풍선의 크기가 시간이 지남에 따라 줄어드는 과정을 관찰한 다음, "입으로 분 풍선보다 헬륨을 주입한 고무풍선에서 바람이 더 빨리 빠진 이유는 무엇인가?"라는 질문의 답을 구하기 위해 토론한 내용에서 추출되었다. 이 토론 과정의 주된 참여자는 SY와 SH이다. SY는 헬륨 기체가 주입된 풍선의 바람이 빠진 이유로 헬륨이라는 기체가 분자 운동이 빠르기 때문이라고 설명(1, 2, 5, 8줄)하고 SH도 이에 수긍하였다(8줄). SY는 공기를 현상적으로 입자화하여 풍선에서 빠져나오는 과정을 가시화하여 그 주장에 이유를 뒷받침하고 있다(10줄). 그러나 SY의 설명은 초기에 입으로 분 풍선보다 헬륨을 주입한 고무풍선에서 바람이 더 빨리 빠진 이유로 '분자의 운동이 느리고 활발한 것으로 구분하여 설명'하는 듯했으나, 토론이 진행되면서 입으로 분 풍선의 경우는 고려되지 않고 주장이 전개되었다(10-11줄). 즉, SY의 논증에 따르면 헬륨 분자는 활발하여 풍선 밖으로 잘 빠져나가고, 분자 운동이 느리면 밖으로 빠져나가지 못한다고 하는 주장이 포함되어 있다(10-11줄). 이러한 SY의 주장에 대해, SH는 일반 풍선도 10일 정도 지나면 바람이 빠진다는 사실

» **에피소드 3. 활동지 작성 후 교사와 학생의 담화**

1 교사: 잎과 줄기 중에 어느 게 더 잘 자랄까? ..... ○○, 너의 예측은?

2 학생1: 줄기가 제일 빨리 자란다.

3 교사: 줄기가 더 빨리 자랄 것이다? 줄기도 줄기 부분이 있겠지요? 어느 부분이 자랄지 궁금하지 않아요?

4 학생1: 맨 윗부분!

5 교사: 맨 윗부분부터 쭉쭉쭉 자라요? 밑에는 눌려있고?

6 학생1: 밑에도 조금씩 자라요.

7 교사: 그러면 금을 그으면 이렇게 자란다는 얘기예요? (칠판에 판서) 똑같이 간격이 있으면 나중에 이렇게 이렇게 이렇게 자란다는 이야기예요? 어?

8 학생1: 그럴 거 같아요. 그런데...

9 교사: 아, 여기는 눌렸으니까 안자라고 여기는 눌리니까 쭉쭉쭉 간격이 더 넓어질 거다? 예, ... 좋은 의견이네요.

<초등학교 과학 수업; 이선경 외, 2013에서 발췌>[12]

위의 세 에피소드에서 볼 수 있듯이, 과학 수업의 맥락에서 주된 흐름은 언

을 제시하여 SY의 논증에 이견을 제시하였다(12줄). SH의 이견에 표명되어 있지는 않지만, 일반 공기의 풍선의 바람은 천천히 빠지는 반면 헬륨 풍선의 바람이 더 잘 빠지는 이유를 환기시켜, 문제상황을 다시 확인하고 정교화하는 기회를 갖게 되는 것을 볼 수 있다. 이 이견의 제시로 인해, SY는 일반 풍선에서 바람이 빠지는 이유가 분자의 운동이 느리기 때문으로 인식하고(13줄), 헬륨 풍선 안의 분자의 운동이 활발하여 공기가 팽창하고 바람이 잘 빠져나갈 수 있음을 강조한다(16줄). 이 과정을 통해 SY와 SH는 풍선에서 바람이 빠져나가는 정도를 분자 운동의 활발함의 정도로 설명하고 이해하게 된다(17줄).

12) 에피소드 3은 초등학교 과학 활동을 중심으로 교사와 학생들 간에 이루어진 담화이다. 주요 내용은 '자라는 것에 대한 질문 만들기'와 관련하여, '잎과 줄기 중에 어느 것이 더 잘 자랄 것 같은지'와 '그렇게 생각하는 이유는 무엇인지'에 대한 것이다. 이 담화에서 교사는 특정 학생을 지목하며 그 학생이 속한 모둠에서 생성한 질문은 무엇이었는지, 그리고 그 질문에 대한 예상은 무엇이었는지에 관한 대화를 이끌어가고 있었으며, 학생은 교사의 질문에 대해 나름의 추리를 전개하고 있다.

어를 중심으로 한 담화로 이루어진다. 에피소드 1은 고등학교 과학 수업에서 전형적으로 볼 수 있는 교사 설명 위주의 수업에서 발췌한 것이다. 에피소드 2는 중학교 과학 교과서에 실린 활동을 한 후 소집단으로 구성된 학생들 사이에 이루어진 담화이다. 에피소드 3은 초등학교 과학 수업에서 학생들에게 탐구 활동(스스로 문제를 정하고 활동을 통해 해결하도록 함)을 하고 활동지('이미 알고 있는 것', '탐구 질문', '추론을 포함하는 예상', '조작 변인과 통제 변인 계획', '관찰 변인', '관찰 결과', '주장', '증거' 등의 항목이 포함)를 작성하게 한 후, 활동지에 작성한 내용을 토대로 교사와 학생들 간에 이루어진 담화이다. 이들 에피소드는 각각 다른 유형의 수업, 교사와 학생의 다양한 역할로부터 추출되었다. 그러나 이들 수업 에피소드의 공통점은 과학 활동 및 개념에 대한 언어적 상호작용이 주를 이룬다는 것이다.

에피소드 1은 대부분의 과학 수업이 취하는 전형적인 유형이다. 대개, 과학 수업은 과학 이론의 설명과 예제 풀이, 그리고 일상생활의 사례 제시로 진행된다. 이는 초등에서 중고등 학년으로 올라갈수록 그 양상이 더 심화된다. 에피소드 2와 3은 고등학교 수업에 비해 입시로부터 좀 더 자유로운 초등, 중학교 과학 수업에서 이루어진 담화의 사례이다. 이들 담화 사례에서도 과학 활동이 강조되기는 하지만, 활동 과정에서의 (절차적인 부분이 많다 하더라도) 대화 및 활동에 대한 활동지나 보고서 작성 등은 쓰기 및 말하기의 언어적 활동이 된다. 과학 활동의 특성이 실질적(관찰) 자료를 다루는 데 있다 하더라도, 그 관찰 자료를 의미 있게 만드는 것은 언어적 행위이다. 이처럼 과학 수업의 구성원들, 교사와 학생들은 실질적 자료를 근거로 한 언어적 설명의 정당화를 다루는 데 대부분의 시간을 할애한다.

위 에피소드들에서 교사와 학생들이 목적으로 하는 것은 '무언가(what)'를 '설명'하는 것 혹은 '어떻게(how) 그렇게 되는지'를 '설명'하는 것이었다. '무언가'와 '어떻게'에 대한 설명은 모두 '왜(why)'와 관련이 있다. 에피소드 1은 압력이 커지면 부피가 왜 줄어드는가를 설명하기 위해, 그 근거로써 학생들의 경험적 사례(위로 뛰었다가 착지할 때 운동화 에어백의 역할, 자동차 사고 시 에어백의 역할)를 제시하였다. 즉, 교사는 학생들에게 익숙한 일상의 사례들을 과학적 주장과 연결시켜서 과학적 주장을 정당화하고 있다. 에피소드 2는 관찰 사실에 대한 이유를 학생들이 협력하여 찾는 담화이다. 학생들은 동영상 자료를 통해 공기를 주입한 풍선과 헬륨 기체를 주입한 풍선의 크기가 시간이 지남에 따라 줄어드는 과정을 관찰한 다음, "입으로 분 풍선보다 헬륨을 주입한 고무풍선에서 바람이 더 빨리 빠진 이유는 무엇인가?"라는 질문의 답을 구하기 위한 토론을 전개했다. 입으로 분 풍선의 바람이 헬륨이 든 풍선의 바람보다 더 빨리 빠진 이유에 대해, 학생들은 분자의 관점, 더 나아가 분자 운동의 관점 즉, 분자 운동의 활발함의 정도로 그 근거를 확장해가며 주장에 대한 더 좋은 근거를 찾고 있었다. 에피소드 3은 식물의 줄기의 윗부분이 아랫부분보다 더 빨리 자랄 것이라는 주장을 하고 그 주장에 대한 근거로써 '줄기의 위쪽과 아래쪽 중 눌리는 정도는 아래쪽이 더 심할 것'을 들고 있다. 학생은 불충분한 언어적 표현을 손짓으로 보충하였고 교사는 학생의 추론을 언어로 변환하여 정리하고 있다. 이처럼 과학 수업에서 이루어지는 많은 담화는 '무엇' 혹은 '어떻게'라는 질문에 대한 설명을 만들어내는 것으로 구성되어 있으며, 설명의 정당화는 근거를 토대로 한 주장의 제시로서, 본질상 논변적이다.

과학 수업에서 논변의 중요성을 간파한 연구자들은 과학 수업에서 논변은 어떻게 이루어지고 있는지, 그리고 논변의 질적 수준은 어떠한지 즉, 논변의 양상, 구조 및 질을 탐색해왔다. 이때 연구 방법으로써 가장 많이 사용된 개념적 및 분석적 도구는 툴민의 논변 구조(TAP, Toulmin's Argument Pattern)였다. 툴민의 논변 구조는 형식적 논증이 갖는 한계점을 뛰어넘어 일상 담화를 분석할 수 있는 논변 구조로써 제시되었으며, 많은 철학자들과 과학교육의 연구자들에게 인정을 받고 있는 듯하다. 그러나 TAP 또한 영역 의존적이기보다는 형식적 구조를 벗어나지 못한다는 한계를 갖고 있다는 비판, 단편적 문장의 분석은 용이하지만 길게 이어지는 일상적 담화 분석에 적용하기 어렵다는 비판, 그리고 구성요소를 확인하여 분석에 적용하기 애매하다는 비판을 받고 있다(김희경, 송진웅, 2004; 박지영과 김희백, 2012; 이선영, 2002; Sampson & Clark, 2008). 그럼에도 불구하고 TAP는 과학 수업 담화의 논변 구조를 형식적 차원에서 비형식적 차원으로 넓혀 볼 수 있는 가능성을 확장시켜 주었으며, 이와 더불어 다양한 논변 분석 도구들의 제안으로 인해 과학 담화의 논변에 대한 본질과 양상의 논의가 활발해졌다. 이에, 이 장에서는 TAP와 여러 논변 분석 도구들을 살펴보면서 과학 수업 담화에 대한 시사점과 과학교육 연구에의 유용성과 효과성 및 한계성에 대해 탐색해보기로 한다.

6.5.1 툴민의 논변 구조

툴민(Toulmin, 1958)의 기본적인 논변 구조는 주장(claim), 그 주장의 근거가 되는 자료(data, ground), 자료와 주장을 연결해 주는 이유(warrant), 이유를 뒷받침해주는 이유보강(backing)의 네 가지 요소를 포함한다. 여기에 논변을 맥락화하기 위한 한정어(qualifier), 그리고 반증에 대한 고려를 포함하는 반박(rebuttal)을 포함하여 논변을 보다 정교화한다(그림 6.1).

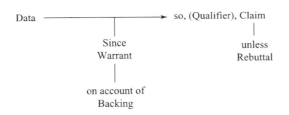

그림 6.1 툴민의 논변 구조

- **자료(Data, Ground)**: 주장을 뒷받침하기 위한 논거로서 사실이나 예, 자료 혹은 개인적인 견해들
- **주장(Claim)**: 논변의 결론에 해당하며 자료 혹은 사실적 전제에 의해 지지
- **이유(Warrant)**: 자료에서 주장으로 나아가는 단계에서 자료-주장의 연결을 정당화하기 위해 제시되는 진술들, 규칙, 법칙 등. 이유의 강/약은 한정어가 있느냐에 따라 결정됨.
- **뒷받침(Backing)**: 이유가 그 자체로서 타당성을 확보하지 못할 때 이유에 포함된 가정들을 확인해 주기 위한 추가적 자료로서 이유를 강화. 특정 이유(warrant)를 정당화하기 위하여 제시되는, 일반적으로 받아들여질 수 있는

　기본적인 가정이나 조건

- 한정어(Qualifier): 주장이 받아들여질 수 있는 한정적인 조건
- 반박(Rebuttal): 주장이 받아들여질 수 없는 특정 조건

　툴민은 과학적 논변 구성 과정이 일차적으로 자료, 이유, 뒷받침을 사용하여 특정 주장의 타당성을 다른 사람들에게 납득시키는 것에 있다고 하였다. 이 관점에 따르면, 이유의 강함은 한정어가 존재하지 않을 경우이며, 논변의 강함은 논변 구성 도식에서 요소가 잘 결합되어 있는가 그렇지 않은가에 달려있다고 할 수 있다(Sampson & Clark, 2008).

　앞에서 제시한 에피소드 1의 과학 교실 담화를 툴민의 논변 구조를 통해 구조화해 보면 다음 그림 6.2와 같다. 수업 담화에서 교사의 목표는 기체의 압력과 부피에 관한 보일의 법칙을 설명하는 데 있었고, 학생들의 이해를 꾀하려면 교사 설명의 정당화 과정은 논변적이어야 했다. 그림 6.2에서 볼 수 있듯이, 자료와 주장을 연결해 주는 이유(보일의 법칙)가 이 수업 담화의 목표가 되었다. 다시 말해, 이유에 해당하는 보일의 법칙은 학생들이 그 자체로 이해하기 어려울 터이다. 따라서 교사는 학생들이 경험적으로 충분히 추론할 수 있는 일상 사례인 '운동화 에어층'과 '자동차 에어백' 이야기를 제시하여 이유를 뒷받침하고 강화하고 있었다.

　논변에서 이유는 가장 중요하게 다루어진다. 툴민은 증거, 즉 자료(data)와 주장(claim)을 연결시키는 이유(warrants)를 중심으로 논증의 구조를 설명하였으며, 최종 주장의 설득력은 전제가 아니라 조건에 달려 있다고 했다. 독자나 청중이 논증의 이유를 받아들일 준비가 되어 있지 않을 때 '반드시' 이유를 강화하는 증거가 덧붙여져야 한다는 것이다. 이 사례에서도 보듯이 교사의 설명 담화의 초점이 이유를 확립하는 과정에 가장 집중되어 있는 것을 볼 수 있다.

　툴민은 그의 책, '논변의 사용'(Uses of argument, 1958)에서 '정당한 이유를 확립(warrant-establishing)'하는 것을 제시하고 있는데, 그림 6.2의 논변 구조에서 이유와 뒷받침의 관계는 '정당한 이유를 확립'하는 귀납적 추론의 형태를 갖는다. '정당한 이유를 확립'하는 논변들은 과학 활동을 기반으로 형성될 수

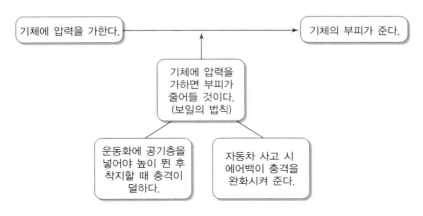

그림 6.2 에피소드 1의 논변 구조

있는데, 이러한 논변들에서 새로운 정당한 이유의 수용가능성은 그것이 '자료들'과 '주장(결론)' 모두 독자적으로 검증된 일련의 경우들에 차례로 적용됨으로써 분명하게 드러난다. 이러한 유형의 논변에서는 결론이 아니라 정당한 이유가 새로운 것이며, 그래서 정당한 이유가 시험되고 있는 것이다. 과학 수업은 교과가 갖는 특징상, 과학 이론이나 법칙을 소개하고 설명하는 일이 많은데, 그 설명을 그럴듯하고 믿을만하게 만들기 위해 구체적 사례를 연결하는 경우가 많다. 그런 경우에, 자료와 주장을 연결해 주는 이유가 법칙이나 이론에 해당하는 경우가 많으며, 그 이유를 확립하기 위해 다양한 사례를 뒷받침해주는 것이다.

이유(보장에 해당)를 만드는 도식(warrant-establishing)은 귀납적 예시와 설명적 예시에서 볼 수 있다(Keinpointner, 1992)(표 6.5 참조). 보장을 만드는 도식은 한두 개의 사례를 이용하여, 다음 논증에서 사용할 보장을 만들어내는 논증으로써, (1) 보장을 귀납적으로 이끌어내는 귀납적 예시와 (2) 개별적 사례들로부터 보장을 이끌어내고 이로부터 결론을 도출해 내는 설명적 예시 도식을 포함한다(민병곤, 2004). 귀납적 예시 도식은 연관성 있는 일련의 사례들을 열거하고 사례들 간의 공통점을 기반으로 일반적 원리를 추출하여 주장을 전개하는 방법이며, 설명적 예시 도식은 개별적 사례들로부터 보장을 이끌어내고 결론을 도출하는 방식으로, 다른 도식을 상세화하는 데도 사용된다. 그러나 여기서의 귀납적이라는 의미는 규범적 추론으로서의 귀납으로 이해하지 않도록 주의하

표 6.5 킨포인트너의 논증 도식

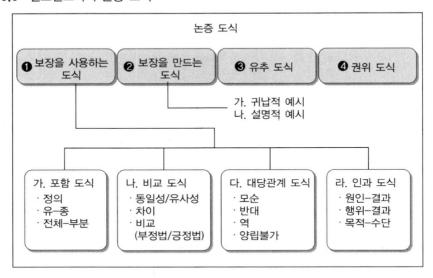

여야 한다. 수업 담화에서 이루어지는 일상적 논변에서는 전형적이고 따라서 질적으로 개연성이 있지만 통계적으로 유의미하다는 의미에서 결코 양적으로 충분하지 않은 약간의 사례들만 제시되기 때문이다. 더욱이, 사례에 대한 논변은 일반화에 의해서 보장을 세운다기보다는 암시적으로 사용된 보장을 설명하거나 확증하기 때문이다(민병곤, 2004).

이와 달리, 에피소드 2는 자료(헬륨이 든 풍선과 공기가 든 풍선을 오래 둔다)에서 주장(헬륨이 든 풍선의 바람이 더 빨리 빠진다)에 대해 이유를 추론해 가는 담화이다. 이유로 학생들은 "헬륨 기체 분자의 운동이 활발하다"를 제시

그림 6.3 에피소드 2의 논변 구조

하고 있다.

여기서 "기체", "분자", "운동" 등의 단어들이 여러 학생들에 의해 협력적으로 조합되면서 이유가 만들어졌지만, 그 이유가 확립되는 과정은 나타나지 않았고 그 이유를 이용하여 주장을 정당화하는 과정을 볼 수 있다. 즉, "헬륨 기체 분자의 운동이 활발"하다는 것을 확립하기 위해 다른 사례나 근거가 뒷받침 되기보다는, 적합하게 조합된 이유가 주장을 정당화하기 위해 사용되었다고 볼 수 있다. 즉, 이 경우는 툴민이 그의 책, 논변의 사용(Uses of argument)에서 제시한 연역 추론에 해당하는 "정당한 이유를 사용"(warrant-using)하는 것에 해당한다고 할 수 있다. 이러한 경우, 그 수용성이 당연한 것으로 여겨지는 어떤 정당한 이유에 의거함으로써 결론을 정립하기 위해서 단일한 자료에 의존하는 모든 논변을 의미하며, '연역적'이다(Toulmin, 1958). 이 에피소드에서 정당한 이유로 제시된 "헬륨 기체 분자의 운동이 활발"하다는 발언은 소집단 구성 학생들에게 뒷받침의 요구 없이 수용되어 주장을 정당화하는 논거로 사용되었다. 반면, 담화 구성원들에게 있어서 이유가 자명한 것이 되지 못할 때, 에피소드 1의 논변 구조와 마찬가지로 그 이유를 확립하기 위해 뒷받침이 요구되는 귀납 추론이 추가되어야 할 것이다.

이유(보장에 해당)를 사용하는 도식(warrant-using)으로 여기에는 (1) 정의, 유-종 관계, 부분-전체 관계 등에 기반을 둔 '포함도식', (2) 동일성과 유사성, 차이, 비교 등에 기반을 둔 '비교 도식', (3) 모순, 반대, 역, 양립불가 등에 기반을 둔 '대당관계 도식', (4) 원인-결과, 행위-결과, 수단-목적 관계 등에 기반을 둔 '인과도식' 등이 있다(민병곤, 2004)(표 6.5 참조).

그림 6.2와 6.3에서 살펴본 것처럼, 과학 수업 담화에서 툴민의 논변 구조가 연역 혹은 귀납의 과정을 포함한다고 할 때, 그 의미는 형식적 추론으로 엄격하게 이해하기보다는 느슨하게 이해할 때 적용 가능하다. 형식적 추론으로 볼 때, 연역은 참인 대전제가 결론을 포괄하고, 또 대전제와 결론을 연결하는 소전제(매개전제)가 시공간의 탈맥락적이라는 점에 구속된다. 따라서 일상적 담화(과학 수업 담화는 일상적 담화에 포함됨)의 논변에 대해서는 형식적으로 엄격한 주장보다는 그럴듯하고 개연성 있는 주장을 주로 하는 논변이라는 넓은 의

미로 이해될 필요가 있다. 또 귀납 추론이 많은 사례를 바탕으로 결론을 이끌어낸다는 점에서도 일상적 담화와 다르다. 귀납과 달리 과학 수업 담화는 일상의 맥락에서 교사와 학생이 공유하는 한두 가지 경험적 사례를 근거로 하여 주장을 이끌어내는 방식으로 진행되는 경우가 많다. 또한, 때로는 자료와 이유가 명시적으로 언급되지 않아도 논변에 참여하는 사람들에게 암묵적으로 공유되고 있다고 가정되어 생략되기도 한다. 이런 점에서 과학 수업 담화는 형식적 추론의 양상을 갖기 보다는 일상적인 추론, 즉 비형식적 추론에 해당하는 넓은 범위의 추론 양상을 갖는 것으로 이해되고 해석되어야 할 것이다.

에피소드 3은 교사와 학생이 상호 구성하는 논변 과정에서 가설-연역적 추론을 포함하고 있는 것을 보여준다. 학생의 주장에 해당하는 "줄기의 위쪽이 아래쪽보다 더 많이 자랄 것이다"의 자료로서 "줄기의 위와 아래쪽 중에서 눌리는 정도가 아래쪽이 더 심하다"를 제시하고 있고, 자료와 주장을 연결해 주는 이유로서 "많이 눌리면 줄기가 자라기 어렵다"가 자리하여 주장을 정당화하고 있다(그림 6.4). 이때 이유는 "만일... 라면, ... 하다"(if, then)라고 하는 가설 연역 구조를 가지고 있으며, 주장은 "아마도"라고 하는 한정어를 내포하고 있다. 한정어는 과학 수업 담화에서 담화 참여자들이 자료와 주장을 연결하는 이유로서 불명확한 과학적 법칙이나 이론을 사용할 경우 주로 나타난다. 이는 큰 범위에서 귀추적 추론의 유형이며 가설-연역적 추론을 내포한다고 볼 수 있다 (Lawson, 2003; 2004)

그림 6.4의 논변 구조에 포함된 가설-연역적 추론을 정리하면 다음과 같다.

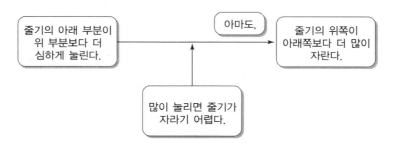

그림 6.4 에피소드 3의 논변 구조

담화의 흐름에서 보면, 교사와 학생이 추론을 만들어가는 데 상호작용하고 있으며, 결론-->소전제-->대전제 순으로 제시되고 있다.

- [결 론] 그러므로 줄기의 위쪽이 아래쪽보다 더 많이 자랄 것이다(그 결과 둘 사이의 간격은 더 넓어질 것이다).
- [소전제] 줄기의 위쪽과 아래쪽 중에서 눌리는 정도가 아래쪽이 더 심하다.
- [대전제] 많이 눌리면, 줄기가 자라기 어렵다.

<이선경 외, 2013 발췌>

　　연역 논리는 대전제가 참이고 소전제가 참이라면 결론은 참일 수밖에 없다는 것이다. 이미 알고 있는 정보(대전제)와 새로운 정보(소전제)를 조합해서 결론이 필연적으로 성립된다. 누가 추론하더라도 전제가 결론을 필연적으로 이끌어내는 방식이다. 이때 소전제는 매개개념이 된다. 대전제에서의 '눌리다'와 소전제에서의 '줄기의 위와 아래'가 매개되면서, 결론이 도출되는 것이다. 이때 대전제가 참이 아니거나 소전제 즉, 매개개념이 없을 때는 논리적 오류가 발생할 수 있다. 따라서 결론은 참 아니면 거짓 둘 중의 하나가 된다.

　　그러나 이러한 연역 추론은 에피소드 3의 수업 담화의 사고 흐름과 일치하지 않는다. 사람들은 일상생활에서 대전제-->소전제-->결론의 순으로 사고를 진행하지 않는다(강신주, 2006). 마찬가지로, 일상 수업 담화인 에피소드 3에서 교사와 학생은 먼저 결론에 해당하는 "줄기의 위쪽이 아래쪽보다 더 많이 자랄 것이다"라는 구체적인 생각을 예측한다. 이제 이 예측을 증명해야 하는데, 교사와 학생은 서로를 설득하기 위해 "줄기의 아래쪽이 위쪽보다 눌리는 정도가 더 심하다"와 "많이 눌리면 줄기가 자라기 어렵다"(if, then)는 생각을 하게 된다. 이 두 가지 전제는 교사와 학생의 축적된 일상 및 과학 경험으로부터 도출된 것으로 볼 수 있다. 즉, 이 전제들은 넓게는 귀추적이면서 좁게는 가설-연역적 성격을 갖는다. 이때 교사와 학생이 이 두 가지 생각, 즉 주장에 대한 전제를 적절한 것이라고 받아들인다면, 그들은 결국 "줄기의 위쪽이 아래쪽보다 더 많이 자랄 것이다"라고 하는 주장을 거부할 수 없게 될 것이다. 이처럼 주장을 증명하기 위해 전제를 찾게 되고, 적절한 전제들을 토대로 결론을 이끌어내는 방식으로, 수업 담화의 참여자들은 자연스럽게 귀추 및 가설-연역적 추론을 사용한다. 이런 방식의 추론은 논변 과정의 일부가 되는데, 이때의 추론은 참인 대전제로부터 도출된 결론은 당연히 참이어야 하는 형식적 논증 구조와는 거리가 있다. 교사와 학생들이 구성한 담화의 가설-연역적 추론 요소는 결론(예측), 자료(가정), 이유(이론)로 구성되며, 이는 교사와 학생이 합의한 내용의 수준에서 합당한 것이지 절대적 진리의 의미인 참은 아니기 때문이다.

앞서 지적했듯이, 수업 담화를 구성하는 논변 과정의 대부분은 자료, 주장, 이유, 뒷받침의 4개 기본 요소로 분석 가능하다. 이 4개 기본 요소에 더하여, 한정어와 반박이 추가되면 툴민의 논변 구조의 틀이 완성된다. 단순히 자료, 정당한 이유, 그리고 주장을 제시하는 것으로는 충분하지 않을 수 있기 때문에, 그에 덧붙여서 자료가 정당한 이유로 인해 주장에 전달하는 힘의 정도를 명확하게 지적할 필요에서 한정어(아마도, 추측컨대, 어쩌면 등)가 추가될 수 있다(Toulmin, 1958). 에피소드 3에서 '아마도'라는 한정어를 의미상으로 포함시킴으로써, 주장의 정당화 정도를 나타낸다. 달리 말해, 주장에 확실성 정도를 부여하여 나중에 부정하거나 철회하게 될 때의 충격을 줄이기 위해 개연성을 내포하는 의미도 있다. 그렇게 함으로써, 만일의 경우 주장을 부정하게 될 상황을 덜 힘겹게 만들어 사회적 비용을 줄이고자 하는 것이다(Kolsto & Ratcliffe, 2008). 담화 참여자들은 엄격한 형식을 갖춘 정당화된 주장보다는 애매하고 융통성 있는 용어를 사용함으로써, 주장에 대한 관점을 약간 변화시킬 수 있다. 이 전략은 매우 합리적이어서 논변이 협의에 이르는 목적을 충족시킬 수 있다. 또한, 예외나 반박의 조건들은 추론 규칙을 통해 정당화된 주장을 반박할 수도 있는 예외적 조건들을 의미하는 것으로, '다음과 같은 경우가 아니라면'의 방식으로 적용된다. 위의 에피소드에서는 찾아볼 수 없었지만, 가능한 반박 근거의 제시는 추측을 확증하게 해 주는 역할을 한다. 반박은 하나의 논변에서 주장이 받아들여질 수 있는 특정 조건을 제시함으로써 주장을 확증으로 이끄는 역할을 한다. 반면, 둘 이상의 논변이 진행되는 대화 과정에서 논변 조건의 한계를 지적함으로써 상대방 논변을 무너뜨리거나 자신의 논변을 더 강화시킬 수 있는 기회를 제공한다. 따라서 반박이 제시되면, 대화의 질적 수준은 높아진다 (Erduran, 2008). 반박과의 대면을 통해서 주장에 대한 인식론적 도전을 경험할 수 있고, 이를 통해 논변을 질적으로 발전시킬 수 있기 때문이다. 이와 달리 반박이 없는 논변은 특별한 비판이나 평가 없이 그 자체로 영원히 지속될 수는 있겠지만, 논변의 질 향상을 이루기는 어려울 수 있다(한혜진 외, 2012).

6.5.2 툴민 논변 구조의 확장

툴민의 논변 구조는 주장(claim), 자료(근거, ground), 이유(warrant), 뒷받침 (backing), 한정어(qualifier), 반박(rebuttal)의 여섯 개 요소로 이루어져 있다. 여기서 자료(근거), 이유, 주장은 기본 요소이며, 이유는 논변의 핵심 요소로써 강조되었다. 그 외에, 이유가 자명하지 않을 때, 이유를 뒷받침(backing)해 주는 사실이 보조적으로 필요하다. 또한, 논증의 정도를 가늠하게 하는 질적 표현, 즉 '반드시' '아마도' 등의 한정어(qualifier), 또 하나는 논증이 성립하고 있는 근본을 부정하는 제한, 즉 '...하지 않는 한'에 해당하는 반박(rebuttal)이 추가된다. 이처럼 뒷받침, 반박, 한정어는 툴민 논변 구조의 보조적 요소이다.

툴민 논변 구조가 일상적 맥락에서 이루어지는 비형식적 논변의 분석을 가능하게 해 주는 것은 논변 구조의 보조적 요소인 뒷받침, 반박, 한정어의 역할 때문이다. 뒷받침은 논변이 연역 추론을 통해 충분히 정당화되지 않을 경우에 보증(이유)을 만들어가는(warrant-establishing) 역할을 하며, 한정어는 논변의 한계를 정해준다. 이 절에서 다루고자 하는 것은 반박으로, 반박은 논변의 역동적 발달에 중요한 역할을 하며 논변의 질/수준을 결정하는 하나의 요소가 된다.

6.5.3 논변의 질: 수준과 반박

여러 연구자들은 논변 과정을 평가하기 위해 툴민의 틀을 기본으로 하여 다양한 유형의 평가틀을 개발하여 연구에 적용하였다. 연구의 목적과 방법에 따라 툴민의 논변 도식은 다양하게 활용될 수 있다. 툴민의 논변 구조는 수업 담화의 요소들을 확인하고 구조를 분석하는 데(예, 이선경, 2006) 도움이 되나,

논변의 질 즉 내용의 건전성을 파악하기는 어렵다는 한계를 갖는다. 따라서 논변의 질에 초점을 두는 경우, 툴민의 논변 요소를 통합(자료, 이유, 뒷받침을 근거(grounds)로 묶어 분석)하거나 정교화하는 등의 수정을 하여 사용하기도 한다(Chin & Osborne, 2010; Sadler & Fowler, 2006). 표 6.6은 토론에 참여한 학생들의 논변 과정을 평가하기 위해, 반박 혹은 반대 의견의 질적 수준에 기반을 둔 평가틀을 보여준다.

표 6.6 논변의 질 평가를 위한 분석 틀(Erduran et al., 2004; Osborne et al., 2004)

- 수준 1: 단순한 주장 대 반대 주장 또는 주장 대 주장으로 이루어진 논변
- 수준 2: 자료, 이유, 뒷받침 중 하나가 있지만, 반박은 없는 주장 대 주장으로 이루어진 논변
- 수준 3: 자료, 이유, 뒷받침 중 하나가 있으며, 약한 반박도 있는 연속된 주장 또는 반대 주장으로 이루어진 논변
- 수준 4: 명백하게 확인 가능한 반박이 있는 주장으로 이루어진 논변이며, 다수의 주장 및 반대 주장이 포함되기도 함
- 수준 5: 한 가지 이상의 반박이 포함된 긴 논변

특히, 툴민의 논변 구조에서 반박이 가능한 다섯 가지 반박 유형은 그림 6.5와 같다(Verheij, 2005). 다섯 가지 반박 유형은 자료(D) 자체에 대한 반박, 주장(C) 자체에 대한 반박, 이유(W) 자체에 대한 반박, 자료(D)에서 주장(C)에 이르는 과정에 대한 반박, 이유(W)의 적용가능성(applicability)에 대한 반박이 해당된다(그림 6.5의 왼쪽에서 오른쪽 순). 툴민이 제시한 반박 유형에는 주장에 대한 반박, 이유의 권위에 대한 반박, 이유의 적용가능성에 대한 반박은 포함되지만, 자료에 대한 반박과 자료에서 주장에 이르는 반박은 명시적으로 언급되지 않았다.

이 반박 유형은 경험적 자료로부터 귀납적으로 도출된 유형이 아니어서 논변 과정에서 반박을 이해하는 개념적 틀로 이해되어야 한다. 이 반박 유형을 토대로 한혜진 외(2012)는 중학교 과학 영재 학생들의 논변 과정의 반박 유형에 대한 경험적 근거를 제시한 바 있다. 그들의 연구에 따르면, 영재 학생들의

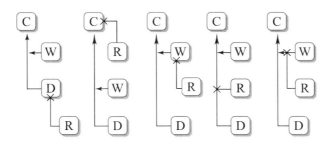

그림 6.5 반박의 다섯 가지 유형(Verheij, 2005; 한혜진 외, 2012)

논변 활동 과정에서 5개 반박 유형이 실증적으로 확인되었으며, 두 개 범주로 나뉘었다. 하나의 범주는 '자료', '주장', '이유' 그 자체에 대한 반박으로서 각 요소의 과학적 내용 타당성 여부를 제기한 것이다. 이들 반박으로 논변 요소의 타당성이 훼손당하면 더 이상의 논변이 진행되지 못하고 새로운 주제에 대한 탐색으로 넘어가는 경향이 나타났다. 또 다른 범주는 '자료에서 주장에 이르는 과정'에 대한 반박과 '이유의 적용가능성'에 대한 반박이다. 이들 반박은 주장의 타당성을 위협하는 내용이 추가로 제시되면서 이루어졌으나, 주장의 타당성이 개연성 있게 탐색되면서 상호 설득적 논변으로 나아가는 경향을 보였다. 이처럼 반박은 논변 구조가 놓치기 쉬운 구성요소의 형식적 관계의 타당성뿐 아니라 내용에 대한 건전성을 회의하고 점검하는 역할을 한다. 따라서, 논변에서 적절한 반박과 이를 견디어 내는 과정은 보다 잘 근거 지워지고 확실하게 지지되는 방향으로 논변의 형식과 내용을 이끌어 주어, 비판에 견딜 수 있는 타당하고 건전한 논변으로의 발달을 도울 것이다.

이처럼 툴민의 논변 구조에서 반박은 자료, 주장, 이유, 그리고 자료에서 주장 및 이유의 적용가능성 등 그 내용의 정확성과 적합성을 따진다는 점에서 논변의 질을 높여주는 중요한 요소가 된다. 하나의 논변이 설득적인지를 분석하려고 할 때 TAP의 구성요소들을 잘 갖추었는지, 구성요소들 간에 연결이 잘 되었는지를 강조하는 것은 논변의 구조만을 보고 설득적인지를 판단하는 셈이 된다. 그 논변이 설득적이려면 타당한 자료로부터 주장으로 이어지고, 권위 있는 이유가 연결되는 등, 논변 구성요소들의 내용이 타당해야 한다. 이에 대한 문제를 제기하고 검증하고자 하는 과정이 반박 과정이 된다. 따라서 반박은 논변의 질을 높여주고 설득력을 확보하기 위한 중요한 절차가 되는 것이다.

6.5.4 논변의 연쇄

과학 수업 담화를 분석하는 데 있어 툴민의 모형이 적절한가? 수업 담화 속에는 여러 논변이 이어져 있어서 그 구성요소가 논변의 진행에 따라 달라질 수 있다. 또 수업 공동체 구성원들이 논변에 참여하는 경우 여러 사람들의 발화가 논변 요소를 구성한다는 점에서 논변 구조는 단편적으로 완결되지 못하고 길게 그리고 복잡하게 연결된다. 이와 관련해서, 툴민과 동료들(Toulmin et al., 1984)은 기존의 모형이 실제 담화 분석 상황에 적용하기에는 적합하지 않다고 판단하여 '논변의 연쇄(chain of argument)'를 제시하였다. 즉 실제적으로 논변은 처음 논변에서 두 번째 논변으로, 두 번째 논변에서 시작하여 다시 세 번째 논변 등으로 의미의 사슬을 이루며 나타남에 주시하여 논변의 연쇄적인 관계를 주장하였다. 그리고 이를 확장하여 각각의 개별 논변은 보다 큰 논변에 포함되고 어떤 논변의 주장을 다음 논변의 추론규칙 또는 반박으로 해석할 수 있다. 또한 이전 주장이 다음 주장의 추론규칙이 된다면 이전 주장의 추론규칙은 다음 주장의 지지가 될 수도 있다(강수미, 2006)(그림 6.6참조).

실제 과학 수업 담화를 분석한 한 연구에서는 논변의 연쇄를 다음 그림 6.7과 같이 분석한 바 있다(Lee & Hewson, 2004). 이 논문에서 제시된 담화 단편에서는 3개의 단일 논변이 연쇄적으로 이루어졌는데, 논변 1의 주장이 논변 2

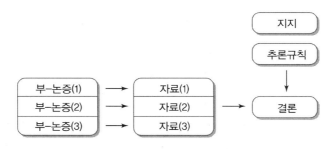

그림 6.6 논변의 연쇄(Toulmin et al., 1984)

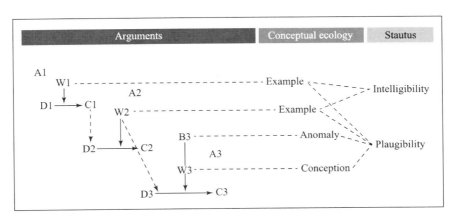

그림 6.7 담화 단편 A에서의 논변과 개념변화 모델 요소의 연관성(Lee & Hewson, 2004)(D: 자료, C: 주장, W: 이유, B: 뒷받침)

의 자료가 되고, 논변 2의 이유가 논변 3의 자료가 되는 방식으로 진행되었다고 분석되었다. 이처럼 이전 논변의 주장이 다음 논변의 자료가 된다고 볼 수 있기도 하고, 이전 논변의 이유가 다음 논변의 자료가 된다고 볼 수 있다는 점은 논변 분석의 어려움으로 남는다. 논변 단위를 어떻게 나누느냐에 따라 논변의 구성요소는 달라질 수 있기 때문이다. 즉, 논변의 맥락에 따라, 그리고 주장하는 사람의 의도나 발화에 따라서도 달라질 수 있다. 이들 연구는 또한 툴민의 논변 구조와 더불어 개념변화 요소를 연관시키는 분석을 시도하였다. 툴민의 논변 구조는 내용의 건전성을 확보하지 못하기 때문에, 개념생태의 요소와 개념의 지위 분석을 통해 수업 담화에서 나타나는 논변의 구조와 내용의 설득적 차원을 해석하였다.

6.5.5 담화 분석을 위한 다양한 도식: 목적에 따른 논변 분석 틀의 확장

앞에서도 살펴보았듯이, 툴민의 논변 도식은 구성요소, 논변의 질적 평가, 추론의 구조 등을 살펴보는 데 기본적인 틀의 역할을 할 수 있다. 반면, 논변이 길어질 때 그리고 논변 구성에 여러 사람이 참여할 때 적용에 한계점을 갖는다. 이와 관련해서, 담화에서 논변 구성요소가 항상 명확하게 확인되지 않으며,

담화 맥락에 따라서 자료, 이유의 구분이 모호하고(박지영, 김희백, 2012; Erduran et al., 2004), 비교적 짧은 단편적인 논변 구조에 한해 적용이 가능한 것도 제한점으로 작용했다(Kelly & Takao, 2002). 또한 툴민의 논변 도식이 형식적 추론 구조의 타당성을 파악하는 데 도움이 되는 반면, 내용의 건전성을 확보하기는 어렵다는 비판도 있었다(Lee & Hewson, 2004). 이에, 여러 연구자들은 논변 구조를 툴민의 논변 도식을 기본 틀로 하여 세부화하거나, 다른 분석틀을 추가 확장하여 사용하거나, 혹은 연구의 목적에 맞는 새로운 틀을 개발하여 사용하는 시도를 하였다.

국내 연구에서, 강순민(2004)은 과학교육을 통한 인지가속 프로그램(CASE, Cognitive Acceleration through Science Education)에 참여한 중학교 학생들의 담화를 분석하는 연구를 수행하였다. 이 연구에서 그는 학생들의 담화를 의견의 대립적 전개보다는 문제 해결을 위한 협의적 논의과정이라고 정의하였고, 논의과정 분석 범주로서 설명적 논의과정과 대화적 논의과정을 포함하였다(표 6.7). 이 틀에서 설명적 논의과정은 툴민의 논변 요소를 따르고 있으며, 대화적 논의과정 요소는 툴민의 요소를 기반으로 한 상호작용적 담화의 특징을 다루고 있다.

박지영과 김희백(2012)은 사회 속 과학 쟁점에 대한 소집단 논변 분석 틀 고안을 위해 고려할 기준으로 다양한 관점과 입장 고려, 그리고 참여자들의 상호

표 6.7 설명적 논의과정과 대화적 논의과정(강순민, 2004)

설명적 논의과정 요소	대화적 논의과정 요소
주장(claim) 근거(ground) 보장(warrant) 보강(backing) 한정(qualifier) 반증(rebuttal)	주장에 대한 질문(question on Claim) 근거에 대한 질문(question on ground) 단순반박(simple opposition) 근거반박(ground opposition) 요청 및 요청 응답(request and response) 단순호응(simple agreement) 강화 및 정교화(reinforcement and elaboration) 메타 질문(metacognitive question)

작용 특성을 반영해야 한다고 주장하였다. 이들은 툴민의 도식이 대화적 논변에 적용하기 어렵다는 한계를 지적하였다. 문장 차원의 논변 구조는 주어진 문장 사이의 관계를 바탕으로 파악할 수 있지만, 실제 담화 차원으로 확대되면 수많은 변인들이 개입되게 되므로 다루어야 하는 논변의 양상이 상당히 복잡하게 전개된다. 예를 들어, 저널 글쓰기 등과 같은 길게 이어지는 논변의 경우, 논변 구성요소의 확인이 애매하게 된다(Sampson & Clark, 2008). 또, 여러 학생들이 참여하는 토론의 경우에도, 툴민의 논변 도식으로는 실제 토론 담화의 논변 구조를 파악하는 것이 어렵다는 한계를 가진다(김희경, 송진웅, 2004; 이선영, 2002). 따라서 박지영과 김희백(2012)은 툴민의 논변 구조를 제외하고, 언어적 상호작용을 보여줄 수 있는 IRF(도입-응답-반응) 구조, 발화의 행의 기능, 논변 전략 등을 적용한 소집단 논변 분석 틀을 개발하였다(표 6.8 참조).

국외 연구에서, 샘슨과 클락(Sampson & Clark, 2008)은 과학적 논변의 본성과 질을 '구조', '정당화', '내용'의 세 가지 측면에서 그동안 과학교육 분야의 연구자들(예 Kelly & Takao, 2002; Lawson, 2003, 2004; Sandoval, 2003; Schwarz et al., 2003; Toulmin, 1958; Zohar & Nemet, 2002)이 제안한 논변 분석틀을 재고했다. 샘슨과 클락은 특정 주장, 설명, 혹은 관점을 정당화하는 것을 논변이라고 하고, 그 논변을 제안하고 비판하고 평가하는 과정을 논변활동이라고 정의하였다. 이들은 과학 영역과 무관한 영역-일반적(domain-general) 분석 틀로서 툴민의 도식과 슈바르츠와 동료들(2003)의 분석 틀을 논했다. 툴민의 도식은 논변의 '구조'를 강조하기 때문에 학생들의 논변 구성 방식과 그들이 주장을 지지하기 위해 사용하는 정당화의 본질에 대해 통찰력을 제공하는 것으로 평가되었다. 그러나 이 장에서도 여러 번 지적되었듯이, 논변 구성요소들(주장, 자료, 이유, 뒷받침) 간의 구별이 애매하다는 점, 게다가 저널쓰기 등의 논변이 길어지면 더 애매해진다는 점 때문에 이 툴을 적용한 많은 연구자들은 다중 범주들로 변형하여 사용하였다(예 Eichinger et al., 1991; Forman et al., 1998; Jimenez-Aleixandre et al., 2000; Kelly et al., 1998). 툴민의 범주를 살펴보면, 논변에서 자료로써 타당하고 신뢰성 있는 증거를 통합하는지, 혹은

표 6.8 절 내에서의 행의 기능과 예시(박지영·김희백, 2012)

상호작용	행의기능	설명과 예
도입(I)	시작	새로운 내용을 도입함. 새 절의 시작 예 강세실시권이 뭐야?
	사담	관련되지만 엉뚱하거나 개인적인 내용 예 국가가 세계적으로 담합하면...
도입(R)	단정지음	1회의 판단으로 단정지음
	응답	질문 바로 다음에 제시하는 질문에 대한 설명이나 자신의 의견 예 그걸 잘 모르겠어.. 준거 11에 있어. 있었던것 같은데 특허를 무시하겠다는..
	반복	앞의 발화의 일부나 전체를 반복
	약간 부연	앞의 발화에 동의하면서 조금 내용을 부연 예 어느 정도는 규제를 하는 것이 맞긴 맞지.
	다른 면	절 내에서 논의되는 내용과 관련되면서도 다른 입장이나 견해에 대해 제시, 분석과 확장 예 그런데 지금 든 생각인데 지적재산권을 갖고 있으면 소유연한이 있다고 했잖아.
	종합	앞에서 언급되었던 둘 이상의 입장을 종합하여 제시 예 거기에 대한 투자도 지원되어야 하고... 거기에 대한 규제 이런것도 철저하게
	정교화	자신의 주장을 정교하게 제시. 발화를 구체적으로 풀어서 설명 예 그러니까 에이즈 치료약 개발을.. 싸게 공급하는 대신에 그 약을 먹고 이런 살아남은 사람들에 의해 다른 사람들을 돕도록 고용하는 거야..
	반박정교화	상대방의 입장에 대한 정교한 형태의 반박 드러내기 예 그런데 약도 어차피 상품이잖아 물건을 팔기 위해서.. 로비가 되잖아.. 광고도 해야 하고 로비 이런 것도 사실 어떻게 보면 이런 것도 다 비용이란 말이야.. 그 물건을 만드는 비용 연구비 이런 것뿐만 아니라.. 그런 것도 비용으로 치자면 그것도 그 회사가 투자하는 금액인데.. 그런 거를 또.. 규제한다고..
반응(F)	단순응대	이전의 발화에 대한 간단한 호응 예 나도 그게 좋을 것 같아.
	핀잔	핀잔 예 아니야. 로열티를 지불한다는 거지 무슨
	확인	앞 사람의 말을 받아서 단순히 확인함 예 있는데? 복제약?
	화의	회의적인 입장 표명 예 그런데 그게 쉽지가 않잖아. 그게 한 사람만의 그걸로 결정이 되는 것도 아니고
	설명요청	상황 해석하고 옳게 이해했는지에 대해 물음. 설명 요구 예 근데 인정 받는데 왜 비싸게 받아?

주장과 모든 가용한 자료/혹은 단지 주장하고픈 관점을 지지하는 자료만을 조정하는지 라고 하는 점에서, 논변이 얼마나 잘 구성되어 있는지를 판단할 기준이 부족한 것으로 샘슨과 클락은 판단하였다. 따라서 툴민의 도식은 논변의 '구조'를 보여줄 뿐 '내용'과 '정당화' 측면에서는 질적 판단을 하기 어렵기 때문에 과학 논변의 영역-특이적 분석 틀로서는 불충분한 것으로 논의되었다.

슈바르츠와 동료들(Schwarz et al., 2003)의 논변 도식틀은 주장, 추론, 한정어의 구성요소를 가지고 있다. 이 분석 틀이 가정하는 것은 개인이 좋은 논변을 만들기 위해 사용하는 전략의 중요한 측면은 맥락에 의존하지 않는다는 것이다. 따라서 이 틀은 '내용'보다는 '구조의 복잡성'과 '정당화'에 초점을 둔다. 이들에 따르면, '단순 논변(주장만 존재)', '일방의 논변', '양방의 논변', '복합 논변'의 4범주가 존재하는데, 추론의 성격은 '추상 추론(abstract reasons)', '직접 추론(consequential reasons)', '의미 추론(make sense reasons, 신념, 권위에 호소, 개인 경험)', '애매한 추론(vague reasons)'으로 범주화되며, 이는 순서대로 양질(high-quality) 논변으로부터 경험기반 논변의 수준으로 대응된다. 이 틀로 학생들의 읽기, 토론에서의 논변이 단순한 범주에서 복합적 범주로의 발달함을 보여줄 수 있다는 강점이 있다 하더라도, 툴민의 도식과 마찬가지로 논변의 구조와 정당화에 초점을 두고 내용을 간과했다는 점이 드러난다. 결과적으로, 툴민과 슈바르츠가 제시한 논변의 공통적 특징은 내용을 간과하여 과학적 논변을 일상적 논변과 구분하지 못한 결과를 가져왔다는 데 있다.

반면, 과학의 내용까지도 강조한 영역 특이적 분석 틀로서 조아와 네멧(Zohar & Nemet)의 내용 강조 도식, 켈리와 타카오(Kelly & Takao)의 인식적 수준 강조 도식, 로손(Lawson)의 가설-연역적 논변 도식, 산도발(Sandoval)의 개념적이고 인식적 측면 강조 도식이 논의되었는데, 구체적으로 살펴보면 다음과 같다.

조아와 네멧(Zohar & Nemet, 2002)은 툴민 도식을 변형한 범주와 과학 지식 범주의 두 개 범주로 구성된 분석 틀을 제안했다. 툴민 도식의 변형 범주는 툴민 도식의 구성요소인 자료, 이유, 뒷받침을 정당화의 한 범주로 통합하여 주장과 정당화로 나누었다. 또, 과학 지식의 내용 범주는 '과학 지식을 고려하지 않음', '부정확한 과학 지식', '구체적이지 않은 과학 지식(검증이 더 필요함)', '정확한 과학 지식'으로 구분되었다. 이 분석 틀은 '정당화'와 '내용'을 강조하여, 학생들의 단순한 논변이 정당화가 잘 이루어졌는지를 살펴보는 데는 유용하다. 연구 결과, 옳은 과학 지식을 사용하는 학생들이 매우 적어서, 개념 이해와 그 개념을 논변에 적용할 기회가 필요하다는 시사점을 제시한다. 반면, 이 틀의 한계는 사회과학적 논제와 같은 논변의 내용을 다룰 때, 주장 내용을 평가하기 어렵다는 점이 있다. 과학적 논변은 자연현상에 대한 설명을 다루고 지원하기 위해 만들어지므로 내용이 중요하다. 그 외에도, 논변 시 학생들이 가용한 모든 정보를 얼마나 잘 설명하는지를 파악하기 어렵다는 점도 한계로 작용한다. 또, 학생들은 여러 실험을 통해 얻은 자료를 해석하여 주장을 하는 일이 많으므로, 이 한계점은 논변 틀을 적용하는 데 중요하게 고려되어야 한다.

켈리와 타카오(Kelly & Takao, 2002)는 대학생들의 글쓰기 과제에서 논변의 인식론적 수준을 분석하였는데, 툴민의 분석 틀로부터 벗어나서(구성요소 확인의 애매함 등) 그림, 사진, 숫자 등을 사용하여 낮은 수준의 귀납으로부터 높은 수준의 추상적 주장으로 나아가는 것을 해석할 수 있는 틀을 개발하였다. 이 틀은 글쓰기 논변에서 '구조'를 관찰과 해석으로 나누고, 인식론적 수준을 5단계로 나누어 제시했다. 인식론적 수준은 낮은 단계인 '자료 기술'로부터, '자료의 경향', '이론과 자료의 관계', '이론/모델의 예', '이론/모델', '가용한 자료와 무관한 일반적 지식'의 높은 수준에 이르는 5단계로 구성된다. 이 논변틀은 논변의 '구조'와 '정당화'에 있어서 상당히 신선한 평가를 가능하게 한다. 글쓰기 논변의 경우, 다중 자료 표상에 기반을 둔 증거, 자료 참조, 특정 내용(예 지질)의 특징 확인, 증거-자료-실제 특징과 이론의 연결 등이 요구되는데, 툴민의 틀은 이러한 중요한 측면을 반영하지 못하며, 특정 증거에서 더 일반적 진술로의 움직임의 중요성도 간과한다. 이런 점에서 이 분석 틀은 과학적 논변의 인식적 차원의 구조와 정당화 과정을 잘 보여준다. 반면, 이 틀의 한계는 명제들 사이의 연관을 민감하게 다루지 못하며, 명제의 과학적 적합성에 대한 평가도 부족하다는 것이다. 따라서 자료가 결론을 얼마나 잘 지지하는지 그리고 학생들이 이론을 잘 이해하는지를 파악하는 데 어려움을 갖는다.

로손(Lawson, 2003, 2004)은 가설-연역적 논변이 과학의 목표가 현상에 대한 여러 가지 가설 중 옳은 것을 발견하는 데 있다고 가정하고, 잠정적 설명을 제안한 후 검증 과정을 거치는 가설 예상 논변을 제안했다. 이 논변은 '인과적 질문', '설명 제안', '검증 계획', '결과 예상', '실험 결과', '결론'의 과정을 거친다. 예상된 결과와 증거가 잘 들어맞는지 아닌지에 따라 제안된 설명이 결론으로서 타당성을 확보할 수 있는지가 결정된다. 이 틀은 논변의 질을 이유(warrant)의 존재와 논거의 강함보다는 연역적 타당성으로 파악하고 있으며, 이것이 과학 공동체에서 과학자들이 논변의 질을 평가하는 기준이라고 전제되었다. 그러나 학생들은 설명을 검증하기 위해 검증 실험을 잘 하지 못하며 예상 결과도 잘 만들어내지 못한다. 즉, 이 틀은 논변의 구조는 잘 보여주나 학생들이 이 틀에 따라 논변을 생성하는 데는 어려움을 겪는다. 이 틀은 주장과 증거를 조정하거나 동일한 현상에 대한 다른 대안 설명들을 비판적으로 보고 하나의 설명의 타당성을 검증하려고 하기 보다는 현상에 대한 주된 해석을 명료화하는 데 초점을 두기 때문이다. 이 분석 틀은 '정당화'에 과도하게 초점을 두고 있지만 과학의 모든 영역에 적용하는 데는 한계가 있으며, '구조'적인 측면에서는 이 틀을 잘 따르면 강한 논변이 생성된다는 의미에 제한되므로 영역-특이적 구조를 갖는다. 또한, 이 틀은 '내용'이 정합적이라는 점을 전제하므로, 내용의 적절성을 판단하는 기준으로 사용되지 못한다.

산도발(Sandoval, 2003; Sandoval & Millwood, 2005)의 개념적 인식적 차원의 분석 틀은 논변을 개념적 차원과 인식적 차원의 두 범주로 나누어 파악한다. 개념적 차원은 '인과적 요소', '주장의 정교화', '주장을 지지하는 자료'의 3개 요소로 구성되어 있고, 인식적 차원은 '자료의 충분', '인과적 정합성', '수사적 참조'의 3개 요소로 구성되어 있다. 각각의 요소들은 세부적인 수준으로 나뉘어져 있어서, 논변은 두 개 차원, 각 세 개 요소, 각 요소에 대한 세부적 수준으로 기술되어 평가된다. 따라서 논변은 인식적 차원에서 질적 수준이 논의될 수 있으며, 개념적 차원에서도 또한 그러하다. 이 논변은 '정당화'와 '내용'을 특히 강조하고 있으며, '구조'는 그리 분명하게 다루지 않는다.

그 외에, 알레익산드레와 연구자들(Jimenez-Aleixandre et al., 2000)은 교사

주도적 활동(doing school)과 과학 활동(doing science)의 특징을 조명하는데, 툴민의 논변 도식, 인식적 작동(epistemic operation), 수업 문화의 범주를 추가하여 분석 틀로 사용하였다. 이들의 연구에서 대부분의 과학 수업에서의 목표는 일반적으로 학생들의 논변 전개 능력에 두지 않는다고 보았다. 대부분의 수업에서 학생들의 논변은 자주 제기되지 않기 때문이다. 그런 목표는 탐구로서 과학을 가르치고 배우는 관점으로부터 구성된 학습 환경과 연관되어 이루어질 문제이지, 논변 자체를 목표로 하는 교육과정을 실시하거나 혹은 수업 전략을 적용하는 것으로 성취될 수 없다는 것이다. 따라서 이들은 학생들의 탐구 학습과 연관하여 논변을 다루는 것에 초점을 두었다. 학생 담화에 초점화된 수업 담화를 분석하는 도구는 탐구의 인식적 작동(epistemic operation)과 논변 요소(argument operation), 그리고 수업 문화(school culture)로 구성되었다. 툴민의 논변 도식은 과학적 논변의 특징인 추론 요소들 즉, 연역, 귀납, 인과관계, 유비 등을 포착하지 못한다. 따라서, 탐구의 맥락에서 툴민의 논변 요소를 파악하되, 탐구내용의 추론과정과 과제의 성격을 파악하기 위해 추가 범주를 활용한 것이다.

최근의 논문으로서, 류와 산도발(Ryu & Sandoval, 2012)은 과학 활동을 인식적 실행으로 보고 툴민의 논변 도식을 바탕으로 학생들의 논변 과정 분석 틀을 개발했는데, 특히 증거로서의 자료, 그리고 주장과 자료를 연결해주는 이유 간의 인과적 구조에 대한 학생들의 생각에 초점을 두었다. 그들이 개발한 분석틀은 논변에 대한 4개 기준이었는데, 인과적 구조(causal structure), 인과적 일관성(causal coherence), 증거 인용(citation of evidence), 정당화 제시(providing justification)를 포함하였다.

살펴보았듯이, 과학교육 논변 연구에서 사용된 분석 틀은 툴민의 논변 도식을 기본으로 하여 변형 및 확장하는 등 다양하게 개발되고 적용되었음이 드러났다. 그 이유로는 일상적 논변으로서 과학적 논변을 다루는 동시에 일상적 논변과 구별되는 과학적 논변의 성격을 반영할 수 있는 분석 틀이 요구되었기 때문이다. 과학적 논변은 자연세계에 대한 근거에 기반을 둔 주장인 '구조'를 다룬다는 점에서, 사실 및 추론 결과인 과학이라는 '내용'을 다룬다는 점에서, 그리고 과학 지식의 '정당화' 과정이 과학적 추론과 방법을 다룬다는 점에서, 일상적 논변과 차별된다. 툴민의 논변 도식이 단순하고 적용이 용이하여 과학 담화 분석에 큰 영향을 미쳐왔다 하더라도, 최근 여러 연구자들의 논변 분석 틀에 대한 논의는 툴민의 도식이 과학적 논변의 측면을 모두 설명해주지 못한다는 점을 지적한다. 따라서 여러 연구자들은 연구의 목적에 맞게 여러 가지 범주를 더하고 통합하고 변형하여 논변 분석에 적용해왔다. 그러나 과학적 논변의 구조, 내용, 정당화 측면을 유기적으로 해석하기 위한 논변 도식은 매우 복잡해지기 마련이다. 따라서 과학적 논변의 어떤 측면을 보고자 하느냐에 따라 분석의 범주는 달라질 수 있을 것이며, 논변의 큰 틀 안에 부분적인 범주가 구성될 수 있도록 하는 것이 중요하다. 이와 더불어, 과학적 논변 도식의 전체와 부분 관계를 잘 파악하고, 어떤 측면을 전면에 드러내고 어떤 측면을 후면에 배치하여야 하는지에 대한 적합한 판단과 해석이 중요하게 다루어져야 할 것이다.

📄 요약

과학 교수학습에서 이루어지는 논변 도식은 어떤 조건을 갖추어야 하는가에 대해 몇 가지 측면이 논의될 필요가 있다. 이 장에서는 과학 교수학습 담화가 비형식적 논변이라는 성격을 가지므로 비형식 논변의 특성을 반영하는 툴민의 논변 도식을 과학적 논변에 적용하여, '정당한 이유를 확립(warrant-establishing)'하는 사례와 '정당한 이유를 사용(warrant-using)'하는 사례를 제시하였다. 그러나 툴민의 논변 도식은 과학 수업에서 이루어지는 과학적 논변의 성격을 반영하는 데 몇 가지 점에서 한계를 갖는다. 첫째, 과학 수업에서 이루어지는 담화는 단편적이기보다는 길게 진행되기 때문에 툴민의 논변 구성요소의 확인이 애매하고 연쇄적 논변의 분석이 쉽지 않다. 둘째, 과학적 논변은 자연현상(실세계)에 대한 사실, 개념, 이론 등이 포함되어야 하는데, 툴민의 논변 도식은 과학적 내용이 정확하고 적절한지를 평가하기 어렵다. 툴민의 논변 도식이 구조와 정당화 측면에서는 수정과 변형을 통해 유용하게 사용될 수 있다 하더라도, 과학적 논변이 담아야 할 내용을 다루는 데는 한계가 있는 것이다.

이러한 점들을 고려하여 과학적 논변을 분석하고 평가하는 데 적합한 논변 도식에 대한 과학교육 관련 여러 연구자들의 개발 및 적용이 논의되었다.

6.6 과학 개념변화와 논변

» **에피소드 1. 약 2년이 지나면 보일 거예요.**

암막 커튼이 쳐져 있는 방 안에 중학생 A와 면담자가 의자에 앉아 책상 위에 놓인 사과를 마주보고 있다. 면담자는 A에게 묻는다.

면담자: 자, 사방이 납으로 된 벽이에요, 우리가 있는 여기는 두께가 1미터나 되고. 광산 밑에 있어서 캄캄해요. 다른 누구도 들어올 수 없고 창문도 없고 문도 없어요. 아, 숨은 물론 쉴 수 있어요. 위험하진 않아요. 자, 완벽한 암흑 속이에요. 이 속에서 5, 6분 정도 지난 후에 저 사과를 볼 수 있을 것 같은가요?

A: 아마 볼 수는 있을 거예요. 하지만 빨간색은 아니고, 무채색일 거예요. 회색이나 옅은 검정으로 보일 거예요.

면담자: 완벽하게 암흑이 된 방에 들어가 본 적 있어요?

A: 네.

면담자: 설명해 봐요.

A: 완전히 어두웠어요. 사람들이랑 같이 있었는데 잠시 지나니까 사람들 모양이 보였어요. 정확하겐 아니지만.

면담자: 언제 그런 곳에 있었죠? 어떤 곳이었죠?

A: 한두 번 그랬어요. 정전이거나, 잠들기 전에 창문을 모두 닫고 불을 끄거나.

면담자: 아무것도 보지 못하는 방을 만들 수 있을 거라 생각해요?

A: 아니요. 그렇지 못할 거예요. 눈동자가 커지면서 더 잘 보이게 되거든요. 자, 이 사과도 처음보다는 좀 지나면 더 선명해지죠? 깜깜한 곳에 있어도 처음엔 안 보이지만, 시간이 지나면 조금씩 보여요. 물론 완전하게는 안 보이죠. 하지만 약간이라도 보여요. 무슨 말인지

아시겠어요?

면담자: 음.. 알 것 같아요.

--불을 끔--

면담자: 자, 준비.. 하나, 둘, 셋

A: 지금은 아무것도 안 보여요. 완전히 깜깜해요.

면담자: 사과가 보여요?

A: 아뇨.

면담자: 사과 쪽을 보고 있나요?

A: 그것조차 모르겠어요.

면담자: 손을 앞으로 내밀어 봐요. 그게 보이나요?

A: 어.. 아니요.... 아직요.

--1분 경과--

면담자: 우리가 여기에 얼마나 있었다고 생각해요?

A: 1분 정도요.

면담자: 뭔가 보이게 되기까지 얼마나 더 있어야 할 것 같아요?

A: 약 4, 5분, 아마 그 정도면 될 것 같아요.

--4분 경과--

A: 그거야 몇 분이 지나면 더 잘 보일 거라고 아는 건 당연하죠. 그건 경험을 통해 알게 됐어요. 학교에서 실험도 하잖아요. 사람들의 눈을 보면 눈동자가 커졌다 작아졌다 하는 게 보이죠. 그냥 아는 거예요. 이런 걸 경험하고 머리에 기억해 두죠. 전엔 이런 문제를 생각해 본 적도 없어요. 하지만 내 답에 스스로 납득이 가는 걸요.

면담자: 참 여러 가지 생각을 하고 있는 거 같아요. 약 6분 정도 지났어요.

A: 어.. 제가 틀렸나 봐요.

면담자: 아니, 정말 틀렸다고 생각해요? 더 기다려 볼까요?

A: 아니요. 불을 켜도 돼요. 하지만 결국엔 눈동자가 적응할 거라고 생각해요. 음.. 아마 2년쯤 기다리면요. 결국엔 보게 될 거에요.

--불을 켬--

면담자: 지금은 뭐가 보여요?

A: 모든 것이요.

면담자: 전에 생각하던 것에 비교해서 뭔가 다른 걸 느꼈나요?

A: 제가 생각했던 것보다 더 오랜 시간이 걸릴지도 모르겠어요. 하지만 시간이 더 지나면 결국 보일 거라고 생각해요.

» **에피소드 2. 전류가 멈춰야 불이 들어와요. vs. 전류가 전구 속에서 멈추는 건 아니라고 생각해요.**

A: 전류가 전구 속으로 흐른단 건 분명해요. 한곳으로 들어가서 다른 곳으로 나와요.

B: 전구 속에서 전류가 멈춰 있죠. 그러니까 불이 들어오는 거죠.

교사: 전류가 멈춰야 불이 들어온다는 거지?

C: 어디에서 멈춘다는 거지? 맨 위에 선으로 된 부분?

B: 음.. 아니 계속 흐르긴 하지만 잠깐 쉬는.. 아니 그보다..

C: 진동한다는 건가?

B: 원래 경로에서 벗어나 불을 밝히는 거라고 생각해요.

C: 제 생각엔 한쪽으로 들어가서 위로 올라갔다가 내려와서 나가는 것 같은데.. 이건 단지 제 생각이에요.

A: 전류가 전구 속에서 멈추는 건 아니라고 생각해요. 전구를 두 개 연결해도 둘 다 불이 들어오거든요. 전류가 멈추면 두 번째 전구엔 불이 들어올 수가 없죠.

위에 제시된 에피소드는 1995년 에넨버그 재단과 미국 공영방송이 수학/과학 프로젝트(The Annenberg/CPB Math and Science Project)의 일환으로 미국 과학재단(National Science Foundation), 하버드 대학(Harvard University), 스미스소니언 재단(Smithsonian Institution)의 협조를 받아 제작된 비디오 자료에서 발췌된 것이다. 이 비디오 자료는 개념변화 연구자들의 활발한 연구와 과학교육과 교사 워크숍 프로젝트인 The Private Universe Project를 통해 만들어졌다 (Schnepps, 1995).

에피소드 1은 중학교 2학년 정도 되는 학생이 갖고 있는 빛에 대한 개념이 과학적 개념과 다르다는 것, 그리고 학생 개념이 경험을 통해 얻어진 것이기 때문에 그 개념과 맞지 않는 경험을 한다 해도 쉽게 변화하지 않는다는 것을 보여준다. A는 완벽한 어둠을 정전 상태 혹은 잠자리에 들기 전의 어둠으로 설명했다. A는 완벽한 어둠을 겪어 보았으며, 그 당시 처음에는 안보였지만 시간이 지나면 희미하게 볼 수 있었던 경험을 이야기했다. A와 마찬가지로 도시에 사는 사람들은 완벽한 어둠을 경험할 기회가 거의 없다. A를 위해 연구진은 완벽한 어둠 상황을 만들었고, A는 완벽한 어둠 속에서는 아무 것도 볼 수 없다는 것을 경험한 후에도, 여전히 시간이 지나면 눈이 적응하여 볼 수 있을 것이라고 한다. 즉, 결정적인 경험도 이미 가지고 있던 개념을 포기하게 하지 못한다는 것을 보여준다. 이를 통해 일상 경험으로부터 획득되는 개념이 매우 안정적이고 유용한 특징을 가지므로, 하나의 반례나 실험만으로 개념이 변화되기 어렵다는 것을 알 수 있다.

에피소드 2는 수업 시간에 고등학생들이 전류의 흐름에 대한 기본적인 생각들을 토론하는 모습이다. 전류의 순환에 대한 적절한 이해는 전기 분야를 심층 학습하기 위해 중요한 기본 개념인 동시에 매우 추상적인 속성을 갖는다. 추상적 속성을 갖는다는 것은 조작적 언어로 표현하기 어렵기 때문에 이해를 하기 위해 학생들은 다양하고 은유적인 표상과 설명을 만들어간다. 따라서 교사는 전류의 순환에 대한 전달식 설명보다는 학생들이 스스로 가진 생각을 자유롭게 표현하는 것으로부터 출발하여 어떤 생각이 좋은지를 따져보는 방식으로 수업을 진행하고 있다. 수업에서 이루어지는 학생들의 담화를 살펴보면 일상적이고 은유적인 언어가 상당히 포함되어 있으며, 담화 과정은 서로의 개념 의미를 파악하고 반박하는 내용을 담고 있다. 학생 B의 설명에 대해 교사와 학생 C는 그 설명의 의미를 요청하고 B는 추가 설명한다. B의 설명에 대해 A는 반박을 주장하면서 근거를 제시하고 있다. 이들의 담화에는 주장과 주장의 명료화, 근거와 반박 등이 어우러져 있는데, 담화에 사용되는 언어는 과학적 용어이기보다는 '쉬다' 혹은 '멈추다' 등의 은유적 표현들이 더 자주 사용된다. 에피소드 2를 통해, 개념변화 과정은 학생들의 은유와 경험 등의 개념 생태적 요소들이 상호주관성을 갖고 어떤 설명이 더 좋은지를 평가하는 논변 과정이라는 것을 볼 수 있다. 또한 과학 개념변화를 위한 논변은 합리적이고 과학적인 용어들로 이용되기보다는 일상적인 언어와 은유적인 표현, 그리고 묵시적 지식 등이 통합되어 표현되는 애매하고 지루한 과정을 통과해야 함을 알 수 있다.

6.6.1 개념변화로서의 과학학습

'학생들은 어떻게 학습하는가?'는 과학교육을 보다 유의미하고 효율적으로 하기 위해 던져지는 학습에 관한 근본적인 질문이다. 구성주의는 학습을 이해하는 하나의 방식으로서 학습자를 백지상태로 간주한 객관주의 관점에서 벗어나 새로운 학습관의 기준이 되었다. 구성주의에서 가장 중심이 되는 것은 오스벨이 언급한 "학생들은 교실에 들어오기 전에 이미 자신의 개념을 가지고 있다"라는 생각이다. 구성주의에서 학습자는 능동적인 의미 형성자이며 학습은 지식을 활성화시키는 과정이다. 특히 과학이라고 하는 학문 혹은 교과는 자연 현상에 관한 설명 체계이고, 학생들은 일상 경험에서 이미 자연 현상에 관한 다양한 경험을 하면서 자신의 개념을 형성하기 때문에 학생들이 경험적으로 이미 형성한 자신의 개념은 학습에 매우 중요하게 작용한다. 1970년대 말 이후 과학교육에서는 과학 학습 이전에 학습 내용과 관련하여 학생들이 이미 가지고 있는 개념들이 무엇인지를 아는 것이 중요하다고 여겼으며, 따라서 학생들의 개념을 조사하는 연구가 광범위하고 심층적으로 활발하게 이루어졌다.

학생들의 과학 개념에 대해 활발하게 이루어진 과학교육 연구는 과학학습에 대하여 두 가지 중요한 결과를 제공하였다(박지은과 이선경, 2007). 첫째, 아동은 물론 성인에 이르기까지 다양한 비과학적 개념 체계를 갖고 있다는 점이다(Driver & Erickson, 1983; Driver et al., 1985; Hashweh, 1986; Lawson, 1986; Osborne & Freybery, 1985). 자연 현상에 대한 과학적 이해는 직관과 일치하지 않는 경우가 많으며 추상적이고 논리적인 사고를 요구하는 데 반해, 사람은 태어나면서부터 자연 현상을 접하면서 직관과 경험적 사고를 발달시켜 개념과 개념체계를 형성해가기 때문이다(Coll & Treagust, 2003; Dole & Sinatra, 1998; Taber, 2003). 둘째, 한번 형성된 비과학적 개념은 과학 수업 후에도 지속되어 과학 개념으로 변화하기 어렵다는 점이다(박지연과 이경호, 2004; Gilbert & Swift, 1985; Novak, 1987; Strike & Posner, 1985; Tasker & Osborne, 1985; Watts & Zylbersztajn, 1981). 학생의 비과학적 개념의 이러한 속성은 과학학습을 어렵게 만드는 원인으로 간주되었고, 많은 연구자들은 학생 개념을 과학 개념으로 변화시키는 것을 중요한 연구 과제로 삼게 되었다.

과학교육에서 개념변화는 1970년대 후반부터 과학교육에서 매우 중요한 연구 주제로 자리잡아왔다. 포스너와 동료들(Posner et al., 1982)이 제안한 개념변화모형과 보스니아도(Vosniadou, 1994)의 이중 인지구조가 대표적 연구 흐름이라고 볼 수 있다. 이들 연구의 공통점은 과학학습으로서 개념변화를 바라본 것이며, 개념의 속성을 밝히고 개념변화의 복잡함과 어려움을 다루었다는 데 있다. 이들 연구에서 개념변화의 유형에 대한 의미와 용어상의 차이가 있긴 하지만, 대체로 약한 개념변화와 강한 개념변화의 2개 범주로 대별된다. 약한 개념변화는 개념의 첨가 혹은 축적을 포함하여 동화에 해당되는 것으로서, 현재 개념으로 새로운 개념을 취급하는 것을 즉, 개념을 획득하는 것을 의미한다. 반면, 강한 개념변화는 중심 개념을 대체하거나 재조직하여 개념을 교환하는 것으로, 조절을 의미하며 존재론적 변화를 갖는다. 쿤의 관점에서 보면, 약한 개념변화는 정상과학 내에서 이루어지는 변화인 반면, 강한 개념변화는 새로운 패러다임으로의 변화인 혁명 과학의 과정이라 할 수 있겠다.

과학교육 연구는 학생 개념의 본질을 바탕으로 개념변화를 하기 위한 노력을 기울여왔다. 가장 대표적인 것으로 포스너와 동료들이 제안한 개념변화모형과 보스니아도의 개념의 이중구조를 들 수 있다.

우선, 개념변화모형에 따르면 개념변화의 어려움의 이유로써 개념이 홀로 존재하지 않고 다양한 요소들이 엮여진 개념생태로 존재하기 때문이라고 설명한다. 개념변화모형을 구성하는 두 구인은 개념의 지위(the status of a conception)와 개념생태(conceptual ecology)이다. 개념생태에 따르면, 개념은 독

립적으로 존재하는 것이 아니라 생태적 환경 하에 놓여 있으며 적소(niche)를
차지하고 있다(Toulmin, 1972). 누군가가 구성하고 있는 개념은 그 개인의 지
적 환경과 상호작용한 결과로 존재하는 것이다. 따라서, 개념변화를 위해서는
적소에 있는 개념의 지위가 변화하거나 관련 개념들이 재조직되어 적소를 찾아
야 한다(Beeth, 1993; Lemberger & Park, 1994; Thorley, 1990). 학습자의 개념
생태를 구성하는 요소들은 주로, 은유나 비유, 형이상학적 신념, 인식론적 확신
근거, 변칙 사례, 과거 경험, 다른 영역에서의 개념이 중요한 역할을 하는 것으
로 강조되었다(Beeth, 1993; Hewson, 1985; Hewson et al., 1999; Park, 1995;
Posner et al., 1982; Strike & Posner, 1985; Thorley, 1990). 개념생태는 개념변
화 과정에서 개념의 지위를 설명하기 위해 사용된다. 개념의 지위를 나타내는
조건과 개념생태의 관련성은 다음의 표 6.9와 같으며, 개념생태의 모든 구성요
소는 믿을만함의 조건을 만족하는 것으로 제시된다. 개념변화는 이들 개념생태
의 구성요소와 학습자의 현재 개념과의 상호작용의 결과이다. 개념생태의 구성
요소는 앞서 제시한 요소들뿐 아니라, 문화, 언어, 비유, 지식을 보는 관점, 정
의적 영역, 과거 경험 등 광범위한 의미로 사용된다.

개념생태의 구성요소들 중에서 휴슨(Hewson, 1985)은 개념변화에 영향을 주
는 구성요소로서 무엇보다도 인식론적 확신근거와 형이상학적 신념이 중요하

표 6.9 조절이 일어나는 조건과 개념생태 구성요소의 관계
(Beeth, 1993; Strike & Posner, 1985)

개념생태의 구성요소	조절의 조건			
	불만족	이해 가능성	믿을만함	유용성
변칙 사례	○		○	○
비유, 은유		○	○	
예, 이미지		○	○	
인식론적 확신근거	○		○	
형이상학적 신념, 개념	○		○	
과거 경험	○		○	○
기타 지식	○		○	○

다고 주장했다. 여기서 중요한 것은 확신근거 또는 신념이 무엇이냐가 아니라, 학습자에게 확신근거 또는 신념이 어느 정도인가의 문제이며 이는 내적 일관성과 일반화와 관련이 있다. 일관성과 일반화는 다른 개념과의 연관성을 보여주는 것으로 개념변화의 안정성 근거를 마련해 주기 때문이다. 그 외에도 개념생태의 구성요소들은 중심 개념에 따라 중요도를 달리하며 다양하게 배치될 수 있으며, 개인의 인지적 접근에서뿐 아니라 총체적 관점에서 파악될 필요가 있다. 과학학습에 있어서 합리적 관점이 강조되다 보면 동기적 및 맥락적 요소들은 무시되기 쉬운데, 학습자의 사고를 유인하고 통제하는 데 학습자의 의도, 목표, 신념이 실제로 중요한 작용을 하기 때문이다. 즉, 개념변화에서 인식론적 차원뿐 아니라, 학습 동기적 신념이나 문화적 영향 및 사회적 근원 등의 요소들도 개념의 구성과 변화가 일어나고 의미를 갖는 맥락을 제공하는 것이다 (Demasters et al., 1995). 이처럼 개념생태의 구성요소는 개념변화를 창출하는 맥락을 제공하며, 개념변화로서의 학습은 개념생태의 많은 양상을 포함하는 복잡한 과정으로 간주된다. 개념생태에 새로운 개념이 연결되거나 부분적인 재조직이 일어나는 것은 원 개념의 지위가 상승하면서 일어나는 약한 개념변화로 볼 수 있고, 개념생태의 구성요소들의 연결이 전체적으로 재배치되거나 새로운 개념들이 병합되어 연관된 개념생태가 새롭게 조직되는 것은 강한 개념변화라고 볼 수 있다.

　다음으로, 포스너와 동료들이 제안했던 개념변화모형과 유사하지만 다른 설명 방식을 갖는 모형으로 보스니아도(1994)의 학습자의 이중 인지구조를 들 수 있다. 보스니아도가 제안한 인지구조는 틀이론과 특정이론의 이중구조로 이루어져 있으며, 개념들은 틀이론과 특정이론 안에 박혀 있다고 보았다(그림 6.8 참조). 틀이론은 마음 깊이 새겨진 전제들인 존재론적이고 인식론적 가정들로 구성되어 있으며, 물질세계의 행동 방식을 설명하는 데 연관된다. 특정이론은 물질의 특성과 행동을 기술하고 일련의 내적으로 연관된 제안들인 신념으로 구성되어 있다. 특정이론은 틀이론의 통제 하에서 문화적 맥락에 근거하여 관찰한 것을 설명하거나 정보를 표현할 때 생성된다. 이 과정을 통해서 형성된 특정이론은 계속해서 풍부해지고 수정된다. 개념변화의 유형에 대해서는 틀이론

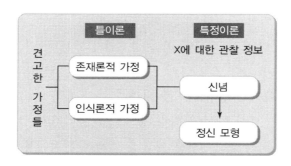

그림 6.8 X에 대한 초기 정신 모형을 이루는 가설적 개념 구조(Vosniadou, 1994)

과 특정이론에 따라 나누고 있는데, 크게 확장과 개정의 두 단계로 나눌 수 있다. 확장은 단순한 정보의 추가만을 의미하며(쉬움), 개정은 다시 특정이론만 개정(쉬움), 틀이론에 기반을 둔 특정이론 개정(어려움), 틀이론 자체 개정(어려움)의 세 경우로 나뉜다(Vosniadou & Ioannides, 1998).

살펴보았듯이, 포스너와 동료들이 제안한 개념변화모형과 보스니아도의 이중 인지구조는 개념이 개념생태 혹은 구조 내에 복잡하게 연결되어 있으며, 개념 연결이 안정적일수록 개념변화는 쉽게 일어나지 않는다는 것을 보여준다. 개념 변화모형은 개념의 지위가 상승 혹은 하강함으로써 개념변화가 이루어진다고 설명하는데, 개념생태의 상호작용을 바탕으로 개념의 지위가 결정된다. 보스니아도는 개념변화모형의 개념생태를 이론적 틀로 하진 않았지만 정신 모형을 사용하여 개념변화를 시도한 경우에 해당된다. 보스니아도는 특정 문제 상황에서 정신 모형이 작동하는데, 개인이 생성하기도 하고 인지 기능 도중에 재생되기도 하는 정신 모형은 새 정보를 기존의 지식 기반에 통합하는 시점에서 존재한다고 보았다. 그는 정신 모형 작동 과정은 신념과 가정이 작용하는 것과 유사하다고 하며, 정신 모형을 중심으로 개념을 연관시켜 개념변화를 설명한다. 문제 상황에서 정신 모형은 존재론적 가정과 인식론적 가정을 포함하는 틀이론과 구체적 이론, 그리고 신념이라는 개념 구조로 작동한다. 따라서 학습자는 자신의 전제들을 가능한 한 많이 지속시키는 방식으로 새로운 정보를 자신의 기존 지식 구조와 동화(약한 개념변화)시키려고 하지만(Vosniadou & Brewer, 1992),

지금까지 가지고 있는 전제들과 새 정보를 조정하면서 또 다른 정신 모형을 형성하는 방식으로 이루어질 때 강한 개념변화가 발생한다고 볼 수 있다.

6.6.2 개념변화를 위한 교수(teaching) 지침

과학학습의 본질을 논하고 이를 개념변화로 이해하고자 하는 노력은 학생들에게 과학을 어떻게 잘 가르칠 것인가와 연결된다. 과거 35여 년 동안 축적되어 온 학생의 개념에 관한 많은 연구들은 학생들이 수업에 오기 전에 이미 자연 현상에 대한 경험을 기반으로 자신의 개념을 형성하고 있고, 수업 후에도 잘 변화하지 않는 것이 일반적이라고 보고하고 있다(Adadan et al., 2010). 다양한 영역에서 학생 개념에 대한 방대한 연구 결과는 모두 '어떻게 하면 학생들이 개념변화를 할 수 있을까?'를 위한 것이다. 즉, 학습의 본질에 대한 이해는 적절한 교수를 위한 것이다. 개념변화를 위한 교수의 기저에는 학습자의 개념에 대한 이해와 개념변화의 어려움에 대한 이해가 자리하고 있다. 개념변화가 과학학습의 중심이 될 때, 개념변화를 위한 교수(teaching)의 본질은 모두 학습자 중심에서 적절한 처치를 하는 것으로 볼 수 있다. 그러나 학습과 교수의 관계가 단순하지 않고, 일대일 대응이 아니며, 명백히 인과적이지도 않기 때문에(Driver et al., 1994) 단일한 방식으로 적용되지 않는다. 학습 모델은 교수 순서와 전략 체계를 처방하지 않으며, 특정 교수 전략은 앞으로 전개될 학습 유형을 결정하는 것도 아니다. 그보다는 교수와 학습의 관계는 존재론적이어서, 교수는 학습이 일어날 것이라는 의도를 지니며, 또 학습 모델은 다양한 교수를 고안하고 계획할 때 사용될 수 있는 일반적 안내 체계를 제공할 수 있다.

휴슨과 동료들(Hewson et al., 1998)은 '개념변화를 위한 교수'라는 용어를 학생들이 개념변화 학습을 경험하도록 돕는 외적 목표를 갖는 교수, 개념변화 모델과 조화를 이루는 지침들을 충족하는 교수를 의미하는 것으로 사용했다. 여기서 교수 지침들을 충족시키는 데는 다양한 방법이 존재하기 때문에 특정한 한 가지 교수법보다는 더 다양하고, 더 광범위하고, 더 포괄적인 교수 활동 체계를 의미한다. 따라서 이 연구자들은 개념변화 관련 문헌에서 중요하게 반복되어 등장하고 개념변화 교수를 특징짓는 중요한 양상들을 제시했다. 개념변화를 위한 교수 지침은 개념들(ideas), 초인지(metacognition)/초개념(metaconception), 개념의 지위(status of a conception), 그리고 정당화(justification)이다.

첫째로 개념들은 수업 담화의 분명한 부분으로서 학생과 교사의 개념을 일컫는다. 개념변화를 위한 교수에서, 수업에 참여한 학생과 교사 모두가 개념을 분명히 밝히는 일이 일차적이 된다. 이 과정에서 학생과 교사는 사전에 직면하지 못했거나 진지하게 생각해 보지 않았던 개념들을 깨닫고, 이해하고, 가능하면 그 개념들에 몰입하게 된다. 여기서 중요한 것은 학생들의 개념이 교사의 개념과 같은 방식으로 고려되어야 한다는 점이다. 수업에서 학생들에게 제공되는 개념의 권위가 교사들의 지위에서 나오는 것이 아니라 합리적으로 논의되고 평가되어야 할 증거로부터 나오는 것이기 때문이다. 학생들의 개념이 수업 담화의 일부로써 충분한 가치를 갖게 된다면, 개념의 매력과 한계점에 대해 논의하고, 개념들이 일관적인지 의문을 제기하고, 개념변화가 필요한지를 받아들이는 등의 다양한 과정을 통해 개념의 선택이 이루어지게 되는 것이다. 둘째는 초인지/초개념으로서, 개념변화 수업의 과정에서 갖추고 있어야 할 뿐 아니라 촉진되어야 할 양상이다. 학생들이 수업에서 특정 현상이나 현상 체계에 대한 다양한 설명을 전개할 때, 그 설명들을 비교 및 대조하고, 주장을 하면서 하나 또는 다른 설명을 지지하거나 반박하고, 가능한 설명 중 하나를 선택하는 것은 모두 초인지/초개념적 활동이다(Hewson & Thorley, 1989). 이처럼, 초인지와 초개념은 학생들이 학습된 개념의 지위에 증거를 제공하여 교사가 독특하고 강력한 방식으로 학습 과정을 조정할 수 있는 수단이 된다. 셋째는 논의되고 협의되어야 하는 개념의 지위이다. 한 개념의 지위는 개인이 그 개념을 알고(Intelligible), 받아들이고(Plausible), 그 유용성(Fruitfulness)을 인정하는 정도의 척도이다. 개념의 이해 가능성(I)은 그 개념이 무슨 뜻인지를 알고 표현할 수 있는 것이다. 개념의 믿을만함(P)은 이해 가능한 개념이 진실이라고 믿거나 다른 개념들과 조화를 이룬다는 것을 알게 되면 그 개념을 믿게 되는 것이다. 개념의 유용성(F)은 그 개념이 가치로운 것을 성취하거나, 해결할 수 없었던 문제를 해결하거나 새로운 가능성 또는 방향을 제안하게 되는 것이다. 개념변화를 위한 교수는 학생들에게 자신의 개념과 새로운 개념을 고려할 기회를 제공하는데, 학생들은 사전 개념을 지속시킬 수도 있고, 여러 개념을 동시에 수용할 수도 있고, 새로운 개념을 자신의 개념에 동화시킬 수도 있고, 자신의 개념 대신에 새로운 개념을 선호하게 될 수도 있다. 개념의 선택 과정은 어떤 개념이 더 수용할 만한지를 찾는 것, 즉 개념변화 과정으로서, 이 과정에서 어떤 개념의 지위는 상승하는 반면 또 다른 개념의 지위는 하강하는 것이 될 것이다. 마지막으로 개념변화를 위한 교수 지침의 특징은 정당화이다. 개념의 정당화는 개념생태와 연관되어 개념의 지위를 결정하는 데 중요한 역할을 한다. 개념변화 학습에서 학생들은 개념의 이해 가능성을 기본 전제로 하여 그 개념이 믿을만한지 혹은 유용한지를 결정해야 하는데, 이 결정 과정에서 학생들은 한 가지 이상의 기준을 적용하게 된다. 이 기준을 작동시키는 것은 개념생태의 구성요소가 된다. 예를 들면 학생들은 이론과 경험적 증거의 일관성을 검토하거나, 일련의 관찰들을 이론이 잘 설명하는지를 검토하거나, 한 이론의 개념적 일관성을 검토하는 등의 인식론적 기준을 사용할 수 있는데(Beeth, 1993), 이는 개념생태의 요소로서 인식론적 확신근거에 해당한다. 이처럼 경험적 증거(사례)와 이론(설명) 간의 일관성에 가치를 부여하는 인식론적 확신근거는 기존 개념이 새로운 개념으로 변화되어야 하는 정당화를 제공해 준다.

개념변화 수업을 위해 제시된 네 가지 교수 지침들, 즉 개념들, 초인지/초개념, 지위, 정당화를 수행하는 것은 과학 수업에서 상당한 변화를 요구한다. 교사가 교육과정, 교수전략, 수업 상호작용, 평가에 대한 전통적 방식에서 벗어나 개념변화 학습을 분명하게 운영하기 위한 방식으로 변화를 추구하고 그 변화를 수행하는 안내의 역할을 해야 할 것이다. 학생도 마찬가지로, 학습에 더 큰 책임을 가져야 하고 더 능동적으로 수업 과정에 참여해야 할 것이다. 교사와 학생의 역할 변화와 더불어, 수업 담화의 본질 즉, 교육과정의 본질이 변화해야 하는데, 수업 담화는 과학의 사실적이고 개념적 지식(과학적 탐구의 산물)에만 초점을 둘 것이 아니라, 지식이 정당화되고 받아들여지는 방식(과학적 탐구와 과정과 가치)에 초점을 두어야 한다. 즉, 개념변화를 위한 수업 담화는 학생의 개념, 과학적 현상에 대한 증거, 예측의 상호중첩되는 다중적 논변 과정이 중심이 되어야 한다.

6.6.3 개념변화 과정에서의 논변

개념변화를 위한 교수 지침이 개념들, 초인지/초개념, 개념의 지위, 정당화를 분명히 다루어야 할 것을 안내할 때, 개념변화 수업은 학생과 교사의 개념들을 명료화하고, 이들 개념의 지위를 고려하는 등의 정당화 과정을 초인지/초개념 적으로 해야 함을 의미한다. 개념변화 수업 모형은 기존의 개념을 표현하여 명료화하는 것으로부터 출발하여 갈등 상황에 노출시켜 새로운 개념으로 재구성하는 것이 골자이다. 새로운 개념으로의 변화 과정에서 학생들은 새 개념의 이해 가능성과 믿을만함을 검토하고 기존의 개념에 비해 유용함을 인정함은 물론, 기존의 개념에 대한 불만족을 동시에 갖게 된다. 수업에서 교사가 학생의 개념변화를 목표로 하려면 증거를 제시하여 새 개념을 이해시켜야 하고 믿을 수 있도록 해야 한다. 많은 개념변화 연구에서 개념변화가 어려운 이유로서 학생들은 보고자 하는 것을 보기 때문에 새 개념을 지지해 주는 증거를 무시하거나 거부하려고 하는 경향이 있다고 보고한다. 이것은 교사가 학생들에게 새 개념을 지지하는 증거를 단순히 제시하는 것에 그쳐서는 안 된다는 것을 말해준다. 학생들로 하여금 스스로의 추리를 만들어내고 발전시킬 수 있도록 해야 한다. 다시 말해, 새 개념의 권위가 교육과정의 권위나 교사의 권위 등 외적으로 부여되는 것이 아니라, 학생 스스로 정당화를 통해 내적으로 부여하도록 해야 하는 것이다. 특히, 과학처럼 정교한 내용을 배우는 것은 새로운 지식을 더하기 보다는 우리가 알고 있는 정보에 대한 생각을 바꾸는 것으로서 사물을 관찰하는 새로운 관점을 개발해 나가는 것이다. 개념의 변화는 단지 증거와 이론의 인과적 정당화만을 확보한다고 해서 저절로 이루어지는 것이 아니라, 개념과 관련된 관점과 신념 체계를 바꾸어야 할지도 모르는 더 복잡하고 어려운 과정이기 때문이다.

개념변화 전략으로 개념에 도전하는 다양한 활동과 변칙 자료 제시가 종종 효과적이라고 보고된다. 그러나 개념에 도전하는 다양한 활동과 변칙 자료 제시 그 자체로는 개념변화를 일으키지 않는다(Driver et al., 2000). 개념변화를 위해서는 자신의 기존 개념을 확인하고, 개념에 도전하는 과제나 변칙 자료를 통해 기존 개념을 의심하고 대안 개념을 평가해 보는 논변 과정의 기회가 필요하다. 즉, 과학 수업이 특정 현상에 대한 다양한 생각과 관점을 다룰 때 수업 담화는 목표 개념을 중심으로 한 논변 과정이 되어야 한다. 개념변화 과학 수업에서 중요한 것은 학생들로 하여금 어떤 현상에 대한 다양한 생각들을 발표하고 서로 그 생각을 검토한 후에 여러 의견들 중에 어떤 것이 가장 명확한 것인지 스스로 판단하고 이해하도록 하는 것이다. 그 과정에서 과학적인 생각이 더욱 명확히 드러나게 되고 그 현상에 대해 더 잘 설명할 수 있게 되기 때문이다. 이처럼 수업에서 다양한 생각과 개념들이 다루어질 때, 특정 생각과 견해를 주장하는 학생이나 교사는 다른 경쟁적 혹은 대안적 견해를 가질지도 모르는 다른 학생이나 교사를 설득하기 위해 논변을 펼쳐야 한다.

개념변화 수업의 논변에서는 수업 참여자의 개념이 담화 자원이 된다. 담화 자원은 교사의 개념이 될 수도 있고, 학생들의 개념이 될 수도 있고, 혹은 과학자의 개념이 될 수도 있다. 이는 수업 맥락에 따라 다양화될 수 있는데, 교육과정의 내용과 시공간의 조건에 따라 교사는 적절한 수업 담화 전략을 취할 수 있을 것이다.

교사의 개념이 담화 자원으로 사용되는 경우, 교사는 자신의 개념과 개념생태의 다양한 요소들인 예, 경험 등을 연결시켜 학생들의 이해를 꾀하기 위한 설명을 전개할 수 있다. 학생들에게 과학 개념을 이해하게 하려면, 교사는 그 개념을 학생들의 개념생태와 연결지어줘야 하며 그 개념을 납득할 만한 적절한 근거(warrant)를 제시해야 한다. 교사가 단지 교과서에 실린 과학적 용어만으로 개념을 설명한다면 학생들은 자신의 개념생태에 그 개념을 위치짓거나 일치시키지 못하게 된다. 즉, 과학 개념의 내적 권위 즉, 과학 개념이 이해 가능하고 믿을만하고 유용하다는 근거로부터 나올 때, 자신의 개념생태와 조화롭게 연결되고 이해되는 것이다. 반대로, 과학 지식의 권위가 외부 즉, 교과서 혹은 교사로부터 나올 때 그 개념은 불완전하여 문제 해결 상황에서 활성화되지 못하거나 기존에 가지고 있던 개인 개념과 병존하는 등으로 존재한다.

교사의 설명이 주가 되는 개념변화 학습 전략은 학생들의 개념을 명백히 드러내지 못하게 되는 한계가 있다. 따라서 교사의 개념이 학생의 개념생태에 연결되지 못하면, 교사의 설명은 학생의 이해를 이끌어내지 못한다. 개념변화가 목표가 되는 수업이라면 학생들의 개념을 드러내어 담화 자원으로 사용하는 것이 더 효과적이다. 그럴 경우 개념변화가 좀 더 활발하게 진행될 수 있으며, 그 수업은 개념변화를 주축으로 하는 수업의 인식론적 목적에 맞을 것이다. 이때 학생들의 개념은 흔히 오개념이라 불리는 것처럼, 틀린 혹은 잘못된 개념으로 취급되지 않도록 주의해야 된다. 오개념은 초기 개념변화 연구에서 학생들의 개념의 특징을 밝혀내면서 과학자의 개념을 옳은 것으로 기준을 두고 학생들의 개념이 틀린 것으로 정의하면서 만들어진 용어이다. 오개념을 틀린 혹은 잘못된 개인 개념으로 상정하게 되면, 개념변화는 학생들의 기존 개념을 버리고 과학적 개념으로 대체하는 것이 된다. 그러나 개념변화 연구가 발전해가면서, 오개념은 학생들의 다양한 개념의 본질을 나타내기에 적절치 않은 용어로 지적되고 반성되었다. '틀린' 혹은 '잘못된'이라는 의미를 갖는 '오' 대신에 대안, 다른, 미니 등의 용어가 제안되었다. 이에 따라, 학생들의 과학에 대한 이해 혹은 사고를 나타내는 말들을 오개념(misconception)으로 지칭하는 대신, 대안 개념(alternative conception), 대안틀(alternative framework), 소박한 개념(naive conception), 미니 이론(mini theory) 등의 다양한 용어로 사용했다. 여러 연구자들이 각기 사고의 상태에 대한 상징적 기호를 다르게 쓰기 때문에 이처럼 다양한 용어가 등장하였다. 현 개념변화 연구에서는 오개념을 개인이 갖는 다양한 양상의 개념을 의미하는 것으로 보고 있으며, 따라서 극복되고 폐기되어야 할 장애물이라기보다는 학습의 자원으로 간주되어야 할 것으로 본다(Larkin, 2012).

학생들의 개념이 담화 자원으로 사용될 때 특정 현상 혹은 일반 현상에 대한 여러 가지 설명 가설이 제시되고 그중에서 어떤 설명이 가장 좋은지를 평가하는 논변 과정이 활발하게 진행될 수 있다. 개념변화 수업에서 가장 중요한 것은 그 개념을 정당화하는 과정이기 때문에, 그 개념이 포함된 설명을 평가하는 것은 개념변화에서 가장 중요한 부분이다. 특히, 학생들의 생각이 평가의 대상이 될 때 학생들로 구성된 소집단 토론을 하고 교사는 담화 스캐폴딩(scaffolding)을 하는 것이 더 효과적이다. 학생들이 교사와 토론을 할 때는 대등한 위치에 있기 힘들기 때문에 교사의 의견에 권위를 부여하고 의존하기 쉽다. 그러나 학생들 또래로 구성된 소집단 토론을 하는 경우에는 훨씬 더 자신의 생각을 제시하는 데 거리낌이 없으며, 토론 과정에서 상호주관성을 통해 개념을 정교화하거나 개념변화의 기회를 갖게 되기도 한다. 이런 접근 방식은 시간이 걸리는 일이고 교사와 학생들이 익숙해져야 하는 일이다. 학생들의 소집단 토론이 유의미하게 진행되기 위해 기본 지식의 습득, 자료와 주장의 구분, 근거 제시, 주장에 대한 반박 등에 대한 안내를 할 필요도 있을 것이다. 또한, 논변 과정에서 어떤 개념이 더 이해할 만한지, 믿을 만한지, 혹은 유용한지에 대한 판단을 통해 더 좋은 설명이 무엇인지를 학생들이 평가할 수 있도록 해야 할 것이다. 휴슨과 헤네시(Hewson & Hennessey, 1991)는 개념의 지위를 형성하는 조건에 초점을 맞추고 개념변화 과정을 조명하였다(표 6.10). 이들은 초등학교 6학년 학생들에게 이해 가능성, 믿을만함, 유용성의 용어를 익혀 학습에서 자신의 개념의 지위를 평가할 수 있게 한 다음, 개념의 지위를 분명히 결정하는 전략을 통한 개념변화를 사례 연구로 제시하였다. 학생들은 스스로 개념의 지위를 나타내는 용어를 구사하여 자신의 개념을 표현하였고, 이런 전략은 개념변화에 효과적이라는 결과를 가져왔다. 지위의 표현 용어들을 사용하면서 개념변화를 경험하는 사례 연구의 제시는 논변 연구에서 사용되는 논변 구성요소들(증거, 주장, 근거 등)을 사용하지 않았더라도, 이해 가능성, 믿을만함, 유용성을 나타내주는 표현이나 설명이 합리적이며 논변적임을 보여준다. 사례 연구로 제시된 Alma는 9주간의 힘과 운동 단원의 수업에 참여했고, 초기와 중반에 수행된 면담을 통해 동일한 문제의 답을 선택하고 그 이유를 설명했다. Alma는 자신이 선택한 힘 개념을 뒷받침해주는 증거를 제시하고 그것을 이해 가능성, 믿을만함, 유용성의 용어들을 사용하여 설명했다. 다음 발췌문은 힘과 운동 단원의 중반부에 실시된 면담의 일부이다.

문제에 대한 답 설명

Alma: 난 D를 선택했다. 나는 D가 가장 옳은 답이라고 생각하는데 왜냐하면 두 힘이 동일하다면 움직이지 않을 것이기 때문이다.

개념 지위에 대한 설명

Alma: 나는 D를 선택했다. 나의 이론은 분명히 변했다. 나는 동일한 힘이 있다고 생각한다. 왜냐하면 책은 움직이지 않기 때문이다. 나의 두 번째 이론은 내가 이해할 수 있다. 왜냐하면 두 힘이 동일하기 때문이다. 책은 내가 D라고 생각하기 때문에 움직이지 않는다.

Alma: 그것은 그럴듯해 보인다. 왜냐하면 나는 책 위에 동일한 힘이 어떻게 작용하는지를 이해할 수 있기 때문이다.... 그리고 나는 내가 전에 왜 A를 선택했는지를 알 수 있다.

Alma: 그것은 유용하다. 왜냐하면 나는 나의 생각을 다른 선택지를 이해하는 데 적용할 수 있다. 비록 어떤 것은 움직이지 않는다 할지라도 중력은 항상 작용한다. 그래서 나는 중력과 동일한 또 다른 힘을 찾으려 한다.

Alma는 단원이 시작된 이후에 자신의 생각을 바꿨다고 스스로 인정했다. Alma는 힘과 운동 단원 초기에 하나의 힘만 생각했지만 수업을 통해 단원 중반부에 들어서면서는 하나의 힘 이상이 존재한다고 받아들이게 된 것이다. Alma가 개념변화를 경험했다고 알 수 있는 것은 그녀의 주장에 증거와 근거가 실려 있기 때문이다. 이것은 논변 과정에서 강조하는 요소들과 일치한다.

소오리(Thorley, 1990)는 휴슨과 헤네시(Hewson & Hennessey, 1991)의 연구에서 제시한 힘과 운동 단원 수업을 담화 분석하여 과학학습에서 개념의 지위를 초인지로 이용하는 토론 수업이 효과적임을 강조하였다. 개념변화에서 논변 과정이 중요하다는 것은 논변 과정이 개념변화에 효과적이라는 것을 의미한다. 다시 말해, 논변 활동은 개념변화를 활성화시키고 촉진시킨다고 할 수 있다. 개념 및 개념변화의 본질, 즉 개념변화 양상과 경로 등에 관한 많은 연구 결과들은 학생들의 개념변화를 위해서는 다중 표상을 활성화시킨 읽기 및 쓰기 담화가 이루어져야 할 것을 제안한다(Adadan et al., 2010). 수업 참여 구성원들이

표 6.10 개념변화 모형의 기술적 용어들(Hewson & Hennessey, 1991)
(Descriptor for the Technical Terms of the Conceptual Change Model)

생각/개념	기술적 용어
나에게 이해 가능하다. (Intelligible)	· 나는 그 개념이 의미하는 것을 알아야 한다. 　- 단어는 이해할 수 있어야 한다. 　- 단어를 이해시킬 수 있어야 한다. · 나는 내 자신의 표현으로 묘사할 수 있어야 한다. · 나는 예를 제시할 수 있다. 　- 속하는 예제들 　- 속하지 않는 예제들 · 나는 나의 생각을 다른 사람에게 표현하는 방법을 안다. 　- 그리거나 묘사함으로써 　- 그것을 설명하거나 대화함으로써 　- 개념도를 사용함으로써
나에게 믿을 만하다. (plausible)	· 그것은 처음에 이해 가능해야 한다. · 나는 이것이 실제 현상에서 　- 진실이라는 것 　- 그것이 현상에 대한 그림에 적합하여야 한다. · 그것은 내가 알고 있거나 믿는 것에 관한 개념이나 다른 　생각에 적합하여야 한다. · 그것은 수단이다. 　- 나는 나에 관한 것을 알아야 한다. 　- 나는 작동하는 것을 알아야 한다.
나에게 유용하다. (fruitful)	· 그것은 처음에 이해 가능해야 한다. · 그것은 그럴듯해야 한다. · 나는 그것이 유용하다는 것을 안다. 　- 그것이 내가 문제를 해결하는 데 유용하다. 　- 그것이 새로운 방법에 대한 생각을 설명하는 데 유용하다. · 나는 다른 생각에 그것을 응용할 수 있다. · 그것은 나에게 심도 있는 연구와 탐색을 위해 새로운 생각을 　하도록 한다. · 그것은 어떤 것의 더 나은 설명이다. 　- 그것은 새로운 방법이다.

다양한 표상 기반의 논변 과정을 통해 개인의 지식을 사회적으로 구성하고 재구성할 수 있는 기회에 의존하여 개념변화는 일어난다. 어떤 경우에, 학생들은

집단 내에서 문제를 놓고 논변할 기회를 과학 수업 시간에 갖게 된다. 학생들은 교사의 말을 듣기보다는 친구들과의 논변 활동을 통해 더 잘 배울 수 있다. 또는 전체 학습 상황에서 교사는 다른 생각들을 확인하기 위해 토론을 안내하여 학생들에게 하여금 그 생각들을 평가하고 협의를 도출하도록 한다.

📄 요약

과학 수업에서 교사가 무언가를 가르치려 할 때 학습자는 이미 그에 대한 자기 생각을 가지고 있다. 학습자가 이미 가지고 있는 개념은 매우 안정적이어서 과학 개념과 다를 경우 변화에 저항하는 경향이 있다. 개념변화로서의 학습을 꾀할 때, 교사가 학생의 이해를 위해 수업의 초점 개념을 제시하는 과정은 그 개념과 연관된 증거를 설득적으로 제시하는 논변 과정이 되어야 한다. 학생들은 교사가 제시하는 증거를 그대로 수용하는 것이 아니라 그 증거가 받아들일 만한 것인지에 대해 의심하고 따져볼 수 있다. 또한, 갈등 개념 혹은 변칙 사례를 제시하는 것만으로 개념변화를 안내할 수 없다. 교사와 학생, 학생들 간의 논변 과정은 개념변화를 촉진할 것이다.

과학 수업에서의 담화

과학교육에서는 무슨 연구를 할까? 이런 사소한 질문으로 검색을 하다보면 과학교실에서의 담화, 즉 언어적 상호작용이라는 주요어를 가진 논문들이 상당히 눈에 많이 띈다.

그러나 1980년대로 거슬러 올라가면 무척 당황스러운 우리의 과거와 마주한다. 1980년대부터 과학교육에서는 학생 중심 활동(student centered activity)이 대다수 연구의 주요어였다. 물론 구성주의 및 hands-on activity라는 단어도 빼놓을 수 없다. 온갖 단어에 -on을 붙이는 게 유행어처럼 번졌다. 인간의 교육이 그리고 성장이 전등 스위치처럼 켰다 껐다 그러는 것은 아닐 텐데 마치 그런 일들이 가능한 것처럼 우리는 죄다 어쩌고저쩌고 -on에 매료되었다. 그때 과학교육에서는 교사가 강의하는 게 무슨 죄라도 짓는 것마냥 께름칙해 했다. 강의식 수업은 극복해야 하고 비판받아 마땅한 구태의연한 척결 대상인 것만 같았다. 물론 그 당시 우리나라의 훌륭한 과학 교사들은 죄다 강의만 했다. 과학교육연구를 하면서부터 그동안 해오던 강의수업에 전념하던 우리의 학교 과학은 초라하기만 했다.

이상한 생각이 들기는 했다. 60명 이상의 학생이 한 반에 모여서 초롱초롱한 눈으로 교단 앞의 교사를 쳐다본다. 아무도 졸거나 하지 않았다(분필이 날아오는 치명적인 순간을 두려워했기 때문만은 아닐 것이다). 귀에 쏙쏙 들어와 박혔다. 선생님은 화려한 비유와 우리가 알아들을 수 있는 쉽고 친숙한 언어로 복잡하고 어려운 과학 개념을 척척 설명해내셨다. 80년대 혹은 90년대의 멋들어진 과학교육 이론은 이런 상황을 설명해 낼 재간이 없었다고 본다. 학생중심 활동을 중시한 과학교육이론에 기반을 두어 타도해야 한다고 했던 당시의 '강의식 수업'을 통해 우리나라는 세계 최고의 과학기술 인재양성 국가라는 자랑스러운 타이틀을 거머쥐게 된다.

뭔가 있었다. 우리의 강의식 수업에서는 … 아쉽게도 이런 생각을 과학교육 연구를 처음 했던 그때는 생각하지 못했던 것 같다.

강의식 수업에 대한 강하고 이유 없는 비판에 시달려야했던 우리는 2000년대, 안 올 것 같았던 21세기를 맞이하게 되면서 담화, 상호작용, 그리고 비고츠키의 논의가 과학교육에서도 피하기 어려운 담론이요 주요어가 되는 걸 알 수 있게 되었다.

1996년 아이오와 주립대학교의 예거(Robert E. Yager) 교수는 박사과정 수업에서 이런 말을 한 적이 있다. '과학은 어느새 뭔가 실험하고 학생들이 뭔가 바쁘게 핸즈온(hands-on) 활동을 하는 것으로 이해되고 있다. 과학은 인문학이나 사회학처럼 언어나 소통은 크게 중요하지 않은 것처럼 착각하고 있는 듯하다. 그러나 인간의 성장과 발달을 논하는 과학교육에서 언어소통을 배제하는 것은 뭔가 본질을 크게 벗어난 것으로 보인다. 그러니 착각하지 마라. 학생들이 실험하는 활동만을 통해 뭔가 큰 배움을 얻고, 성장을 할 것으로….'

7.1 인간의 구성주의(human constructivism)

학습에 대한 관점을 인간 구성주의로 풀어보면 그림 7.1처럼 나타낼 수 있다. 인간의 구성주의는 다양한 과정을 다 아우를 수 있다. 개인이 현재 가지게 되는 개념은 다양한 개인적 경험사물이나 사건의 관찰, 문화, 언어, 교사의 설명 등의 총체적 결과물이라고 할 수 있다. 그러한 개념들은 반드시 학문적 지식 구조와 일치할 필요는 없다. 더 나아가 민츠와 동료들(Mintzes, Wandersee, & Novak, 1997)은 중요한 사항을 지적하였다. '좋은 교사와 교과서를 포괄하는 공통교수실행(common instructional practices)이 오개념의 주요 근원지가 될 수 있다.'

인간의 구성주의(human constructivism)를 살펴보면 두 가지 유형으로 보인다. 한 가지는 학습이 점진적(gradual)이고 동화적(assimilative)으로 나타날 수 있다는 것이다. 개개인의 개념적 이해에서의 증가해가는 변화를 의미한다. 또 하나, 학습은 유의미하게 그리고 빠르게 일어날 수 있다. 개인의 지식의 실질적 재구조화를 의미한다(Anderson & Biddle, 2003). 민츠와 동료들(Mintzes, Wandersee, & Novak, 1997)의 연구에서 다음과 같은 문구를 발견할 수 있다.

개념적 변화는 지식 개념틀의 재구조화를 필요로 한다. 그리고 이는 결국 개념들 사이의 연계를 만들고 다시 부수는 과정 또는 하나의 개념이 다른 개념으로 교체 혹은 대체되는 과정의 결과로 나타난다(p.415).

우리의 일상 상황에서도 이러한 인간 구성주의의 논의를 고려해 볼 수 있다.

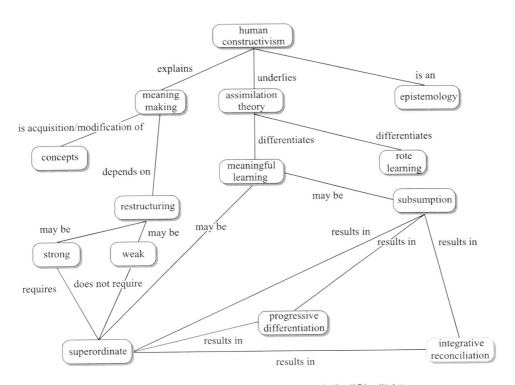

그림 7.1 구성주의(human constructivism)에 대한 개념도
(Mintzes & Wandersee, 1998, p.48)

박물관이나 수족관 같은 곳에서의 학습을 생각해 보자. 학습에 대한 인간 구성주의적 관점에서 보자면 관람을 하면서 관람객은 이미 가지고 있던 지식을 기반으로 지식 형성에 개인적인 능동적 참여를 하게 된다는 것이다. 또한, 결과적으로 얻어진 학습의 특징과 질을 결정하는 데 있어서 개개인의 사전 지식들의 상태에 따라 그 역할에 대한 평가는 달라진다. 결국 지식 구성의 역동적인 특징을 알 수 있다. 예를 들어 학교 교실로 돌아와서 박물관에서 구체적으로 얻어진 경험이 어떻게 나타나는지를 살펴보자. 학생은 학교 수업에서 박물관에서 맞닥뜨린 경험으로부터 발달된 지식을 변화시키거나 재구조화하게 된다.

많은 연구들이 이처럼 인간의 지식구성에 학습 경험과 사전지식이 어떤 역할을 하고 어떻게 만들어지는가를 설명하고자 하였고, 특히 학생의 학습에서 교실 맥락에서 교사와의 상호작용을 통해 기존의 지식과 경험이 어떻게 변화되고 재구조화되면서 지식을 생성하는가를 세세하게 알아보는 데 목적을 두고 있다. 다만 여전히 인간 구성주의의 복잡성과 역동성, 지식 구성에 미치는 요소들의 변화가능성 및 재구조화는 이러한 연구주제가 여전히 어려운 난제로 남게 되는 주요 원인이 된다.

7.2 학교 과학 수업에서의 '담화'가 가지는 의미

모티머와 스콧(Mortimer & Scott, 2003)이 지적한 대로, "과학 수업에서 '담화' 혹은 '말하기'에 학생들이 참여하는 게 중요한가?"라는 질문에는 다음과 같은 암묵적 가정이 있다고 할 수 있다. 과학 수업에서는 정해진 과학실험을 수행하면 되고, 과학자들이 이미 정교하게 만들어서 제공한 지식이 주어진다. 교사와 학생의 임무는 그 지식을 최대한 효과적으로 옳게 이해하는 것이다. 그러므로 교사의 설명과 이를 이해했는지를 확인하는 교사 질문과 이에 대한 학생의 응답, 그리고 그 응답에 대한 교사의 평가 즉, 우리가 잘 아는 Initiation(교사발문)-Reply(학생응답)-Evaluation(교사 평가)의 패턴을 따른다. 위의 질문은 이렇게 말하는 것 같다. '우리의 이러한 가정은 더 이상 유효하지 않을지도 모

른다.'

우리의 답은 이것이다. 과학 수업에서도 교사와 학생, 학생과 학생의 담화는 매우 중요하다.

정해진 교과서 같은 실험을 한다고 해도 교사가 학생과 어떤 상호작용을 통해 무엇을 만들어가는지가 중요하다. 과학 수업에서의 '담화'는 '의미생성 (meaning making)' 과정의 핵심적 요소이고, 이러한 의미생성은 다시 학습의 핵심이 되기 때문이다(Mortimer & Scott, 2003). 이것은 바로 비고츠키의 인간의 발달과 학습의 중요 내용이다. 담화는 의미생성 그리고 학습으로 전개되며 이런 논의의 배경에 비고츠키의 사회문화적 이론이 깔려있다. 비고츠키의 인간의 성장발달 그리고 학습에 대한 견해에 따르면 모든 학습은 사회적 상황 (situation)에 기반을 두어 일어나고, 그 사회적 상황이란 사람들 사이의 말하기를 통해 생각이 연습되고 시연되는 상황을 의미한다. 자기가 뭘 알고 어떻게 이해하고 있는지 혼자 있을 때는 잘 모른다. 나는 아무 생각도 안하고 사는 무념무상의 존재인 듯 보인다. 그런데 다른 사람과 이야기를 나누다 보면 상대방에 대해 이해하기보다는 나에 대해 새로운 발견을 할 때가 더 많다. '아 내가 그런 생각을 하고 있었구나...'하고 말이다. 나는 중립적인 정치 성향을 가진 사람이라고 평소에 생각한다. 그러나 어떤 이슈에 대해 이야기를 나누면서 내가 그렇지 않다는 것을 깨닫는다. 나만 그런 것은 아닐 것 같다.

개개인이 의미를 생성하는 단계는 각 참여자가 자신이 이미 가진 생각을 담화에서 등장한 새로운 아이디어와 끊임없이 상호작용하는 단계이다. 각 담화 참여자들이 가진 기존의 생각과 새로운 생각들 사이에 긴장감이 없을 때도 있고, 때로는 갈등이 일어나기도 한다. 이때 새로운 생각과 기존 생각이 잘 융합될 수 있도록 해결될 필요도 있을 것이다. 어찌되었든 간에 의미생성은 담화과정에서 매우 근본적인 것으로 보인다. 이 담화에서 서로 다른 생각들이 소환되고 작동하기 시작하기 때문이다. 궁극적으로 담화는 개개의 머릿속에 작동하고 있기는 하지만 혼자만의 상황에서는 존재하는 증거조차 찾기 어렵다. 그러다가 다른 사람과 이야기를 시작하면서 혹은 책을 읽으며 다른 사람의 생각과 맞닥뜨리게 되면서 살아나게 된다.

7.3 교실 담화와 후기 구성주의

지난 30년간 과학교육에서 구성주의의 입지는 확고하였다. 과학 교수 실행에서 구성주의는 빠지지 않는 주요 핵심 이론이었다. 거의 모든 국가의 과학교육 개혁 운동의 밑거름이 되었다. 구성주의를 비판하는 것이 가능하지 않다는 생각이 들 만큼 완벽한 것이었다. 그러나 그렇게 긴 시간이 흐르면서 우리는 구성주의가 원래 무엇이었을까?라는 근원적 질문을 하게 된다. 구성주의는 두 가지 정도로 이해할 수 있다. 첫 번째는 학습에 학생의 활발한 지적 참여를 요구한다. 이것은 학생 중심 활동 혹은 학생 중심 수업이라는 용어와 동일하다고 볼 수 있다. 학습의 주체인 학생이 주도하는 활동으로서의 학습을 상정한 것이다. 두 번째는 학생의 선행 지식(prior-knowledge)이 후행하는 과학 개념의 학습에 영향을 미친다는 것이다.

지난 수십 년 간의 과학교육에서 구성주의를 근간으로 하는 과학 수업은 주로 첫번째의 특징인 학생 중심 수업에 상당한 노력과 심혈을 기울여왔다. 우리는 자칫 구성주의의 두 번째 특징을 잊고 살았던 듯 보였다. 어쩌면 첫번째를 잘 수행하면 두 번째 특징이 저절로 성취될 것이라는 막연한 희망을 가졌을 수도 있다. 하지만 그런 일은 일어나지 않았다.

과학 수업에서의 의미는 언어를 통해 발달되는 것이다. 사회문화적 관점에서 구성주의의 주요 핵심이었던 '학생이 지적으로 학습에 참여하는' 학생 중심 수업은 여전히 의미가 있다. 다만 여기서 우리가 관심을 다소 적게 가지고 있었던, 언어를 통한 의미생성에 대한 논의에 초점을 맞추어보자는 것이 후기 구성주의의 핵심적 논조이다. 그래서 '후기'라는 말을 덧붙였을 뿐이다. 학교 교실 상황을 떠올려보면 학생들이 자신이 주도하는 실험을 하고 개념을 찾아간다. 자신의 과학적 주장을 만드는 장면도 나타날 수 있다. 그러나 학생이 가지고 있던 그 사전개념 혹은 오개념은 수업을 아무리 해도 '마치 좀비처럼' 끈질기게 구석구석에서 나타난다. 또 어떤 과학 개념은 다른 것에 비해 더욱 바뀌기가 힘들다. 이런 상황들은 이제까지의 구성주의 즉 학생 중심 활동에서는 크게 논의되지 않았었다. 후기 구성주의는 이런 상황에 초점을 맞춘 것이다. 이러한 후기 구성주의 연구들은 유독 의미생성이나 담화에 관심을 기울인다. 과학 수업에서의 상호작용, 의미가 담화를 통해 어떻게 발달되어 가는가 등이다. 에드워즈와 머서(Edwards & Mercer, 1987)의 'Common Knowledge'라는 책에서는 학습의 내용과 실질적 활동 그리고 담화의 관계들에 대해서 논의하고 있다. 또한 Talking Science: Language, Learning and Values라는 렘케(Jay Lemke, 1990)의 책에서는 '과학을 배우는 것은 과학을 말하는 것을 학습하는 것과 관련이 있다. 학생은 교실 담화를 통해서 어떻게 과학 말하기를 습득하는가'라는 연구 질문에 초점을 맞추었다. 결국 바흐친(Bakhtin)이 1953년에 쓴 책의 제목처럼 과학은 말하기 장르(speech genres)인 셈이다. 이 대목에서 우리는 학교 과학교육의 오랜 궁금증인 '과학을 왜 모든 사람이 배워야 할까?'라는 질문에 대한 답을 찾을 것 같기도 하다. 시험 보고 나면 까먹을 지식을 머릿속에 넣어두기 위해서가 아니라 뭔가 인간에게 내재된 꽤나 괜찮은 능력을 발굴하고 키워내는 것이다. 학교 과학을 통해 '과학 사고 습관'을 갖는 것이고 이는 언어를 통해 나타난다. 과학적 사고를 하는 사람의 말투를 습관처럼 체득하는 것이다. 이 정도 답이어도 '왜 학생들 힘들게 어려운 과학을 초등학생 때부터 가르치려 하느냐'는 볼멘 질문을 던지는 인문학 지상주의자들에게 한방 날릴 수 있는 답이 되지 않을까?

7.4 학교의 교실 담화를 어떻게 분류하고 해석할까?

모티머와 스콧(Mortimer & Scott, 2003)은 과학교실에서의 의미생성에 대한 담론을 정리하면서 상호작용에 대한 심도 있는 분석방법을 제안하였다. 이를 정리하여 이 장에서 소개하려고 한다. 이 두 연구자는 과학 수업을 분석하기 위해 영상을 찍고 보러 다니면서, 항상 학생들에게 질문하고 대답을 기다리면서 학생들의 생각을 말하길 이끌어내고 있다고 확고히 믿는 몇몇 교사들을 만났다고 회고하였다. 그런데 영상을 보면서, 대부분의 질문이 가능한 한 가지 대답만을 가지며, 그 답은 교사에 의해 요구되는 것이라는 점을 발견하였다. 게다가 질문에 대한 많은 답변이, 자신의 답이 옳다(혹은 교사가 원하는 것과 같다)고 생각하는 일부 학생들에 의해 반복되는 것을 보았다. 이러한 유형의 대화를 재검토하고 분석하면서, 많은 교사들은 그들의 수업이 많은 질문과 답, 대화를 포함하지만, 사실 학생들의 생각을 진실로 이끌어낸 것이 아니었음을 알고 놀라워했다.

커피를 마시며 친구들과 이야기하는 담화의 방식이 학교에서의 과학 수업 동안 교사와 학생 간의 이야기하는 방식과 다를 것임은 분명하다. 이러한 학교 과학 수업 동안 대화의 다양한 방법을 확인해볼 필요가 있다. 모티머와 스콧(Mortimer & Scott, 2003)의 학교 과학 수업에서 나타나는 담화의 양상과 관련한 분석적 틀(analytical framework)은 앞서 설명한 후기 구성주의의 맥락을 기반으로 하고 있다. 즉 교수 학습의 사회문화적 관점에 기반을 둔 것이며, 영국과 브라질의 고등학교 과학 수업 동안 이루어지는 대화와 활동을 열심히 관찰하고 분석하여 만든 것이다. 이 분석 틀이 수업을 분석하기 위한 도구로, 그리고 과학 수업을 계획하는 데에 선험적인 모델로 사용될 수 있을 것이다.

7.4.1 분석 틀(The framework)

분석 틀은 다섯 가지 측면에 기초를 두었고, 이야기를 구성하는 교사와 그것을 이해하는 학생의 역할에 초점을 맞춘 것이다. 이 다섯 가지 양상은 아래에 간략히 소개하고, 이 장의 두 번째 파트에서 자세히 예를 들어 설명하겠다. 이는 그림 7.2와 같이 그룹화되고, 초점(focus), 접근(approach), 활동(action)과 관련된다.

ASPECT OF ANALYSIS		
초점(FOCUS)	1 교수 목적	2 내용
접근(APPROACH)	3 의사소통 방식	
활동(ACTION)	4 대화 유형	5 교사 중재

그림 7.2 분석 틀: 과학 수업에서의 상호작용을 분석하고 계획하기 위한 도구

교수 목적

분석 측면의 첫번째는 바로 교수 목적(teaching purposes)이다. 다양한 교수 목적이 있고, 각각이 수업의 특정 단계와 관련되는 것은 분명하다. 우리가 확인한 교수 목적은 다음과 같다.

- 문제 제시
- 학생들의 생각 알아보기
- 과학적 이야기 소개하고 발전시키기
- 학생들이 과학적 사고를 하고 그것을 내재화할 수 있도록 이끌기
- 과학적 관점을 적용하고 확장할 수 있도록 유도하기
- 계속해서 과학적 대화 발전시키기

위의 리스트는, 교사와 학생 간의 중요하고 실질적인 상호작용을 포함한 과학 수업의 관찰, 그리고 교수 학습에 대한 비고츠키의 기본 관점을 고려하여 만든 것이다.

특정 과학 지식을 가르치기 위한 과학 수업을 보면서, 관찰자는 어느 시점에서나 다음의 의문을 가질 수 있다. '교사가 지금 달성하고자 하는 것이 무엇인가?' 다시 말하면, 이 수업 단계에서 가르치고 있는 과학 내용과 관련하여 교수의 목적이 무엇인가?

사회적 면에서 과학 수업을 공무 수행(public performance)의 상연(staging)으로 보는 관점이 있다. 계획을 세워 놓은 교사에 의해 지휘되고, 과학 수업의 연속적인 여러 단계(수 주간으로 이어질 수 있다)에서의 다양한 활동으로 학생들을 이끈다. 전반적인 수행의 중심은 수업의 사회적 면에서 과학 이야기를 소개하고 발전시키는 일이다. 물론, 다른 목적들도 많이 있다. 표 7.1에 이를 요약하였다. 과학 수업을 관찰하고 연구한 경험과 사회문화적 이론의 이론적 관점을 바탕으로 작성한 것이다.

여기에서 제시한 교수 목적은 비고츠키 관점과 일치하며, 교사와 학생이 생각을 함께 이야기하는 것에서, 학생들이 교사의 도움을 받으며 생각을 적용하

는 것, 그리고 점차 학생들이 독립적으로 활동하면서 그에 대해 책임을 갖게 되는 것까지의 흐름을 기록한다. 한 가지 분명히 해야 할 점은, 이것이 과학 수업을 계획하고 시행하면서 따라오는 알고리즘적 방법이 아니라 '목표'의 리스트라는 점이다. 경험은 교수와 학습이 그렇게 예정된 패턴을 거의 따르지 않음을 말해준다.

표 7.1 교수 목적 측면에서의 상호작용 분석 틀

교수 목적	초점
문제 제시	처음 과학 이야기를 발전시키기 위해 지적으로, 정서적으로 학생들의 관심 끌기
학생들의 생각 알아보기	과학적 사고나 현상에 관한 학생들의 관점과 이해 확인하기
과학적 이야기 소개하고 발전시키기	과학 개념(개념적, 인식론적, 기술적, 사회적, 환경적 주제 포함)을 수업의 사회적 면에서 적용하기
학생들이 과학적 사고를 하고 그것을 내재화할 수 있도록 이끌기	학생들이 그룹이나 학급 전체적 상황에서 새로운 과학 개념에 대해 스스로 말하고 생각할 수 있는 기회 주기. 동시에, 학생들이 그러한 개념을 스스로 이해하고 내재화 할 수 있게 돕기
과학적 관점을 적용하고 확장할 수 있도록 유도하기	학생들이 배운 과학 개념을 상황에 맞게 적용하고, 책임을 가질 수 있도록 유도하기
계속해서 과학적 대화 발전시키기	펼쳐진 과학 이야기에 대해 비평하고, 학생들이 그것을 더욱 발전시키고, 더 넓은 과학교육과정에 어떻게 적용되는지 볼 수 있게 하기

7.4.2 수업 상호작용의 내용

과학 수업에서 교사와 학생 간의 많은 상호작용은 내용의 범위와 관련된다. 상호작용에는 과학적 지식(개념적, 기술적, 환경적 문제를 포함하는), 과학을 하는 절차적 지식(예를 들어, 전기 회로를 연결하는 방법), 문제를 관리하고 조직하기(과제에 대해 설명하기, 학생들이 논평을 할 동안 침묵하기) 내용이 포함될 수 있다.

이 외에도 다양한 형식으로 이루어지는 수업 상호작용의 내용(content)은 확

실히 중요하다. 하지만 여기에서 우리는 과학 이야기와 관련되는 내용에 초점을 맞출 것이다. 따라서 우리는 내용에 대한 분석을 아래 세 가지로 범주화하였다.

- 일상적-과학적
- 묘사-설명-일반화
- 경험적-이론적

일상적-과학적(everyday-scientific) 관점은 과학 수업에서 교사와 학생들이 쓰는 사회적 언어의 확인을 가능케 한다. 묘사(description), 설명(explanation) 그리고 일반화(generalization)의 차이는 과학 사회적 언어의 근본적 특징이다. 이 세 가지는 나아가 경험적(empirical)이거나 이론적(theoretical)인 바탕을 둔 것(예를 들어, 경험적 묘사와 이론적 묘사를 구별할 수 있게 하는)으로 취득될 수 있다. 이는 수업 상호작용의 실질적인 내용에 초점을 맞춘 것으로, 교사와 학생 모두에게 적용된다.

일상적-과학적

내용 분석의 첫 번째 부분으로, 비고츠키의 일상적(everday), 과학적(scientific) 개념 간 차이에 기반을 두어, 과학 수업에서 사용되는 사회적 언어를 확인하게 해 준다.

교사의 대부분의 설명은 일상의 예시를 들었다 해도 과학적 개념에 초점을 맞추게 되고, 학생은 일상의 경험에 더 관심을 보이는 경우가 많다. 교사와 학생이 많은 대화를 나눈 듯 보이나 둘의 초점이 달라서 결국 한참 대화가 진행된 후에라야 서로 다른 이야기를 한다는 것을 깨닫게 되거나 끝까지 이를 깨닫지 못하고, 학생이 왜 교사의 이야기를 제대로 듣지 않거나 이해하지 않는지 모르겠다는 교사의 푸념만 난무할 것이다.

묘사-설명-일반화

두 번째 분석 측면은 우리를 학교 과학의 영역으로 이끌며, 과학의 사회적 언어의 기본적인 세 가지 특성(묘사, 설명, 일반화)에 초점을 맞춘다. 물론, 이 세 가지에 대한 많은 정의가 있지만, 우리는 다음과 같이 정의하였다(Mortimer & Scott, 2000).

- 묘사(Description): 시스템, 물체, 혹은 현상을 그것의 구성요소의 용어로 이야기한다.
- 설명(Explanation): 어떠한 현상을 이론적 모델이나 방법을 사용하여 이야기한다.
- 일반화(Generalization): 상황에 의존적이지 않은 묘사나 설명을 하는 것이다.

경험적-이론적

더 중요한 차이는 묘사, 설명, 일반화가 경험적(empirical)인지 이론적(theoretical)인지로 특징지을 수 있다는 사실이다. 묘사와 설명은 대개 바로 관찰할 수 있는 특성에 기반을 둔 것이기 때문에 경험적이라고 할 수 있다. 하지만 분자 모형과 같은 이론적 이야기와 관련된 것에 대해서는 이론적이다. 설명은 어떠한 모델이나 메커니즘을 사용하여, 물리적 현상과 개념 사이의 관계를 설정하는 것이다(Mortimer & Scott, 2000).

일반화는 묘사와 설명을 넘어 특정한 상황에 국한되지 않는 일반적 특성을 표현한다.

7.4.3 의사소통 방식

의사소통 방식(communicative approach)의 개념은 분석 틀의 중심에 위치하며, 수업 동안 나온 다양한 생각들에 대해 교사와 학생이 함께 이야기하는 방법에 초점을 맞춘 것이다. 우리는 크게 의사소통 방식의 기본 네 가지 유형을 나누었고, 이는 두 가지 차원으로 정의된다. 첫 번째 관점은 설득적(dialogic)과 권위적(authoritative) 말의 연속을 나타내고, 두 번째는 상호적(interactive) 대화와 비상호적(non-interactive) 말의 연속을 나타낸다.

의사소통 방식은 분석 틀의 핵심이면서, 수업 중 아이디어를 발전시키기 위해 교사와 학생이 어떻게 상호작용하는지에 대한 관점을 제시한다. 이는 교사가 학생과 상호작용하는지(대화를 주고받는지)의 여부, 교사가 수업을 진행하면서 학생의 생각을 고려하는지에 대한 여부에 초점을 맞춘 것이다. 교사와 학생 사이의 대화는 크게 두 가지 차원으로 나누어 네 가지로 특징지을 수 있다: 설득적(dialogic)-권위적(authoritative) 그리고 상호적(interactive)-비상호적(non-interactive).

설득적-권위적 차원

교사가 아이디어를 발전시키기 위해 학생과 상호작용할 때, 소통 방식은 극단적인 두 가지로 나뉠 수 있다: 교사가 학생과의 언어적 소통에서 학생의 관점을 고려할 수도 있고, 단지 학교 과학 혹은 가르쳐야 하는 내용의 관점에서만 진행할 수 있다.

여기에서 사용된 'dialogic'이란 용어는 바흐친(Bakhtin, 1934)의 의도대로 사용하고 있다. 설득적이라는 말은 바흐천이 권위적 담화와 내적으로 설득적인 담화로 구분한 것과 연관성이 있다. 그는 권위적 담화를 때로는 종교적 교리, 수용된 과학적 진리, 부모의 말이나 교사의 말 등으로 예시하고 있다. 물론 1930년대에는 부모나 교사의 말이 절대 권위였겠지만 21세기에 적절한 예시항목은 아닌듯하다.

반면 내적으로 설득적인 담화는 '반은 나의 이야기 반은 남의 이야기로 아주 강하게 서로 섞어서 짜 맞춘'이란 뜻으로 설명하고 있다. 즉 하나 이상의 목소리 혹은 개념적 지평을 나타내야 한다고 정의하였다.

상호적-비상호적 차원

설득적, 권위적 접근의 중요한 차이는 그 본성과 관련된 것이지 대화가 개별적인지, 여러 사람들 사이에서의 대화인지와는 상관이 없다. 기능적으로 설득적으로 만드는 것은 여러 사람들에 의한 이야기인가, 개인에 의한 것인가 보다는 하나 이상의 관점이 나타나고 여러 생각들이 탐구되고 발전될 때 가능하다.

여기서 우리는 의사소통적 접근의 두 번째 차원을 생각해 볼 수 있다: 다른 사람들의 참여를 허용하는 상호적(interactive) 대화인가, 다른 사람들의 참여를 배제하는 비상호적(non-interactive) 대화인가.

네 가지 의사소통 접근법

두 가지 차원을 결합하여, 수업 중의 대화는 한 측면에서는 상호적이거나 비상호적인 것으로, 또 다른 측면에서는 설득적이거나 권위적인 것으로 나눌 수 있다. 이 두 차원의 결합을 그림에 나타내었다.

	상호적	비상호적
설득적	A 상호적/설득적	B 비상호적/설득적
권위적	C 상호적/권위적	D 비상호적/권위적

그림 7.3 네 가지 의사소통 접근법(Mortimer & Scott, 2003)

상호적/권위적 의사소통

어떻게 아직 권위적면서도 상호적인 대화가 가능할까? 다음은 영국의 한 고등학교 수업에서의 교사와 학생들 간의 대화이다. 에너지에 대한 수업 중 일부를 기록한 것이며, 이전 시간에 학생들은 전기 벨에 대한 활동을 하였다. 다음 대화를 보면서 충분히 상호적이면서 권위적인 담화가 가능함을 이해할 수 있을 것이다. 독자의 자유로운 해석과 평가를 시도해보길 바란다.

"보려고 한 것만 봐야 할까요?"

교사:　여러분은 전기 벨에 대해 기억하나요?

학생들:　네!

교사:　좋아요! 여러분이 느낀 것이 있나요? 벨이 작동한 이후 계속 그것을 잡고 있으면서 무엇을 느꼈죠? 무엇을 알았죠?

학생 a:　진동이요.

교사:　음, 맞아요, 팔이 진동했죠. 그것 말고 또 무엇을 알았나요?

학생 b: 시끄러웠어요.

교사: 그건 선생님이 묻고자 한 것이 아니에요. 벨을 떠올려 봐요. 여기
        벨이 있어요(학생들 앞에서 벨을 들면서). 여러분은 실험을 했어요.
        만약 여러분이 여기 전선이 있는 부분을 계속 잡고 있었다면(보여
        주면서), 무엇을 확인할 수 있었을까요?

학생 c: 불꽃이 일어나요.

교사: 열, 여러분은 열을 알아챘나요?

학생 c: 거기에서 불꽃이 일어나요.

교사: 응?

학생 c: 불꽃이요.

교사: 그래, 불꽃이 일어나지. 잠깐 불꽃을 무시하고... 열을 생각해봐요.
        거기에선 약간의 열이 발생해요.

상호적/설득적 의사소통

교사가 학생들의 관점을 끌어내려 노력하면서 설득적 접근이 자주 일어난다.
다음은 한 교실에서 학생들과 교사가 고체라는 주제로 이야기하는 장면이다.

"나만 그렇게 생각하는 것일까요? 다른 사람들은?"

교사: 고체는 딱딱한가요?

학생들: 아니요, 부드러워요! (함께)

교사: 음, 아니라고 생각하는 사람은 손을 들고 고체가 딱딱하다는 것의
        예외가 되는 예를 들어봐요.

학생 a: 가루는 고체지만, 으스러뜨릴 수 있어요.

교사: 가루가...?

학생 a: ... 고체지만 으스러뜨릴 수 있어요.

교사: 그렇죠. 만질 때 딱딱한지에 대해 말한 거라면, 가루는 딱딱하지 않죠.

학생 b: 그건... 그것 사이에 기체가 있기 때문이에요, 그러니까 가루 자체는
        딱딱한 거예요.

교사: 그래서 너는 모든 고체가 단단하다고 생각하는 거니?

학생 b: 네.

교사: 다른 사람들은 모든 고체가 딱딱한 것은 아니라고 생각하는 건가요?

학생 c: 음... 천은 부드러워요.

학생들: 네...네... (중얼거림)

교사: 잠깐. 우리 모두가 생각을 공유하기 위해 의견이 있는 사람은 앞에
          나와서 얘기하도록 할까요?

비상호적/권위적 의사소통

비상호적/권위적 접근의 가장 좋은 예는 아마도 형식적인 강의일 것이다. 우리 일상에서 가장 경험 정도가 많은 카테고리이다. 그래서 별다른 설명은 하지 않기로 한다.

비상호적/설득적 의사소통

처음에는 설득적 의사소통 접근의 개념이 비상호적일 수도 있다는 것이 자기모순적인 것으로 보일 수 있다. 하지만, 설득적 접근이 여러 관점(여러 의견을 듣는)에 주목하는 것이고, 비상호적 접근이 다른 사람들의 참여를 배제하는 것이라는 점을 기억한다면, 이 특징들을 결합하여 학생들이나 다른 사람들의 관점을 다루어 이야기하지만, 학생들과 충분히 상호작용할 시간을 주지 않는 교사를 상상할 수 있을 것이다. 교사가 거의 독백을 하다시피 하지만, 실제 내용은 학생들이 지난 수업이나 활동에서 경험했던 내용을 기반으로 해서 차근차근 설득하는 과정을 밟아가는 것이다. 다수의 유명 인터넷 강사들의 강의를 들으면서 키득거리고 눈을 반짝이는 학생들을 보게 되는 경우가 있다. 이러한 상황의 다수가 이 카테고리에 해당된다고 할 수 있을 것이다.

위에서 설명한 네 가지 의사소통 접근법은 다음과 같이 요약할 수 있다 (Mortimer & Scott, 2003).

- 상호적/설득적: 교사가 다양한 관점을 고려하며, 학생들과 함께 생각을 탐구하고 새로운 의미를 구성한다.
- 비상호적/설득적: 교사가 다양한 관점을 고려한다.

- 상호적/권위적: 교사가 하나의 특정 관점에 이르는 것을 목표로, 계속적인 질문과 답을 통해 학생들을 이끈다.
- 비상호적/권위적: 교사가 특정한 하나의 관점만을 드러낸다.

우리나라 교실 환경에서 어떤 사례가 가능할지 찾아보는 것도 이 내용의 마무리 과제로 적절할 것이다.

7.4.4 대화 유형

네 번째 측면, 대화 유형(patterns of discourse)은 수업에서 이야기를 진행하면서 교사와 학생들 간에 나타나는 단순하지만 독특한 유형에 초점을 맞춘 것이다.

이전 절에서 언급했던 첫 번째 에피소드를 떠올리며 시작하자: '불꽃은 무시하고' 이 에피소드는 상호적/권위적 의사소통 접근을 설명하기 위한 것이었다. 그런데 이것을 다른 면에서 검토하면, 대화의 특정한 유형도 확인할 수 있다.

I-R-E 유형

이 유형은 매우 흔하고, 교사-학생-교사에 의한 '세 가지 유형'으로 표현된다. 세 가지 요소의 'I-R-E' 상호작용이라 불린다(Mehan, 1979).

- Initiation(시작): 보통 교사의 질문을 통해
- Response(대답): 학생에 의해
- Evaluation(평가): 교사에 의해

I-R-E 유형은 모든 수업에서 매우 특징적으로 나타나며, 대부분의 권위적 상호작용이 I-R-E 패턴에 따라 이루어진다. 가령 카페에 있는 친구들끼리 나누는 대화를 떠올려 보자. 다음과 같은 대화가 가능할까?

- I−친구1: 자 우리 오랜만에 만났는데 각자 어떻게 살았는지 이야기해볼까?
- R−친구2: 응. 나는 그 사이에 여자 친구도 사귀고 결혼계획도 세우느라 너

무 바빴어. 근데 얼마 전에 헤어졌어….

• E-친구1: 잘했어. 그럼 친구4는 어떤지 들어볼까?

결론은 이렇다. IRE는 교실에서만 이상하지 않게 들리는 대화유형이다. 보편적이고 자연스러운 대화의 유형으로는 적절하지 않다. 교실에서 교사와 학생의 대화는 그럼에도 불구하고 IRE가 대부분이다. 그래서 우리는 교실을 들어갈 때보다 나설 때 뭔가 모를 자유와 행복감을 더 많이 느끼는 것일까?

I-R-F와 I-R-F-R-F- 유형 그리고 I-R-P-R-P

3개 요소 대화의 대안적 형태로, 학생의 대답을 평가하는 것 대신에, 교사가 학생이 자신의 생각을 발전시킬 수 있도록 의견에 대해 피드백(feedback)을 해주거나 자세한 설명(elaborates)을 덧붙여주는 방식이 있다. 우리는 이러한 유형의 상호작용을 I-R-E라 하지 않고, I-R-F라고 한다. 이것은 더 나아간 학생의 대답(R) 이후, 교사가 더 자세히 피드백(F)해주는 상호작용의 사슬에서 I-R-F-R-F- 형태로도 나타난다.

그러나 이 유형에 대한 스콧(Scott, 2007)의 후기 연구에서는 F(Feedback) 대신에 P(Prompt)로 대체했다. F는 다소 전지전능한 교사가 학생의 모든 상황을 파악하고 그에 적절한 응대를 하는 양식으로 평가의 의미를 전제로 한다. 교사와 학생이 서로 상호적인 그리고 설득적 담화를 진행한다는 점에서 대화를 계속 이어가고 학생의 생각을 펼쳐나가게 하는 교사의 담화를 P로 해석한 것으로 보인다. 교사가 학생의 이야기에 즉각적 평가와 대답을 피하고 대신 스스로 개념 혹은 상황에 대한 설명을 이어가게 하는 다양한 형태의 추임새 및 몇 마디를 거든다거나, 주제를 약간 바꾸어 제시한다거나 하는 등을 의미한다. F 자리에 P를 넣으면 된다. F도 일종의 P로 해석할 수 있다.

7.4.5 교사 중재

분석의 마지막 측면은 과학 이야기를 발전시키고 모든 학생들이 그것을 이해할 수 있도록 돕기 위해 교사가 개입하는 방식과 관련된 것이다. 이러한 분석은 교사 중재를 6개 유형으로 나눈 스콧(Scott, 1997)의 생각에 기반을 두었다. 6개 유형으로는 생각 구성하기, 생각 선정하기, 핵심 생각 나타내기, 생각 공유하기, 학생들의 이해 확인하기, 재검토하기가 있다.

교사 중재의 유형은 다른 많은 과학 수업에서의 교사의 말에 대한 세밀한 관찰과 분석으로 분류체계가 발전되었다(Scott 1997, 1998). 이 분야에 대한 많은 문헌이 있고(특히 Edwards & Mercer, 1987; Lemke, 1990), 교사 중재의 주요 형태는 생각 구성하기, 학생 이해 확인하기, 검토하기(표 7.2)가 있다. 처음 세 가지는 교사가 과학 이야기를 소개하고 발전시키기 위해 하는 방식과 관련되고, 나머지는 교육 수행의 다른 측면과 관련된다.

표 7.2 교사 중재 측면에서의 의사소통 분석 틀

교사 중재	초점	교사의 행동
1 생각 구성하기	생각에 대해 이야기하기, 과학 이야기 발전시키기	새로운 용어 설명하기, 학생의 대답을 다른 표현으로 설명하기, 생각의 차이 말하기
2 생각 선정하기	생각에 대해 이야기하기, 과학 이야기 발전시키기	학생의 특정 대답에 주목하기, 학생의 대답 간과하기
3 핵심 생각 나타내기	생각에 대해 이야기하기, 과학 이야기 발전시키기	반복하기, 학생들이 거듭 말하게 하기, 학생들과 확실하게 대화 주고받기, 특별한 억양 사용하기
4 생각 공유하기	모든 학생들이 생각을 이해할 수 있게 하기	개인적인 학생의 생각을 학급 전체와 공유하기, 학생에게 생각을 다른 친구들에게 설명하게 하기, 그룹의 발견 공유하기, 학생들에게 생각을 요약하여 포스터 만들게 하기
5 학생들의 이해 확인하기	특정 학생의 개념 조사하기	생각 설명하게 하기, 설명을 적어보게 하기, 특정 생각에 대해 학급의 의견 일치 확인하기
6 재검토하기	다시 점검하기	실험에서의 발견 요약하기, 전 수업의 활동에 더하여 생각하기, 지금까지의 과학 이야기 진전 검토하기

요약

이 장에서는 학교 과학 수업에서의 언어적 상호작용을 다섯 가지 측면을 반영한 분석 틀을 중심으로 살펴보았다. 이 틀을 적용함으로써 우리는 '과학 교수와 학습을 어떻게 분석하고 어떤 연구를 할 수 있는가' 등의 이야기를 펼쳐 나갈 수 있을 것이다. 그러나 이 논의의 주요 메시지는 우리가 학교 수업에서 이제까지 지키려고 했던 것이 학습 내용과 방법이었으며 이는 수업의 본질과는 오히려 거리가 먼 주제였다는 것이다. 결국 인간과 인간의 상호작용으로서의 과학 수업의 실체를 파악하려는 노력이 중요함을 역설한 것이다. 이제야 과학 수업의 본질을 살펴보는 기회가 구체화되고 있다고 할 수 있다.

비형식 과학학습이란 무엇인가?

8.1 비형식 과학학습의 정의와 특성

비형식 학습 혹은 비형식 교육은 학교에서의 학습인 형식 교육과 구분하여, 학교 밖 즉 박물관이나 이와 유사한 상황에서의 학습을 부르는 경우가 많다 (Diamond, 1999). 그렇다면 학교 학습의 반대말은 곧 비형식 학습일까(김찬종, 신명경, 이선경, 2010).

'교육'이라고 말할 때, 이는 학교를 중심으로 이루어지는 교육으로 단정하는 것처럼 보인다. 그러나 가르치고 배우는 행위로서의 교육의 형태가 학교로 국한된 것은 인류의 역사 전체를 놓고 보았을 때 그리 오래된 일이 아니다. 오히려 비형식 교육에 대한 논의야말로 인간의 자연발생적인 '교수-학습' 상황에 무게중심을 가져다 놓고 있다. 그럼에도 불구하고 오늘날 비형식 교육이라 하면 학교 교육과 매우 차별화된 것으로 보고 있다.

비형식 과학학습(informal science learning)은 전통적이고, 형식적인 학교 영역(일반적으로 대학이전 과정, 대학 과정, 그 이후 전공 심화과정) 밖에서 일어나는 과학학습에 가장 흔하게 적용되는 용어이다. 이 용어는 일상에서 접하게 되는 인간의 활동과 관련된 실제 세계의 학습 유형을 묘사하는 노력으로 정의됨으로써, 유의미하게 제한된 나름의 영역을 지칭하게 된다. 즉, 학교 밖이든 안이든, 공간적·시간적 맥락을 포괄적으로 망라한 학습이라고 볼 수 있다. 특히 사람들이 어떻게 과학을 학습하는가를 이해하고자 노력하는 연구자들이 점차 늘어나면서, 이러한 이해에 학교교육경험 이상의 영역을 포함해야 할 필요성이 더욱 명백해졌다.

역사적으로 학교 밖 과학학습에 대한 연구의 대부분은 박물관 같은 상황 안에서 주로 이루어졌다. 박물관 또는 비교적 교육적이라 부를 수 있는 여타 기관(동물원, 수족관, 자연센터 등등)에서 일어나는 학습은 실제로 이런 유형의 학습이 일어나는 소수의 상황을 대표한다. 박물관 상황에서의 학습에 대한 연구들이 점차 증가함으로써 자율선택 학습(free choice learning)에 대한 이해의 중요한 기초가 제공되고 있다. 그럼에도 불구하고 영화, 라디오, 스카우트, 서머캠프, 가정, 친구들, 작업실 등의 지역사회에 기반을 둔 조직들, 인터넷 등을 통해 일어나는 학습에 대한 연구들은 매우 부족한 실정이다.

이 분야에서의 연구를 위한 적절한 명칭에 대한 논의가 있었는데 난상토론이 되었음은 두말할 나위도 없다. 예를 들어 학교 밖(out-of-school), 자율선택(free-choice), 평생(life-long) 과학학습, 과학에 대한 대중의 이해(public understanding of science) 등이 그 후보들이었다. 그러나 이를 주관한 임시위원회(Ad Hoc Committee) 내에서는 어떤 합의도 이루어내지 못했다. 다만, 적어도 현재의 용어인 비형식 과학교육(informal science education)은 문제가 있음을 모두 수긍할 뿐이었다. 여전히 위원회는 이 사안에 대해 논의 중에 있다. 새로운 용어는 학습이 내재적 동기 유발적이고, 학습자의 수요와 흥미에 의해서 안내되며, 학습자의 삶을 통해서 나타나는 학습을 의미하는 표현이어야 할 것이다(Falk, 1999, 2001; Falk & Dierking, 2002). 이와 유사한 상황이 Science Education이라는 학술지에서 1997년 81권 6호를 비형식 과학교육 특별호로 지정하면서 나타났는데, 최근 이 분과의 이름은 "일상생활에서의 과학학습(science learning in everyday life)"으로 바뀌었다. 그러나 그 이후 이런 이름이 연구자들 사이에 대중적으로 사용되지는 않았다. 여전히 비형식 교육이나 학교 밖 교육이라는 이름으로 더 많이 불리고 있다.

비형식 과학교육, 즉 일상생활에서의 과학학습은 어떤 연구방향으로 나아가게 되는 것일까?

이와 관련하여 다음과 같은 측면들을 고려할 필요가 있다.

- 비형식 과학학습은 자발적이며, 스스로 동기유발 되어야 하며, 학습자의 필요, 흥미 등에 의해 안내되어야 한다. 그래서 학습의 이러한 측면들이 연구에서 매우 중요하게 다루어져야 한다. (예를 들어, 흥미의 역할, 선택과 통제 등이 학습과정에서 고려되어야 한다.)
- 이러한 학습이 일어나게 되는 물리적인 상황이 매우 중요하므로 비형식 과학학습의 맥락에서 자연스럽게 조사 연구되어야 한다.
- 이러한 학습은 사회문화적으로 강하게 매개되기 마련이므로 연구 설계에서 사회적·문화적 매개인자들을 탐색하는 기회를 제공할 필요가 있다. 즉, 대화의 역할, 사회적 학습 네트워크, 문화적 측면, 개인뿐 아니라 집단의 사용 등의 매개인자들이 분석의 단위에서 고려되어야 한다.
- 학습은 누적적인 과정으로, 사람들이 일상생활 즉 가정, 학교, 지역사회, 직장에서 맞닥뜨리는 다양한 학습경험들 사이의 강화 및 연계 등과 관련이 있다. 연구 설계에서는 학습의 모든 측면과 이들 사이의 연계를 일정 시간에 걸친 다양한 상황에서 조사 및 연구하는 기회를 제공해야 한다. 이러한 연구는 다양한 학습 경험들이 어떻게 사용되는지, 이어지는 경험들과는 종적으로 어떻게 연계되는지를 이해할 수 있게 해준다.
- 학습은 과정이며 동시에 결과이다. 그러므로 학습의 결과뿐 아니라 과정도 조사해야 한다.
- 이러한 학습의 특성은 이를 평가하는 데 있어서 여러 상황에서의 다양하면서도 창의적인 방법을 필요로 한다. 그러므로 개혁적인 새로운 연구 설계, 분석 방법 등이 요구된다. 예를 들어, 대화 분석 또는 담화 분석, 개념도 작성 및 분석, 개인적 의미 지도 작성 및 분석, 사회적 학습 그물망 분석, 위계적 선형적 모델 개발 등과 같은 구성주의적 도구들을 사용할 수 있다.

이상의 언급을 통해 일반적으로 논의되는 비형식 교육과 형식 교육의 차이를 정리하면 다음과 같다.

표 8.1 형식 학습과 비형식 학습 (Wellington, 1991)

비형식 학습(informal learning)	형식 학습(formal learning)
· 자발적인	· 의무적인
· 우연히, 비구조화된, 비연속적인	· 구조적이고 연속적인
· 평가하지 않는, 과정을 이수하지 않는	· 평가받는, 정규 과정을 이수하는
· 개방적인	· 수렴적인
· 학습자가 주도하는, 학습자 중심의	· 교사가 주도하는, 교사 중심의
· 정규적인 것을 벗어난	· 교실이나 기관 등 정규적인 것 내의
· 계획적이지 않은	· 계획적인
· 의도하지 않은 성과가 많은	· 대부분 의도한 성과를 기대하는
· 사회적 측면이 중요한	· 사회적 측면이 덜 중요한
· 덜 통용되는	· 널리 통용되는
· 지시나 법칙에 의한 것이 아닌	· 지시나 법칙을 따르는

8.2 비형식 과학학습의 교육 이론적 이해

비형식 과학학습에 대한 과학교육의 이론적 논의를 헤인(Hein, 1998)의 'Learning in the museum'이라는 저서를 중심으로 살펴보고자 한다.

8.2.1 비형식 과학학습을 위한 교육이론적인 요소들

비형식 과학학습을 지식에 관한 이론(인식론), 학습이론, 교육이론으로 나누어 설명해 보고자 한다. 교육이론의 한 축에는 지식에 관한 이론이 있다. 지식이 무엇이고, 어떻게 획득하는가에 대한 질문이라고 보아도 좋다. 이러한 지식의 인식론적 입장을 비형식 과학학습의 측면으로 투영해보면, 박물관의 내용에 관한 존재론적 상태 즉 박물관 전시물들은 세상을 '존재하는 그대로' 보여주는가, 전시물들이 사회적 관습들을 대표하는가, 혹은 전시물들은 관람객들이 원하는 대로 해석할 수 있도록 현상을 제공하는가 등의 질문으로 나타날 수 있다.

두 번째 다룰 필요가 있는 주제는 학습이론이다. 학습이란 개별적 정보가 정신 속에 누적적으로 첨가되는 것인지 아니면 학습자의 인지구조와 심리를 변형시키는 능동적인 과정인지에 대한 문제이다.

지식에 대한 인식론적 이해

'지식이 무엇인가'의 문제는 인간이 오랫동안 가져왔던 의문이다. 지식은 외재적으로 존재하는가, 즉 개인과 독립적으로, 혹은 우리의 정신 속에만 유일하게 존재하는 것인가?

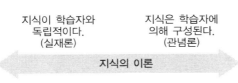

그림 8.1 지식의 이론(Hein, 1998)

그림처럼 인식론은 두 개의 양극을 갖는 연속선상에서 분류될 수 있다. 하나의 이론 집단은 실재(real) 세계가 외부에 존재하고, 따라서 인간이 가질 수 있는 실재의 어떠한 관념들도 독립적이다 라고 주장한다. 그러한 관점들을 실재론(Realism)이라고 부른다. 전통적인 실재론자는 플라톤이다. 그는 세상에 대한 우리의 지각 체계는 실재 이데아에 대한 어설픈 모방이며 따라서 대화와 이성(자연에 대한 실험이나 상호작용이 아닌)이 우리로 하여금 참 이데아에 도달할 수 있게 해준다고 하였다. 플라톤의 유명한 동굴에 관한 이야기 - 동굴 속에서 사람들이 볼 수 있는 것은 햇살이 비친 부분에 불과하고 실재는 볼 수 없다 - 는 우리의 경험 세계가 현실에 대비해 볼 때 제한적이라는 그의 신념을 날카롭게 보여주는 예시이다.

반대의 인식론적 입장은 철학자들에 의해 관념론(Idealism)이라고 명명된 것이다. 이 관점에 따르면 지식은 사람들의 정신 속에서만 존재하는 것이고, 본질적으로 외부에(out there) 존재하는 어떤 것과 필연적으로 일치하지 않는다. 관념, 일반화, 자연의 법칙 등은 이러한 것들을 만들고 지키고 있는 사람들의 정신을 제외하면 존재할 수 없는 것이다. 유명한 선구자인 영국의 철학자 버클리(George Berkely)는 '세계의 존재에 대한 감각과 인식이 인간의 마음에 달려 있다'라고 주장하였다. 그는 자신의 입장을 증명하기 위해서 다음과 같이 말하였다. 만일 숲 속에서 나무가 흔들리는 소리를 듣는 사람이 아무도 없다면, 그 소리 역시 존재할 수 없다는 것이다. 좀 더 일반적으로, 그는 절대적으로 존재하는 물리적 구성체는 없다고 주장하였다.

박물관 교육에 관한 어떠한 이론이든지 인식론적 입장은, 명시적이든 묵시적이든, 박물관이 무엇을 소장할지를 결정하는 방법과 그것이 전시될 방법을 결정한다. 어떤 박물관이 특정한 이전 경험, 문화 그리고 관람객의 성향과는 독립적으로 존재하는 진실을 전달하는 것을 자신들의 임무로 생각하는가? 어떤 박물관이 지식이란 상대적인 것으로 문화에 의해 영향 받고, 설명되어지거나 해석될 필요가 있는 목적, 쓰임 그리고 상황 등에 의존하는 것으로 간주하는가? 좀 더 실재론적 입장-지식은 학습자와 독립적으로 존재한다-을 취하는 박물관들은 만일 그들이 일관성이 있다면, 전시하는 대상의 구조에 맞춰 전시 정책을 하게 될 것이다. 예컨대 전세계적으로 오래된 과학관들은 과학의 '참'구조를 묘사하도록 설계되어 있다. 즉 과학 주제별로 화학, 물리, 생물, 지구과학으로 배열되어 있다. 그래서 과학의 의문점이나 우주의 법칙을 '정확하게' 묘사하는 것, 둘 다를 보여주도록 설계되었다.

역사박물관들은 한 나라 또는 한 시대의 '실재했던' 역사를 묘사하도록 조직될 수 있을 것이다. 전통적인 박물관의 전시를 비판하는 많은 저작들은 묵시적이든 명시적이든 박물관 전시의 노후성을 비판하는데 특히 역사박물관에 대해서 그러하다.

역사박물관이 '현실 그대로'의 역사를 보여 주어야 한다는 제안은 이상하게 들릴 수 있다. 이것은 많은 역사 전시물에 대한 최근의 논쟁들이 말해주는 것이며, 어떤 '이야기'가 전시되어야 하는가에 대해서는 명백히 다양한 관점들이 있다. 과학 관련 박물관의 내용에 대해서도 유사한 논의가 있을 수 있다; 즉 '실재'를 묘사하는 것인가 아니면 구체적 목적을 위해 인간들에 의해 만들어진 이야기인가? 최근에 과학 철학에서는 이러한 문제들을 다루고 있다. 우리의 논의를 위한 핵심은 구체적 전시물이든지, 과학, 역사, 인류학 또는 미술이든지간에 실제로 현실 세계를 묘사하고 있는 것이 아니라(실수할 수도 있고, 오차를 포함할 수도 있다) 전시의 목적이 어떠하든, 진실을 묘사한다는 것이다.

미술관에서 공통적으로 사용하는 조직화 원리는 시대별로 그림을 걸거나, 적어도 그림들이 자연스럽게 어울릴 수 있는 내재적 지표에 따라 유사한 타입이나 스타일의 그림을 함께 두는 것이다. 다시 말해 실재론의 입장에서 그러한 배치방식, 즉 한 방에 인상주의를, 다른 방에는 이탈리아 르네상스 그림을 전시하는 방식은 편리성의 문제일 뿐만 아니라 그 분야에 있어서 구조의 절대적 특징들을 반영하는 것이다.

19세기 실증주의의 영향에 따라 등장한 것은 교재의 개발이었다. 전통적으로 교재는 특정 주제의 본질을 중심으로 조직되었다. 가장 단순하거나 또는 가장 기본적인 아이디어들이 처음에 등장하고, 그 다음에 그 주제에서 가장 높고 혹은 가장 진보된 요소들이 마지막 장에 도달할 때까지 조금씩 형성된다. 주제는 논리적 구조와 관련해서 분석된다. 나아가 실재론자 입장에서 보면 이러한 구조는 그 주제 자체의 본질적 요소들이 고려된 것이지 인간의 정신 활동에 의해서 결정된 지식을 인위적으로 조직한 것이 아니다.

인식론과 학습이론이 본질적으로 별개라고 할지라도, 그들은 여전히 밀접하게 관련된다. 만일 단순성이 내용에 대한 논리적 분석 결과로만 간주된다면 단순성이란 배타적으로 지식이론으로 간주될 것이고, 만일 단순성이 어떻게 학습자의 정신이 작동하는가에 대한 이론과 관련하여 정의된다면 그 단순성은 학습이론으로 혼입되는 것이다.

실재론적 인식론에서 박물관 내용에 대한 초점은 전시 자료들, 즉 그 대상의 본질에 의해서 이끌어내어지는 것이다. 관람자의 관심 또는 관람자가 그 대상을 보고 형성할 수 있는 의미를 일차적으로 고려하여 조직되는 것이 아니다. 반대로 관념론적 큐레이터는 대상의 의미(또는 전체 전시물의 의미)는 어떤 외적 실체로부터 나오는 것이 아니라, 그것에 대한 큐레이터나 관람객에 의한 해석으로부터 나오는 것으로 판단할 것이다. 그래서 관념론적 인식론을 지향하는 큐레이터는 좀 더 복합적인 전망들을 보여주거나, 혹은 관람객이 전시물과 상호작용해서 다양한 결론들을 얻어낼 수 있도록 전시물의 배열을 하는 식의 고려를 좀 더 하는 것 같다.

학습에 대한 이론

학습이론 역시 두 개의 분명한 양 극의 연속체에서 조직될 수 있다. 하나는 학습에 대한 전달-수용으로 구성된다. 즉 사람들은 그들에게 전달되어진 정보들을 일방적으로 수용함으로써 학습한다는 관점이다. 사람들은 부분의 작은 내용을 단계적으로 학습하고, 자신의 정보 저장고에 개별적 정보들을 누적시켜 나간다. 다른 하나의 이론은 사람들이 지식을 구성한다는 신념에 기초한다. 최근의 많은 교육 이론들은 듀이, 피아제, 비고츠키 등의 이론에 따라 학습에서 정신의 능동적 참여를 강조하고, 학습 과정이 단순한 정보의 누적이 아니라 학습자에 의해 인지조직이 변형되는 과정임을 강조한다.

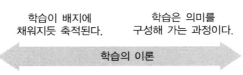

학습이 배지에
채워지듯 축적된다.

학습은 의미를
구성해 가는 과정이다.

학습의 이론

그림 8.2 학습의 이론(Hein, 1998)

만일 학습이 누적적이라고 가정한다면, 주제는 작은 단위로 나누어 제시될 필요가 있다. 지식 이론의 경우에서처럼 일차적인 초점은 그 주제가 가르쳐지게 된다는 점이다. 반대로 능동적이고 발달적인 학습 이론은 훨씬 더 많은 주의가 학습자에게 기울여져야 함을 요구한다. 이러한 능동적 학습이론에서 현재 받아들여진 하나의 결과는 다양한 학습자 유형이 존재한다는 점이다. 만일 학습이 능동적 과정이고 개인에 의해 결정된다면, 배우게 될 주제가 아니라 오히려 학습자의 특징에 초점을 맞추게 된다.

지식의 이론과 학습의 이론

이상에서 언급한 두 개의 연속체는 서로 독립적이다; 교육자는 실재론이거나 관념론 중 어느 한 입장을 취하면서 동시에 여전히 학습은 동화의 수동적 과정이라고 믿는다. 또한 학습자를 정보의 수동적인 수용자이거나 지식의 능동적인 창조자 둘 중에 어느 하나로 간주하면서 지식은 외재적으로 존재한다거나 아니면 일차적으로 학습자의 정신에 존재하는 것으로 생각하는 것 역시 가능하다. 인식론은 학습이론에 의해 조절될 수 있다. 예컨대, 역사의 진실은 엄연히 존재하고, 개별 학습자들의 경험과는 독립적으로 존재한다 라고 믿는 두 명의 교사들도 역사를 다르게 가르칠 수 있다. 한 사람은 가장 작은 사실로 쪼개진 정보를 단계적으로 전달하는 반면, 다른 사람은 학생들에게 그들이 "옳은" 결론을 유도할 것이라고 기대된 일차적인 자료들을 제공할 것이다. 앞서의 두 개의 축을 조합하여 4개의 교육이론으로 전개할 수 있다.

8.2.2 교육적 이론의 비형식 과학학습을 위한 적용

지식의 이론과 학습의 이론을 결합하여 헤인(Hein)에 의해 만들어진 교육이론을 설명하고 이를 바탕으로 비형식 과학학습을 이해해보고자 한다. 여기서는 각 사분면에 해당되는 교육이론으로 교훈적이고 해설적인 교육, 자극-반응 교육, 발견학습, 구성주의적 학습으로 제시하였다.

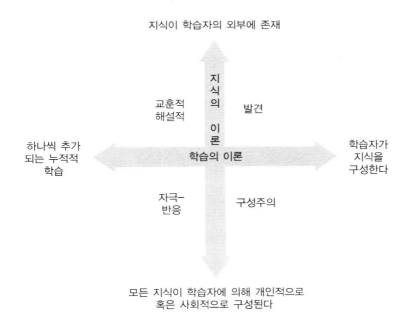

그림 8.3 교육이론(Hein, 1998)

교훈적이고 해설적인 교육

지시적, 설명적으로 조직된 박물관의 전시가 이에 해당되는 형태로 다음과 같은 특징을 보인다.

- 전시물들이 연속적이고, 시작과 끝이 분명하고 의도된 순서가 있다.
- 전시물에서 무엇을 배워야 할지를 기술하는 지시적 요소(라벨, 판넬)들이 있다.
- 단순한 것부터 복잡한 것에 이르는 주제의 위계적 배열을 갖는다.
- 전통적인 교육과정을 따르는 학교 프로그램들이 있고, 그것은 단순한 것부터 복잡한 것에 이르는 주제의 위계적 배열을 갖고 있다.
- 배워야 할 내용에 의해 결정된 학습 대상들을 구체화시킨 교육 프로그램이 있다.

이러한 입장에서 전시물들은 역사적 사건에 대한 단 하나의 해석이 있으며, 다른 해석은 존재하지 않는다는 식의 인식을 주게 된다. 전시물들은 관람객들에게 대안적 설명을 고려해 주거나 또는 이러한 배열이 임의적인 것으로, 나중에 아니면 다른 전시관에서 다른 식의 지적 구조에 의해 대체될 수 있는 가능성을 명시적으로든 아니면 묵시적으로든 지시하지 않는다.

자극과 반응 교육

자극-반응 교육을 위한 학습이론은 설명-지시적 교육의 학습이론과 같지만, 인식론적 도전은 제거되었다. 즉, 교사가 가르쳐야만 하는 것에 대한 분명한 아이디어를 갖고 있는 것만이 중요할 뿐이다. 초점은 방법에 있는 것이지, 학습되어질 것과 외적으로 타당한 규준을 일치시키는 것에 있지 않다. S-R 접근은 주로 훈련가들에 의해 선호되었다. 이 접근은 비평가들에 의해 뇌를 씻어내기(세뇌) 또는 주입식이라고 불렸고 그러한 목적을 위해 채택될 수 있다.

박물관에서 이러한 교수는 선형적이고 연속적인 전시 요소를 구조화하는 데 초점을 두거나, 인식론을 참조하지 않거나 어느 교과에나 적용될 것이라고 가정된 방법들에서 특정한 학습 교구나 강화 모델을 정의하는, 그러한 전시 내용의 기술을 포함한다. 학습될 내용이나 그것이 적용될 맥락과는 독립적으로 방법만을 고려하는 것은 행동주의적 관점에서 작동되는 것이다.

자극-반응 접근으로 조직된 박물관은 지시적, 설명적 전시물에서처럼 다음과 같은 특징들이 있을 것이다:

- 전시물에서 무엇을 배워야 할지를 기술하는 지시적 요소(라벨, 판넬)들이 있다.
- 전시물들이 연속적이고, 시작과 끝이 분명하고 그리고 교수적 목적을 위한 의도된 순서가 있다.

추가적으로, 행동주의자의 전시물들은 강화 요소를 갖고 있을지 모른다. 관람객이 올바른 버튼을 누를 때, 적절한 경첩을 들어 올리거나 혹은 올바른 순서로 문항들을 배열할 때 긍정적인 문구나 컴퓨터 스크린의 반응("그래 옳은 답이야!")을 제공함으로써 어떤 전시물들은 강화를 제공한다.

발견학습

발견학습이란 발견에 대해 좀 더 엄격한 의미를 시사하는 것으로, 교육자에게 뭔가 구체적인 기회와 딜레마를 제공하는 것이다. 발견적 교육을 지지하는 사람들은 능동적 학습에 대해 특별한 전망을 갖고 있다. 학습자가 능동적으로 참여함으로써 구체적으로 기대된 교육적 결과들에 도달할 수 있다고 주장한다, 즉 학습자들은 자신들이 배우기를 바라는 것들을 학습할 것이다. 만일 사람들이 세계의 현상에 대한 원 자료에 노출된다면, 올바른 결론에 도달할 것이다; 사람들은 있는 그대로의 세계를 묘사하는 일반화에 도달할 것이다. 그래서 과학에서 만일 학생들이 진자와 저울을 갖게 된다면 진자 운동에 관한 공식을 해결할 수 있을 것이다 라는 것이다.

능동적 학습과 실재론을 관련시키는 것은 학습자가 "스스로 발견해 냄으로써" 진실을 발견할 기회와 "행함으로써 배우는" 기회 간의 조합이 최근 수십 년 간의 교육 이론에 노출된 우리들 모두에게 설득력을 갖게 한다. 학교와는 달리 박물관은 물리적 대상이나 물리적 대상으로부터의 학습을 가치롭게 여기기 때문에 발견학습은 이들 기관에서 자연스러운 접근인 것처럼 보인다. 더욱이 우리의 지식이 관람객들에게 노출되고 그들의 정신을 사용하게 함으로써 학습될 수 있다고 생각하는 데 만족하고 있다.

발견학습의 노선으로 조직된 박물관은 :

- 탐색을 허용하는 전시물, 아마도 전시 요소들 사이에 왕복하는 것을 포함해서.
- 광범위한 능동적 학습 양식들 예를 들어, 즉각적으로 관람객이 발견하도록 하는 질문을 구하는 지시적 요소들(라벨, 판넬), 전시물의 "정확한" 해석에 대하여 관람객이 자기만의 해석에 접근할 수 있도록 하는 어떤 수단들, 받아들여진 결론으로 학생들을 이끌기 위한 목적의 활동에 학생들을 참여시키는 학교 프로그램들, 색다른 형태의 증거 또는 전문가 증언을 제공할 성인들을 위한 워크샵 등이 그것이다.

발견학습적 노선으로 설계된 전시관의 전시물들은 시작과 끝이 있는 일직선적인 형태를 취할 수도 있고 그렇지 않을 수도 있다. 만일 모든 전시가 관람객으로 하여금 적절한 결론에 이르도록 의도된다면 전시 요소들의 배치는 그러한 안내를 제공할 수 있다. 만일 각 스테이션에서 발견될 것들이 좀 더 독립적이라면, 구체화된 통로를 갖출 이유는 없을 것이다.

구성주의적 학습

구성주의적 학습에서도 발견학습에서처럼 교수적 도전은 자극하고 도전하는 경험을 발견하는 것이다. 학습자의 정신에 이미 존재하는 스킴(scheme)이나 아이디어들에 관심을 갖는 구성주의자들은 학습자와 어떤 연결을 만들 수 있는 환경인지 여부에 대해 좀 더 많은 질문을 던지고 있다. 예를 들어 학습자가 그 주제에 참여할 수 있도록 만들어줄 만한 친숙한 참고서, 교구, 아이디어, 혹은 활동인가 라는 질문이다.

그러나 구성주의적 박물관 교육 정책은 박물관이 어떻게 가르치는 데 사용되는가에 관한 독특한 관점을 또한 취할 것이다. 교육적 자원으로서 박물관을 위한 모델은 백과사전이나 카탈로그지 교과서는 아닐 것이다. 조직적 원리들은 관람객들에게 원하는 주제를 선택하도록 할 것이다. 주제가 교과서처럼 직선적으로 배열될 수 있다는 아이디어는 고려조차 되지 않을 것이다.

구성주의적으로 조직될 수 있는 전시 요소의 예는 많은 박물관에서 친숙하게 사용하는 오디오 투어이다. 몇 년 동안 관람객들은 오디오 카세트를 대여해서 녹음된 메시지를 즐겼다. 최근까지 이러한 오디오 투어는 전시를 따라 직선적인 안내된 길을 제공했다. 관람객들은 "다음" 그림이나 대상 등으로 전진하도록 지시받았고, 그 다음 선택된 항목에 대한 메시지를 들었다. 그러나 기술의 발달로 자기가 원하는 순서대로 간단히 청취할 수 있게 되었다. 전통적 교육자들은 여전히 특정한 순서대로 전시물을 안내하기를 바랄지 모른다. 그러나 구성주의자들은 미리 결정된 순서로부터 해방되는 것을 환영할 것이다.

요약

비형식 과학교육의 존재에 대해 수용하고 이해하려는 태도는 긴 과학교육의 역사에서는 오히려 짧다. 국가가 주도하는 학교 교육 즉 공교육이 '교육'을 대표하는 것은 공교육이 시작된 이래 매우 굳건한 신념으로 자리잡았다. 1990년대를 지나오면서 학교 교육의 한계와 인간의 성장 발달이 학교 담장 안에 국한되어 있다고 보는 것이 상당히 무리라는 이해와 함께 학교 교육 이외의 다양한 인간의 성장, 발달을 꾀할 수 있는 교육의 통로에 대한 논의가 시작되었다. 이것이 비형식 과학교육이라는 대표어로 자리를 잡게 되었다. 자연사 박물관과 과학관으로 대표되는 비형식 과학교육기관에 대한 논의와 연구 그리고 대상은 21세기를 지나면서 매우 넓고 깊어지고 있다.

과학탐구를 위한 과학 글쓰기

21세기에 등장한 많은 과학교육 연구들에서 나타나는 뚜렷한 경향은 학교 과학 수업에서 진정한 과학 탐구 환경을 구현하는 데에 노력을 기울인다는 것이다(Waight & Abd-El-Khalick, 2011). 예를 들어 과학적 연구의 실행(practice)을 채택하거나 또는 과학자 되어보기를 경험해보는 직접적인 몰입 프로그램을 활용하는 제안(Duschl & Grandy, 2008)도 있다. 이들 연구들은 과학실행의 도입이나 몰입을 통해서 과학교육의 중요한 목적인 학생의 과학적 사고 습관을 키워나가고, 과학탐구에 참여하는 능력을 개발시키며, 과학적 맥락에서 추론을 해내도록 가르치는 것이 가능하다고 주장하고 있다(Layton, 1973; DeBoer, 1991). 아울러 학교 과학에서의 가장 큰 특징은 과학적 실행을 기반으로 한 실질적 수행(practical work)(Millar, 2010)으로 볼 수 있다.

실질적 수행은 학생이 주도한다는 점에서 의의를 갖는다. 교사가 안내하는 요리책과 같은 세세한 과정을 따라하는 것이 아닌, 학생들이 스스로 문제를 만들고 그 문제를 해결하는 일련의 과정을 경험하는 것이다(신명경, 권경필, 2015).

과학교육의 탐구활동에서 과학적 실행을 강조한 결과, 최근 미국 국립연구회의 NRC(2012)는 과학적 실행(Science Practices)을 제시하였다. 이것은 과학자들이 과학 탐구를 통하여 과학 지식을 구성할 때 일정한 규칙이나 양식이 있는 것이 아니라, 비형식적이고 다양한 방법이 있다는 것을 암시하기 위해서 '과학적 실행'이라는 새로운 접근으로 탐구활동을 제안하고 있다(강남화, 이은미,

2013). 과학적 실행은 탐구활동을 통하여 지식을 구성, 확장, 개선하는 활동으로, 여러 과학 분야에서 행해지는 과학자들의 실천적 특성을 과학교육에 적용할 수 있는 여덟 가지 형태로 제시하였다(NRC, 2012).

1. Asking questions (for science) and defining problems (for engineering)
2. Developing and using models
3. Planning and carrying out investigations
4. Analyzing and interpreting data
5. Using mathematics and computational thinking
6. Constructing explanations (for science) and designing solutions (for engineering)
7. Engaging in argument from evidence
8. Obtaining, evaluating, and communicating information

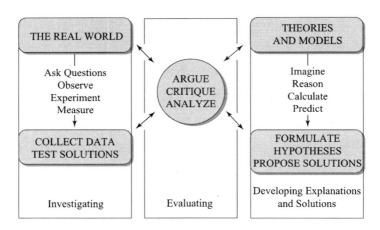

그림 9.1 과학자와 공학자를 위한 활동의 세 영역(NRC, 2012)

각각의 영역은 그림 9.1과 같이 구조화되어 과학 실행의 전 영역을 경험할 수 있도록 하였다.

과학 탐구 활동은 과학 실행 측면에서의 논의 외에도 활동의 목표, 과학 탐구에서 어떤 활동을 하는가 즉 실험도구 사용하기, 수량 측정하기, 발생한 현상이나 사건 재현하기 등이 과학 활동의 특징을 알아보는 평가 측면이 된다. 또한 어떤 사고 활동을 수반하는가도 포함된다. 자료에 대한 가능한 설명 제안하기, 과학적 용어를 사용하여 관찰 결과 보고하기 등이 있다. 탐구활동이 어떤 논리적 구조로 이루어지는가 등도 과학 활동 특징의 준거가 될 수 있다(Millar, 2010).

과학 수업에서 과학적 탐구의 수행은 학생들로 하여금 과학 활동에 참여하여 탐구를 경험할 뿐 아니라, 탐구의 본질을 이해하고 체득하도록 하는 과정이다. 이 과정을 통하여 학생들은 지식의 생성 과정에 참여하게 되는 것이다. 과학적 탐구(scientific inquiry)의 본질은 과학자들이 하는 활동으로서, 과학자들은 정형화된 절차에 따라 문제를 해결하기보다는 가용한 모든 방법을 적절히 활용하고 적용하여 문제를 해결하는 과정이다. 이에, 미국과학교육기준(NRC, 1996)은 학생의 과학 탐구를 "과학자가 자연 현상을 연구하는 방법을 이해할 뿐 아니라, 과학적 지식을 이해하고 발달시키는 활동에 참여하는 것"이라고 표명하였다. 즉, 과학적 탐구는 과학 지식의 이해와 별개가 아니라, 지식의 이해를 성장시키는 과정이다.

과학교육의 일차적 목표는 문화적 자원을 도구로 사용하여 개인적이고 사회적 중요성을 갖는 탐구에 참여하게 함으로써 지식의 이해를 성장시키는 데 있다(Rudolph, 2005). 학생들의 '과학을 하는(doing science)' 탐구 과정에서 과학 활동의 본질을 경험하고, 지식을 만들어가는 과정에 참여한다는 의미를 갖는다. 과학교육에서 탐구는 다양한 의미와 도구로 변화해 왔다. 1970년대 탐구는 과정기능(process skills)과 동일시되었으며, 과정기능을 기준으로 개발된 SAPA(Science-A Process Approach)가 탐구의 전형처럼 인식되기도 했다. 그러나 관찰하기, 분류하기, 측정하기, 예상하기, 추론하기, 변인통제, 자료해석 등의 과정기능은 탐구에 필요한 기능일 뿐 그 자체가 탐구의 본질을 설명하지 못하며, 탐구는 과정 기능 자체보다는 문제해결을 위한 총체적인 사고 및 방법론적 모색이라는 주장이 설득력을 갖게 되었다. 그 이후 탐구는 귀납적 모형 혹은 안내된 발견학습 등의 수업 절차로 인식되기도 하였으나, 최근 과학 탐구의 본질은 증거에 기반을 둔 논증활동이 강조되고 있다. 과학 기반 의사소통은 과학자의 새로운 생각과 주장이 과학 지식으로 수용되는 과정에는 실험기구를 조작하고, 실험을 수행하는 실제적 활동만큼, 실험계획 혹은 결과를 해석해내고, 그 해석을 다른 과학자들에게 설득하고, 공동체의 합의를 이끌어내기 위해 학회에서 발표하고, 저널에 글을 쓰는 행위인 논증활동의 중요성을 강조한다(Driver, Newton & Osborne, 2000; Kuhn et al., 1997).

과학 수업에서 과학 지식의 이해와 과학 탐구의 수행성은 이분법적으로 구분되지 않는다. 과학 교실수업은 과학 탐구를 통한 지식의 생성 과정에 있어서 교사와 학생이라는 구성원들의 상호작용을 통해 중층적으로 서로 얽혀 짜인 것으로 이해되어야 한다. 이때 과학 탐구를 통한 지식 생성에 참여하는 주체는 학생이며, 학생의 학습 활동을 안내하고 촉진하는 사람은 교사이다. 즉, 교사와 학생은 탐구를 통한 과학 지식 생성 과정에 참여하는 과학 교실 수업의 구성원이다. 이들은 과학 탐구의 수행을 통한 과학적 담화에 참여하여 지식을 공유하고 생성해 내게 된다. 따라서 교사와 학생들 간의 상호작용과 의사소통은 과학 교실수업에서 과학 탐구를 통한 지식 생성 과정을 창출해내는 원동력이다.

이전 세기에 이어 21세기도 과학교육 개혁의 핵심으로 학생들이 과학을 탐구로 이해하는 것이 중요함을 강조하고 있다. 과학을 학습하는 데 있어서 탐구의 중요성은 더 이상 과학교육에서는 새로운 것도 아닌 터이다(Schwab, 1962; Trowbridge & Bybee, 1990). 20세기 초반 보빗(Franklin Bobbitt, 1926)은 학생들에게 단순히 사실만을 암기시키도록 훈련시키는 것보다 더 중요한 것은 세상에서 일어나는 현상과 상황에 대해 연관 지어 생각할 수 있는 능력을 키우는 것이라고 한 바 있다. 과학의 탐구 기능을 강조하던 'Doing Science'(Ravetz, 1971; Polanyi, 1958)의 맥락에서 논의되는 탐구는 경험주의적 귀납주의로 과학을 보이게 하고, 현상에서의 문제에 대한 다양한 가설과 주장에 대한 평가와 판단이 결부된 총체적인 활동이 아닌, 단순 기능의 훈련으로 총체적인 경험으로서 과학을 인지하게 할 우려와 함께 많은 비판을 받아왔다(Finley, 1983).

탐구실험을 중심으로 한 학습은 학생들에게 우리의 복잡한 첨단 사회를 규정짓는 다양한 디지털, 인쇄, 미디어자료를 통찰하고, 분석하고, 의구심을 가져보는 기회를 갖도록 하는 것이 그 목적이 될 것이다. 최근에 과학탐구는 과학을 배우고, 과학을 하는 것을 배우고, 과학에 대해 배우는 것으로 이해된다 (NRC, 2000).

이런 맥락에서 과학탐구에서 중요한 단계는 적절한 탐구질문을 제시하는 것이다. 이 단계는 학생들에게는 일반적으로 매우 어려운 단계이다. 적어도 실제 과학실험활동은 연구의 질문을 찾고, 인식하며, 과학적 주장이 실험과정에서 찾아낸 증거를 바탕으로 제기된다는 특성을 받아들인다면 앞서의 전통적 과학 실험 방식은 실제 과학수행(scientific practice)과는 거리가 있다고 보인다.

이처럼 과학교육에서 탐구를 중요시하고 있으나 기존 학교 현장에서 이루어지는 탐구는 이미 학생들이 답을 알고 있거나 하나의 정답을 향하여 연구 문제와 방법 등이 모두 주어진 형태의 탐구가 주를 이루고 있다(김재우, 1999). 학생들이 탐구 주제에 대해 질문을 하고 가설을 세우고, 실험 결과를 예상하고, 관찰, 측정, 실험을 설계하도록 하는 기회를 좀처럼 주지 않고 있다. 그리고 자신의 실험 설계에 따라 수행하고 또는 새로운 질문을 하거나, 자신이 수행한 탐구에 기초한 실험 기술을 적용하도록 하는 기회 또한 주지 않고 있다 (Germann, Haskins, & Auls, 1996).

과학에서의 글쓰기는 과학탐구를 위한 비계 역할을 한다. 과학적 추론과 사고, 과학적 의사소통의 기회를 제공하는 역할이지 글쓰기를 잘하기 위한 과학 글쓰기는 아니다. 본 장에서 이와 관련된 내용을 소개하기로 한다.

9.1 과학탐구의 비계(scaffolding)로서의 과학 글쓰기

과학교육의 역사에는 핸즈-온 사이언스(Hands-on Science)라고 해서 학생들이 실험실에서 무엇인가를 수행하면 그것이 곧 과학탐구로 이해되던 시절이 있었다. 이러한 과학탐구는 과학자들이 하는 것을 해보는 과학적 수행(scientific practice)으로 이해되었다. 그러나 과학교육계에서는 곧 핸즈-온 사이언스가 물리적으로 바쁜 것이지 뇌와 마음이 다 작동되는 상태가 아님을 알게 되었다.

그렇다면 과학교육계에서 제안하는 바의 교사가 실행할 수 있는 '과학적 수행'은 어떤 것일까? 이에 대한 가장 근사치의 답을 제공한 시도 중의 하나가

풀윌러(Fulwiler, 2007)의 최근 저서인 'How science writing can scaffold instruction to support learning?'이다. 풀윌러는 명쾌하게 과학 글쓰기는 조직자의 역할 혹은 비계(scaffolding)의 역할을 하여 과학탐구 즉 과학적 수행을 좀 더 의미 있게 만들 수 있다고 했다. 물론 그가 언급하는 바의 과학 글쓰기와 자기탐구적 글쓰기와는 미묘한 차이가 있기는 하다. 그러나 과학 글쓰기를 통해 과학적 탐구나 수행을 유도해냄을 의도한 점에서는 둘이 유사하다고 해도 될 것이다. 이 저서에서 다섯 가지의 새로운 과학교수활동적 접근방안을 위한 가정을 제안하는데 이중 세 가지를 소개하면서 자기 탐구적 글쓰기와 비계의 관련성을 정리하고자 한다.

첫번째로 학생들이 탐구를 강조한 과학 수업을 통해서 의미 있는 학습경험을 하게 될 경우 새로운 개념과 과정능력을 학습하게끔 동기유발이 될 것이다. 두 번째 가정은 학생들이 과학 개념을 이해한다는 궁극적인 목적을 달성하기 위해서는 과학적으로 사고하는 방식을 배워야만 할 것이다. 세 번째로 학생들은 과학 개념, 과학적 사고, 과정능력을 배우기 위해 도움이 필요하다. 즉 모델과 비계가 큰 도움이 될 것이다. 이런 맥락에서 과학적 수행을 의미 있게 수업을 통해 이루어 낼 필요가 있고 이를 위해 의도적인 비계가 필요하다는 것이다. 본 연구에서는 그러한 비계의 역할을 SWH라는 형태의 글쓰기 조직자가 하리라 기대한다. 왜냐하면 SWH를 하기 위해서는 교사가 주도하는 실험을 따라 해서는 어렵기 때문이다. 탐구와 관련된 문제는 학생의 언어로 풀어내야 하고, 자신의 주장을 설명하고 알아보기 위해 실험을 설계하고 주위 급우들의 주장에 대해서도 귀를 기울여야 하기 때문이다.

9.2 자기 탐구적 과학 글쓰기(Science Writing Heuristic): 과학적 수행을 위한 도구

앞서 과학교사는 국어교사가 아니므로 과학 수업에서의 글쓰기는 중요하지 않다는 반박에 대해 '그럼 과학을 가르칠 때 어떤 형태의 언어도 포함시키지 말고 가르쳐 보라'고 대응한다면 어떨까? 언어의 유형에는 활자 언어, 수학적 언어, 그림 언어, 그래픽 언어, 기호 언어 등이 포함된다. 언어가 없으면 과학도 존재할 수 없다는 사실을 깨닫는 것은 그리 어렵지 않다. 과학을 하고, 과학개념을 이해하고, 과학에 대해 의사소통을 할 때 언어가 없다면 모두가 무의미하게 될 뿐이다. 언어는 과학에 있어서 기본이 된다. 왜냐하면 과학을 하고, 우리가 이미 아는 것에 심화된 의미를 더할 때 즉 과학자가 하는 과정을 실제로 해보고 새로운 생각을 이끌어 내는 과정에서 언어가 필요하다(Norris and Phillips, 2003). 과학에서 언어적 측면이 강조된 활동은 중요하지 않다고 말하기 보다는, 과학을 하는 데 있어 언어가 매우 중요하고 과학 수업에서 언어와 관련된 활동을 통해 과학을 좀 더 잘 이해할 수 있는 기회를 학생에게 제공할 필요가 있음을 인식할 필요가 있다.

최근의 연구에서는 수업에 글쓰기를 어떻게 활용하는가에 대해 다양한 의견들이 있다. 크게 두 가지 견해로 좁혀지는데 하나는 글쓰기 능력의 향상을 위한 학습이고 또 하나는 언어를 이용해서 학습을 증진시키는 것이다. 여기에서는 언어는 학습의 훌륭한 도구라는 것을 전제로 한다.

학생들에게 자신이 이해하는 개념을 급우에게 설명하는 글을 쓰거나, 과학과 관련된 주제에 대해 자신의 논점을 자신보다 어린 사람들에게 설명하는 글을 쓰거나, 과학 개념과 관련된 신문 기사를 써보라는 식의 글쓰기 과제를 주면, 이는 이미 단순한 개념과 용어에 대해 암기를 요하는 활동을 넘어서게 된다. 학생들에게 자신이 알고 있는 것을 다른 형태로 재구조화하도록 하는 것은 학생의 지식을 새로운 형태로 변환하도록 하거나(Bereiter & Scardamalia, 1987) 새로운 방식으로 구성하는 것이다(Galbraith, 1999). 이는 어떤 주제에 대해 자신이 과학적으로 이해한 바와 글쓰기 과제에 대한 논술지식을 잘 융합하도록 학생들에게 요구하는 것과 같다고 본다. 이러한 과제는 단순한 언어적인 활동이나 국어적인 측면이 강조된 과제가 아니고 오히려 과학의 본질적인 측면인 과학적 의사소통을 극대화하는 활동으로 인식된다고 본다.

이런 관점에서 제시된 것이 자기 탐구적 과학 글쓰기(Science Writing Heuristic, SWH)이다. SWH는 학생이 포괄적인 과학 개념을 좀 더 심화되게 이해할 수 있도록 도와주는 과정으로 볼 수 있다(Hand, et al., 2006). 학생은 자신의 질문을 개발하고 시험하며, 자신의 주장을 증거를 가지고 정당화하고, 자신의 생각을 남과 비교해 보고 자신의 생각이 이런 과정을 거쳐 어떻게 변화해 가는가를 인지하게 된다. 일련의 SWH 경험의 마지막 부분에서 학생들은 포괄적인 과학개념에 대해 또는 자신의 학습과정에 대해 글을 쓸 수가 있는데 이는 자신이 학습한 바를 다른 사람들과 의사소통할 뿐 아니라 학습을 위한 글쓰기 활동임을 깨달았다는 것을 의미한다. 여기에서 제안하는 SWH는 8개의 과정을 제시하는데 다음과 같다.

① 초기 생각: 내가 가진 질문은 무엇인가?
② 시험: 나는 무엇을 했는가?(내 질문에 대해 어떤 검증과정을 거칠 것인가?)
③ 관찰: 나는 무엇을 관찰했는가?(검증과정을 거쳐 발견한 것은 무엇인가?)
④ 주장: 나는 무엇을 추론할 수 있는가?(내가 생각했을 때 실제 어떤 과정이 있었는가를 설명한다.)
⑤ 증거: 나는 그것을 어떻게 알게 되었는가?(증거를 제공하면서 내 주장을 정당화한다.)
⑥ 읽기: 내 생각을 다른 사람의 생각과 비교한다.
⑦ 반추: 초기의 내 생각이 변했는가?
⑧ 자신이 학습한 내용을 설명하는 글 쓰기

SWH를 활용함에 있어 가장 괄목할 만한 특징은 학생의 탐구문제 인식이다. 지식을 생성한다는 것은 제기된 문제 현상을 설명하기 위해 필요한 지식을 고안하는 것을 의미한다(Anderson & Biddle, 1991). 따라서 과학적 지식을 생성한다는 것은 자연 현상에 대한 문제 제기가 선행되었음을 의미한다. 과학적 방법에서 '문제의 확인 및 결정'은 과학적 탐구와 조사활동의 첫 단계를 구성하며, 제시된 문제의식을 확인하거나 결정하는 준거가 될 뿐만 아니라 수집된 사실을 조직하는 원리가 된다. 한 예로 헴펠은 제멜바이스의 산욕열에 대한 연구에서 산욕열이 발생하게 된 원인을 묻는 의문을 해결하기 위해 많은 가설들을 세우고 이를 검증하는 방법을 통해 문제를 해결하였다(Hempel, 1966). 또한 Caro는 가젤 영양의 이상 행동을 관찰하고 '가젤 영양이 왜 도약행동을 할까?'라는 의문을 생성한 후 가설-연역적인 방법으로 의문을 해결하였다(Lawson, 1995).

문제인식은 과학교육에 있어서도 중요한 위치를 차지한다. Ennis는 문제인식이 학생들의 문제 해결, 비판적 사고, 창의적 사고 등과 같이 체계적으로 조직화된 사고과정 기술 중의 하나라고 말하고 있다(Cuccio-Schirripa & Steiner, 2000). 실제로 많은 과학교육 연구자들(Gott & Duggan, 1995; Jone et al., 1992; Roychoudhury & Roth, 1996)은 학생 스스로 탐구 문제를 발상, 설정하여 탐구 활동을 수행하는 것이 학생들의 창의적, 비판적 사고와 탐구에의 능동적 참여를 촉진한다고 말한다. 이는 학생들이 스스로 문제를 제기함으로써 자율적으로 탐구하게 되고, 스스로 정보를 처리하여 새로운 지식을 생성할 수 있는 능력을 지니게 됨으로써 사고력도 신장될 수 있다는 가정에 기인한다. 이처럼 문제인식은 탐구의 방향과 가치를 결정짓고 학생들에게는 과학적 사고력을 신장시키는 결정적 역할을 하기 때문에 매우 중요하다.

9.3 과학 글쓰기의 지도

과학 수업에서 가르치고, 배우고, 평가하는 네 가지 기본 요소는 과학내용, 과학탐구기능, 과학적 사고, 해설쓰기라고도 할 수 있다. 과학의 유의미한 교수, 학습에서의 네 가지 요소는 다음과 같이 설명할 수 있다(Fulwiler, 2007).

- 과학내용: 과학의 big idea로 개념이나 원리에 해당된다.
- 과학적 사고(scientific thinking): 비판적 추론(critical reasoning)과 문제해결능력
- 과학적 탐구기능(scientific skills): 학생이 과학내용을 발견해가는 데 사용하는 능력
- 해설쓰기(expository writing): 학생들이 자신의 과학적 이해에 대해 의사소통하게 하는 문장으로 된 구조물(예를 들어, 관찰, 원인과 결과, 비교, 자료 분석, 증거에 근거한 결론 등)

탐구수업을 제대로 진행하기 위해서는 기존의 과학탐구수업에 과학 글쓰기를 활용한 수업내용이 접목되는 것이 효과적일 것으로 제안한다. 과학 수업과 과학 글쓰기를 이용하여 진행한 경우에 어떤 과학교수·학습 측면이 기대되는지를 다음에서 잘 보여준다.

표 9.1 과학 수업과 과학 글쓰기

과학 수업	→	과학 글쓰기 수업
탐구를 통해, 학생들은 다음을 학습한다. • 과학내용-내용과 원리, 혹은 big ideas • 과학적 사고-비판적 추론, 문제해결 • 과학탐구능력-예를 들어 관찰, 탐구 수행, 자료사용		학생 자신의 과학경험과 이해를 과학 글쓰기를 통해 활용해가면서, 학생들은 과학 글쓰기의 다양한 형태를 배우게 된다. 예를 들면 다음과 같다. • 관찰 • 원인과 결과 • 비교하기 • 추론하기 • 자료 분석 • 결론
과학노트는 다음의 경우를 위해 사용된다. • 관찰노트, 예화, 자료를 기록 • 토의를 위한 증거의 제공	→	과학노트는 다음의 경우를 위해 사용된다. • 고차원적 과학사고와 개념적 이해를 위한 의사소통에 필요한 글쓰기
비계 • 과학탐구 • 단어은행 • 시각적 조직자	→	비계 • 단어은행 • 시각적 조직자 • 글쓰기 틀

학생 주도적인 과학 탐구가 강조되는 과학영재수업에서 교사의 지도과정은 일반적으로 처음 세 가지 요소에 초점을 맞추는 경우가 많다. 그러나 이러한 기존방식의 지도는 네 번째 요소인 해설쓰기 즉, 좀 더 복잡한 형태의 과학 글쓰기를 포함하는 의미 있는 교수·학습에는 별 도움이 못된다. 해설쓰기라는 형식의 과학 글쓰기는 영재학생들이 메타인지적으로 자신의 수행과정을 주도하

며 각각의 단계에서 어떤 관찰과 의미 있는 증거를 찾아내는 조직자의 역할을 하게 된다. 그리고 자신의 문제에서 출발해 스스로 결론을 이르게 하는 데 도움을 준다. 한편, 실험과정을 통해 과학탐구능력을 어떻게 키워야 하는지에 대한 방안을 제안한다. 예를 들어, 관찰을 할 때 무엇을 어떻게 관찰해야 하고, 그 결과가 어떻게 나의 문제상황과 연결되는지를 연습할 필요가 있다. 기존의 실험주제가 주어지고 학생들에게 별다른 절차나 수행과정에 대한 세세한 안내 없이 진행되는 실험을 통해서는 학생들의 과학탐구능력이나 개념에 대한 이해도 보장하기 어렵다.

해설쓰기는 이러한 측면에서 학생들에게 과학탐구를 통해 개념적 지식, 과학적 사고, 과학탐구능력이 조화롭게 키워지는 비계의 역할을 한다고 볼 수 있다. 과학을 수행하는 경험은 과학영재지도에 있어서 매우 중요한 부분이다. 이를 위해 과학탐구를 학생이 주도적으로 하도록 할 필요가 있다. 학생들이 탐구를 수행하는 과정에서 문제를 인식하고, 실험을 계획하고, 주도하며, 실험결과로부터 문제를 해결하는 증거를 찾아 나름의 결론을 이끌어 내는 것을 경험하도록 한다. 과학 수업에서의 해설쓰기는 이런 의미에서 교사의 수업에서 포함되어야 할 부분이다. 우선 과학 글쓰기 즉 해설쓰기를 고려한 과학영재지도에서 고려할 다양한 과학 탐구과정능력과 관련한 글쓰기 틀은 다음과 같다.

(1) 탐구와 과학 글쓰기가 병행된 수업의 과정

탐구과정과 과학 글쓰기가 조화를 이룬 수업을 위해 과학탐구과정과 글쓰기 과정을 세분화하면 다음과 같다(임희준 외, 2009).

가) 과학탐구과정: 교수학습 계열

• 단계 1: 동기화

학생들이 모두 과학노트를 준비하게 한다. 과학시간이 되면 학생들은 과학노트를 자동적으로 꺼내어 오늘의 날짜를 쓴다. 교수-학습 계열에서의 첫번째 단계는 학생들이 활동에 대해 흥미를 가지게 하는 동기화과정이다. 어떤 질문을 할지, 어떤 조사를 해야 할지 등에 대해 다양하게 브레인스토밍하는 과정이 포함된다. 이 과정에서는 이전에 했던 조사탐구과정이나 자신이 알고 있는 지식을 어떻게 활용하고 연계하는지를 알아보는 것이 중요하다.

이 단계에서는 학생들이 탐구조사 해야 할 내용과 관련한 토의를 하도록 한다. 토의가 원활하게 진행되기 위해서는 학생들이 탐구해야할 중심 질문을 써 보도록 하는 것도 도움이 된다. 예를 들어 '전자석의 세기'와 관련된 활동이라면 '전자석의 세기에 영향을 주는 것은 무엇일까?'라는 포괄적인 질문을 학생들에게 던지고, 이를 구체적인 실험활동을 위한 질문이 되게끔 토의하게 한다. 학생들은 '에나멜선을 더 많이 감으면 전자석은 세어질까?'와 같은 구체적인 질문으로 발전시키게 된다. 이때, 학생들마다 개별화된 질문을 만드는 것보다는 모둠별로 질문을 함께 만들어 보도록 하면 더 효과적이다.

다음은 이와 관련된 질문의 예시들이다.
- 달팽이를 보았을 때, 가장 눈에 띄는 것은 무엇인가?
- 통통 튀는 볼은 어떤 성질을 가질까?
- 닫힌 전기회로에서 전선의 길이를 바꾼다면 전구의 밝기는 어떻게 될까?
- 뼈의 세기에 영향을 미치는 것은 무엇일까?
- 유수대에 센 물줄기가 흐른다면 침식과 퇴적은 어떻게 될까?

수업에서 교사가 탐구질문이나 중심질문을 소개하거나 함께 만들어갈 때, 학생들은 그 질문을 과학노트에 적도록 한다. 어린 학생들에게 과학 수업 초반에 질문을 적어주는 것도 가능하다. 너무나 열린 질문들을 가지고 토의하는 것보다는 교사가 질문을 먼저 제시하고, 이를 학생들이 자신의 탐구로 이어가도록 약간의 질문상의 수정만을 하게 하는 것도 이런 방법을 처음 도입할 때는 도움이 된다.

탐구질문을 함께 고민할 때, 학생들에게 사용할 실험 준비물을 제시하고, 이 준비물을 활용해서 주어진 질문을 탐구할 수 있도록 하는 구체적인 탐구질문을 만들게 하는 것도 도움이 된다.

예를 들어, 같은 크기의 초 두 개와 큰 집기병과 작은 집기병을 제시하고, 이를 통해 알아볼 수 있는 초와 관련된 특징은 무엇일지 질문해 본다. 학생들은 주어진 준비물을 통해 시험 가능한 질문(testable question)을 만들어볼 것이다. 초가 타면 어떤 물질이 나오는가?, 초가 타는 데에는 무엇이 필요한가?, 초가 타는 시간은 집기병의 크기에 비례하는가? 등등의 다양한 학생 탐구 질문이 유도된다.

영재학생들 수준의 수업에서는 특히 매우 다양하고 흥미로운 질문이 이어진다. 학생들에게 실험 제목과 준비물을 주고 따라하게 하는 것보다 준비물을 제시하고, 알아볼 수 있는 탐구질문을 학생들이 논의해서 진행하도록 하면 전혀 기대하지 않았던 흥미로운 탐구질문과 탐구내용이 도출됨을 경험할 것이다. 특히, 이때 변인에 대한 이해를 함께 할 수 있다. 과학실험에서 중요한 탐구 요소는 변인을 알아보고, 어떤 변인이 독립변인이고, 종속변인이며 통제변인이 무엇인지를 파악하여 적절한 가설을 만드는 데 있다. 이를 위해 탐구문제를 구조화할 필요가 있는 것이다. 만일 양초 두 개를 두고 크기가 서로 다른 집기병을 이용해서 공기의 양과 초의 연소시간을 알아본다면 이때의 독립변인은 집기병이 된다. 크기가 다른 두 개의 집기병은 주어진 공기의 양을 의미하게 되며 이것이 독립변인인 셈이다. 그리고 초에 불을 켜고 집기병을 각각 씌워서 몇 초 동안 타는지를 측정했을 때, 초가 연소한 시간이 종속변인이 된다. 이 경우, 두 집기병에 사용한 초의 크기가 같아야 하는데 이것이 바로 통제변인이 되는 것이다. 실험수행을 위한 실험가설은 독립변인을 ~하면, 종속변인이 된다는 식의 문장구조를 만들면 된다. 큰 집기병과 작은 집기병을 준비하여 타고 있는 초를 덮으면 큰 집기병의 초가 더 오래 탈 것이다라는 가설이 만들어질 수 있다. 가설과 변인들을 설정하는 내용을 과학노트에 정리해 본다. 또한, 관찰해야할 내용이나 이를 정량적인 자료로 기록하는 것에 대해 대략적인 아이디어를 공유한다. 어떤 형식의 표나, 도표나 그림을 그릴 것 등에 대한 계획도 함께 포함되어야 한다. 이렇게 탐구조사내용의 흐름도나 계획을 담게 되는데 그 예는 다음과 같다.

탐구계획
  -탐구 질문

변화시킬(조작) 변인

관찰할 /측정할(종속) 변인

-예상: 위의 두 변인을 포함한다.

-탐구과정

조작변인

통제해야할(같게 만들어야할) 변인

관찰할/측정할 변인

-관찰 혹은 측정한 변인? 무엇? 언제? 얼마동안?

-기록하기

-이 실험은 몇 번 정도 더 반복할까?

탐구질문에서 알게 되는 독립변인(변화시킬 변인), 종속변인(관찰할 변인), 통제변인(같게 할 변인)이 잘 드러나도록 하고, 반복실험의 계획이나, 예상하기, 기록하기 등이 포함된다.

표 9.2 교수-학습 계열과 과학노트

단계	1.동기화	2.조사활동	3.반성의 나눔	4.적용
교사	모형화하기: 표 만들기, 특징적인 것 적어보기, 자료 넣기, 삽화그리기, 도표 만들기	모둠으로 활동하기 • 질문하기 • 모형, 언어, 사고 • 오개념 알기	모형 만들기: 표, 자료 분석 그래프, 시각적 조직자 새로운 단어를 도입하기 언어화, 사고를 모형화하기	토의를 통해, 수업 내용이 실생활에서의 현상이나 심화된 후속 탐구로 이어지게 한다.
학생	쓰기: • 날짜 • 초점질문이나 조사를 위한 질문 • 추론을 통한 예상 • 표	자료의 기록: 노트하기 삽화그리기 도표그리기	과학노트를 이용하여 결과를 분류하고, 자신의 추론, 설명, 결론을 위한 증거를 위한 자료를 적도록 한다.	과학노트를 사용하여 자신의 생각이나 질문을 적어보도록 한다.

• 단계 2: 조사활동

이 조사활동 단계는 학생들이 스스로 탐구를 해보는 과정을 포함한다. 이 단계를 통해 학생들은 구체적인 실험 자료 즉 실험 데이터를 관찰과 측정을 통해 얻게 된다. 실험재료를 가지고 탐구를 하면서 다양한 활동을 해보게 된다. 이 과정에서는 자료를 기록하는 이상의 복잡한 쓰기활동은 강요되지 않는다. 물론, 실험을 통해 관찰한 사실을 그림으로 그릴 수도 있다. 학생들이 탐구조사활동을 하는 동안 교사는 모둠별로 다니면서 활동을 보조하게 된다. 일방적인 지시나, 일률적인 실험이나 탐구의 방법을 강요하는 것은 이전 단계의 학생의 동기화 단계의 활동내용을 무시하는 게 되므로 주의해야 한다.

학생들이 계획한 내용이 실험을 통해 잘 드러날 수 있도록 도와주는 역할이 중요하다. 또한 자료 중에서 자신의 탐구문제에 결정적인 자료가 되는 증거가 무엇인지를 찾아보도록 독려하는 것도 중요하다. 학생들에게 실험을 통한 모든 자료 혹은 데이터가 모두 증거가 되지 않음을 주지시킬 필요가 있다. 탐구하는 동안 모둠 내 혹은 모둠 간의 다양한 토의를 장려하여 충분히 논의를 하면서 탐구활동이 이루어지게 한다. 이를 통해 학생이 가지고 있는 다양한 오개념과 부정확한 내용이 표출되기도 한다. 이러한 논의 내용은 이후에 이어지는 반성의 나눔 단계에서 논의의 주제가 되므로 매우 중요하다.

• 단계 3: 반성의 나눔

각 모둠별로 탐구 활동이 끝나고 나면, 학생들은 전체 토의를 하게 된다. 이 단계에서는 다양한 모둠 활동의 결과와 각 모둠에서 찾아낸 증거를 바탕으로 탐구문제에 대한 잠정적인 결론을 발표하고 이를 토의한다. 이 과정에서 학생들은 자신의 모둠에서 나온 결과와 비교하고, 자신의 과학적 주장을 정교화하거나 수정하는 작업을 하게 된다. 이 과정을 통해 학생들은 자신의 탐구내용을 반영한 반성적 글쓰기를 하게 되는데, 만일 글쓰기가 주저된다면 학생들에게 오늘 탐구한 내용을 동생이나 후배들에게 이야기로 들려주는 상황을 설정하고 글쓰기를 하도록 하면 도움이 된다.

반성의 나눔이라는 반성적 토의 단계에서는 다음과 같은 활동을 할 수 있다.

- 학생들이 알 필요가 있는 새로운 용어를 설명할 수 있다. 특히 과학용어가 서툰 학생들을 위해서는 자세한 용어 설명이 도움이 되기도 한다.
- 중요한 용어나 어휘를 여러 번 반복해서 강조할 수 있다.
- 학생들이 모둠별 혹은 자신의 탐구문제에 대해 완벽한 문장으로 진술할 수 있도록 한다. 이를 토의를 통해 발표하게 하는 것도 발표가 저조할 경우 사용할 수 있는 방법이다.
- 과학적 어휘와 사고를 사용하는 예시문을 제시할 수 있다. 예를 들어 학생들이 과학적 주장을 만들 때, 자신의 문장을 지지할 수 있는 증거가 무엇인지 물어보는 것도 도움이 된다. 이때, 다음과 같은 문장틀을 제시하면 쉽게 작성할 수 있다. "나는 _____라고 생각한다. 내가 그렇게 생각하는 이유는 _____"(나는 가는 철사가 두꺼운 것보다 저항이 더 클 거라고 생각한다. 내가 그렇게 생각하는 이유는 우리가 가는 철사를 쓸 때, 전구가 희미해지는 것을 보았기 때문이다. 두꺼운 철사를 사용하면 전구가 더 밝아진다.)
- 수업 중에 각 모둠에서 얻은 자료를 표나 그래프로 전환하는 것에 대해 모형을 제시할 수 있다.
- 필요하다면 학생들이 학습한 것을 가시화할 수 있는 시각적 조직자를 만들어 본다. (예를 들어 표, T-charts, system-parts map, 흐름도)

• 단계 4: 적용

교수-학습 계열의 마지막 단계는 학생들이 자신들의 수업에서 얻은 내용이 어떻게 실제 생활에서 나타나는지 혹은 또 다른 심화된 탐구나 연구로 이어지는지를 인터넷이나 책을 통해 알아보는 단계이다. 학생들은 자신의 과학노트에 토의를 통해 나타난 중요 아이디어를 적어본다.

*학생들의 과학적 이해와 사고를 돕기 위한 시각적 조직자

- 표

- T−Chart

- System−parts(분류지도)

- 흐름도

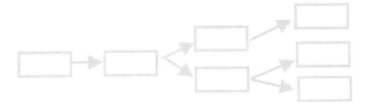

- 개념도

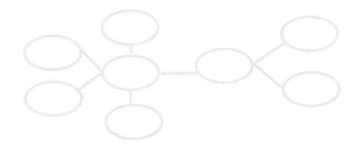

요약

과학 글쓰기는 일반적인 국어 글쓰기, 영어 글쓰기 등과 같은 맥락이 아니다. 과학을 잘 정리하고 과학적 사고를 동원하여 글을 합리적이고 호소력 있게 쓴다는 그런 의미와는 오히려 거리가 멀다. 이 장에서는 과학의 의사소통, 과학의 논리적 사고를 증진시키는 즉 과학 탐구의 비계 역할을 하는 의미로서 과학 글쓰기와 사례에 대해 소개하였다.

참고문헌

강남화, 이은미(2013). 2009개정 과학교육과정에 따른 고등학교 물리 교과서 탐구 활동 분석, 한국과학교육학회지, 33(1), 132-143.

강수미(2006). 모델링 과정에서 나타나는 학생들의 논증활동과 신념에 관한 사례 연구. 이화여자대학교 석사학위논문.

강순민(2004). 과학적 맥락의 논의 과제 해결과정에서 나타나는 논의과정 요소의 특성. 한국교원대학교 박사학위논문.

강신주(2006). 철학 삶을 만나다. 서울: 이학사.

강은형(2001). 중학생 자유주제 과학탐구의 문제해결 유형과 탐구수준 평가 연구. 서울대학교 박사학위논문.

교육과학기술부(2008). 중학교 교육과정 해설(III): 수학, 과학, 기술가정. 한솔사: 광주광역시.

권용주, 정진수, 박용복, 강민정(2003). 선언적 과학 지식의 생성 과정에 대한 과학 철학적 연구: 귀납적, 귀추적, 연역적 과정을 중심으로. 한국과학교육학회 지, 23(3), 215-228.

권재술, 김범기(1993). 과학 오개념 편람-역학편-. 한국교원대학교 물리교육연구실.

김기우, 김용재 (역)(1992). 서사론 사전. 민지사.

김기윤(2011). 생태학과 환경론에서 인간의 위치. 철학논총, 65, 75-95.

김만희(2003). 폴라니의 인식론에 근거한 과학교수의 내러티브적 성격 고찰. 한국 교원대학교 박사학위논문.

김영식(1986). 과학사개론. 서울: 다산출판사.

김영식(2001). 과학혁명. 서울: 도서출판 아르케.

김영식(2008). 과학, 역사 그리고 과학사. 서울: 생각의 나무.

김용석(2009). 서사철학. 서울: 휴머니스트 출판그룹.

김재우(1999). 중학생의 과학적 탐구 문제 설정 과정에 대한 사례적 분석. 서울대 학교 박사학위논문.

김찬종, 신명경, 이선경(2010). 비형식 과학학습의 이해. 서울: 북스힐.

김희경, 송진웅(2004). 학생의 논변활동을 강조한 개방적 과학탐구활동 모형의 탐색. 한국과학교육학회지, 24(6), 1216-1234.

민병곤(2001). 논증 이론의 현황과 국어 교육의 과제. 국어교육학연구, 12, 237-285.

민병곤(2004). 논증 교육의 내용 연구-6, 8, 10학년 학습자의 작문 및 토론 분석을 바탕으로. 서울대학교 박사학위논문.

박정혜(2003). 기능적 설명과 인지과학. 서울대학교 석사학위논문.

박종원(2000). 학생의 과학적 설명가설의 생성과정 분석-과학적 가설의 정의와 특성을 중심으로. 한국과학교육학회지, 20(4), 667-679.

박지연, 이경호(2004). 과학개념변화 연구에서 학생의 개념에 대한 이해: 오개념(misconception)에서 정신모형(mental model)까지. 한국과학교육학회지, 24, 621-637.

박지영, 김희백(2012). 사회 속 과학 쟁점에 대한 소집단 논변 상호작용 분석을 위한 방법론 고찰. 한국과학교육학회지, 32(4), 604-624.

박지은, 이선경(2007). 중학생의 힘의 개념변화 사례 연구: 개념생태적 접근. 한국과학교육학회지, 27(7), 592-608.

송상용(1992). 서양과학의 흐름. 강원대학교 출판부.

송호장(2011). 자연주의 과학철학 토대의 교수 학습 설계가 예비교사들의 인식론적 관점에 미치는 효과: 판구조론을 중심으로. 서울대학교 박사학위논문.

서동인(2012). 융합연구를 경험한 과학 및 과학기술자의 교역지대 교류경험 연구. 서울대학교 석사학위논문.

송진웅(1993). 교사의 과학자에 대한 이미지와 존경하는 과학자. 한국과학교육학회지, 13(1), 48-55.

승영조, 김희봉(역)(2001). 발견하는 즐거움. 승산. 원전: R. Feynman. The Pleasure of finding things out. Perseus Book Club.

신명경, 권경필(2015). Science Writing Heuristic Template을 적용한 예비초등교사의 에너지 관련 과학 탐구 사례 연구, 에너지기후변화교육, 5(2), 137-148.

신중섭(1992). 포퍼와 현대의 과학철학. 서울: 서광사.

심재호, 신명경, 이선경(2010). 2007년 개정 과학과 교육과정의 주요 내용의 실행에 관한 과학 교사의 인식. 한국과학교육학회지, 30(1), 140-156.

양승훈, 송진웅, 김인환, 조정일, 정원우(1996). 과학사와 과학교육. 서울: 민음사.

앨빈 토플러, 하이디 토플러(2006). 부의 미래(김중웅 역). 파주: 청림출판.

앨런 차머스(1985). 현대의 과학철학(신중섭 역). 서광사.

오필석(2007). 중등학교 지구과학 교사들의 과학적 설명: 논리적 형식과 담화적 특징 분석. 한국과학교육학회지, 27(1), 37-49.

우치다 타츠르(2007). 하류인생(박순분 역). 서울: 열음사.

우치다 타츠르(2012). 교사를 춤추게 하라(박동섭 역). 서울: 도서출판 민들레.

윌 곰퍼츠(2016). 발칙한 현대미술사(김세진 역). 서울: 알에이치코리아.

유은정(2008). 글로벌 과학적 소양 함양을 위한 수업이 학생들의 과학의 본성에 대한 관점에 미치는 영향. 한국과학교육학회, 29(7), 602-616.

이규호, 권병두(2010). 지구과학적 현상의 특성을 고려한 추론 중심 탐구수업 모형 제안. 한국지과학교육학회지, 31(2), 185-202.

이선경(2006). 소집단 토론에서 발생하는 학생들의 상호작용적 논증 유형 및 특징. 대한화학회지, 50(1), 79-88.

이선경, 고기환(2011). 화학Ⅰ의 공기 단원에 대한 수업 담화의 지식 공유 양상 탐색. 교과교육연구, 32(1), 1-11.

이선경, 김우희(1995). 열의 오개념 교정을 위한 과학사의 도입에 관한 연구. 한국과학교육학회지, 15(3), 275-283.

이선경, 손정우, 김종희, 박종석, 서혜애, 심규철, 이기영, 이봉우, 최재혁(2013). 고등학교 과학 수업 사례 분석을 통한 학교 과학 탐구의 특징. 한국과학교육학회지, 33(2), 284-309.

이선경, 이규호, 신명경(2011). 학교 과학 실험에 대한 초등교사들의 인식론적 이해의 탐색. 한국교원교육연구, 28(2), 21-49.

이선경, 유은정, 최종림, 김찬종, 한혜진, 신명경(2010). 과학 및 과학 교수학습에 대한 과학교사의 인식론적 이해의 탐색. 한국과학교육학회지, 30(2), 218-233.

이선경, 이선경, 김찬종, 김희백(2005). 비형식적 과학학습 자료의 시나리오 및 논증 구조: 영국 자연사박물관의 공룡관의 사례 연구. 한국과학교육학회지, 25(7), 849-866.

이선경, 최취임, 이규호, 신명경, 송호장(2013). 초등 과학 수업 담화에서 나타나는 과학적 추론 탐색. 한국과학교육학회지, 33(1), 181-192.

이선영(2002). 토론의 논증 구성과 사회적 상호작용에 관한 연구. 서울대학교 석사학위논문.

임희준, 신명경, 권혁순, 서정란(2009). 초등 과학 영재 학급 경영 및 지도를 위한 컨설팅. 학지사.

장하석(2014). 과학, 철학을 만나다. 지식채널.

장상호(2006). 학문과 교육 중 I (초판 2쇄). 서울대학교출판부.

정주혜(2010). 다차원적 발판 제공 증거 기반 설명 활동을 통한 고등학생들의 논변구조의 발달과 진화 개념의 변화. 서울대학교 박사학위논문.

조인래(2001). 인지과학의 방법: 기능적 분석. 철학사상, 12, 179-219.

조인래, 박은진, 김유신, 이봉재, 신중섭(1999). 현대 과학철학의 문제들. 서울: 아르케.

차머스, 앨런(1985). 현대의 과학철학(신일철 · 신중섭 역). 서광사.

한승희(2005). 과학적 사고와 서사적 사고의 교육적 의미: 과학적 사고와 서사적 사고에서 추론과 정서. 교육과정연구, 23(2), 39-64.

한혜진, 이태훈, 고현지, 이선경, 김은숙, 최승언, 김찬종(2012). 과학영재 논증 활동에서 나타나는 반박 유형 탐색. 한국과학교육학회지, 32(4), 717-728.

Adadan, E., Trundle, K. C., & Irving, K. E. (2010). Exploring grade 11 students' conceptual pathways of the particulate nature of matter in the context of multirepresentational instruction. Journal of Research in Science Teaching, 47(8), 1004-1035.

Abd-El-Khalick, F., Boujaoude, S., Duschl, R., Lederman, N. G., Mamlok-Naaman, R., Hofstein, A., Niaz, M., Treagust, D., & Tuan, H.-L. (2004). Inquiry in Science Education: international Perspectives. Science Education, 88(3), 397-419.

Ahn, W. & Kalish, C. (2000). The role of mechanism beliefs in causal reasoning. In F. C. Keil & R. A. Wilson (Eds.), Explanation and Cognition (pp. 199-226). Cambridge, MA: MIT Press.

Allen, N. J. & Crawley, F. E. (1998). Voices from the bridge: Worldview conflicts of Kickapoo students of Science. Journal of Research in Science Teaching RST, 35(2), 111-132.

Anderson, D. & Biddle, B. (1991). Knowledge for policy: Improving education through research. London: Falmer.

Anderson, D., Lucas, K., and Ginns, I. (2003). Theoretical perspectives on learning in an informal setting. Journal of Research in Science Teaching, 40(2), 177-199.

Ausubel, D. P. (1968). Educational psychology: A cognitive view. NY: Holt, Rinehart and Winston.

Bakhtin, M. (1953). Speech genres and other late essays.(eds. C. Emerson and M.Holquist, trans. C. Emerson and H. Holquist). Austin: University of Texas Press, 1981).

Baram-Tsabari, A. & Yarden, A. (2005). Text genre as a factor in the formation of scientific literacy. Journal of Research in Science Teaching, 42(4), 403-428.

Beeth, M. E. (1993). Dynamic aspects of conceptual change instruction. Unpublished doctoral thesis. University of Wisconsin-Madison.

Bell, P., & Linn, M. (2000). Scientific arguments as learning artifacts: Designing for learning from the web with KIE. International Journal of Science Education, 22, 797-817.

Bereiter, C. and Scardamalia, M. (1987). The psychology of written composition. Hillsdale, NJ: Lawrence Erlbaum Associates.

Berland, L. K., & Reiser, B. J. (2009). Making sense of argumentation and explanation. Science Education, 93, 26-55.

Bobbitt, J. (1926). Curriculum investigations. Chicago: University of Chicago.

Brewer, W. F., Chinn, C. A., & Samarapungavan, A. (2000). Explanation in scientists and children. In F. Keil & R. Wilson (Eds.), Explanation and Cognition. Cambridge, MA: The MIT Press.

Bruner, J. S. (1986). Actual minds, Possible worlds. Harvard University Press.

Buchdahl, G. (1970). History of science and criteria of choice. In R. H. Steuwer (ed.), Minnesota studies in the philosophy of science, vol. 5 (PP. 201-245). Minneapolis: University of Minnesota Press.

Bybee, R. W. (2009). Program for international student Assessment(PISA) 2006 and scientific literacy: a perspective for science education leaders, Science Educator, 18(2), 1-13.

Chalmers, A. (1985). 현대의 과학철학 (신일철, 신중섭 역). 서울: 서광사. (원서 1982년 발행)

Chinn, C. A. & Malhotra, B. A. (2002). Epistemologically authentic inquiry in schools: a theoretical framework for evaluating inquiry tasks. Science Education, 86, 175-218.

Chinn, C. & Osborne, J. (2010). Students' questions and discursive interaction: Their impact on argumentation during collaborative group discussions in science. Journal of Research in Science Teaching, 47(7), 883-908.

Cobern, W. W. (1991). World view theory and Science education research. NARST, Manhattan.

Coll, R. K., & Treagust, D. F. (2003). Learnings' mental models of metallic bonding: A cross-age study. Science Education, 87(5), 685-707.

Collins, H., & Pinch, T. (1993). The Golem: What everyone should know about science. Cambridge: Cambridge University Press.

Cuccio-Schirripa, S. & Steiner, H. (2000). Enhancement and Analysis of Science Question Level for Middle School Students. Journal of Research in Science Teaching. 37(2), 210-224.

DeBoer, G. (1991). A History of Ideas in Science Education: Implications for Practice. New York: Teachers College Press.

DeLoache, J. S., Miller, K. F., & Pierroutsakos, S. L. (1998). Reasoning and problem solving. In D. Kuhn & R. S. Siegler (Eds.), Handbook of child psychology (vol. 2): Cognition, perception, and language (pp. 801-850). Wiley: New York.

Delta Education Inc. (1990). SAPA Ⅱ. Hudson: Delta Education Inc.

Demasters, S. S., Good, R. G., & Peebles, P. (1995). Students' conceptual ecologies and the process of conceptual change in evolution. Science Educaiton, 79, 637-666.

Diamond, J. (1999). Practical evaluation guide: tools for museums and other informal educational settings. AltaMira Press: Rowman and Littlefield Publishers, INC.

Dole, J. A., & Sinatra, G. M. (1998). Reconceptualizing change in the cognitive construction of knowledge, Educational Psychologist, 33, 109-128.

Driver, R., Asoko, H., Leach, J., Mortimer, E., & Scott, P. (1994). Constructing scientific knowledge in the classroom. Educational Researcher, 23(7), 5-12.

Driver, R., & Erickson, G. (1983). Theories-in-action: Some theoretical and empirical issues in the study of students' conceptual frameworks in science. Studies in Science Education, 10, 37-60.

Driver, R., Guesnes, E., & Tiberghien, A. (1985). Children's ideas in science. Philadelphia: Open University Press.

Driver R., Newton P., & Osborne J. (2000). Establishing the Norms of Scientific Argumentation in Classrooms. Science Education, 84, 287-312.

Duschl, R. A. (1986). Textbooks and the teaching of fluid inquiry. School Science and Mathematics, 86(1), 27-32.

Duschl, R. A. (2000). Making the nature of science explicit. In R. Millar, J. Leach, & J. Osborne (Eds.), Improving science education: Contributions from research (pp. 187-206). Philadelphia, PA: Open University Press.

Duschl, R. A. (2008). Science education in three-part harmony: Balancing conceptual, epistemic, and social learning goals. Review of Research in Education, 32, 268-291.

Duschl, R. & Grandy, R. (2008). Teaching Scientific Inquiry: Recommendations for Research and Implementation. Rotterdam, the Netherlands: Sense.

Duschl, R. A. & Grandy, R. (2012). Two views about explicitly teaching nature of science. Science & Education, published online: 06 October.

Duschl, R., Schweingruber, H., & Shouse, A. (Eds.). (2007). Taking science to school: Learning and teaching science in grades K-8. Washington, DC: National Academies Press.

Edward, D. & Mercer, N. (1987). Common knowledge: the development of understanding in the classroom. London: Routledge.

Eichinger, D., Anderson, C. W., Palincsar, A. S., & David, Y. M. (1991). An illustration of the roles of content knowledge, scientific argument, and social norm in collaborative problem solving. Paper presented at the annual meeting of the American Educational Research Association, Chicago, IL, April 1991.

Einstein, A. (1954). Ideas and Opinions. Crown, New York.

Eltinge, E. M. & Robert, C. W. (1993). Linguistic content analysis: a method to measure science as inquiry in textbooks. Journal of Research in Science Teaching, 30(1), 65-83. 1993.

Erduran, S. (2008). Methodological foundations in the study of argumentation in science classrooms. In S. Erduran & M. Jimenez-Aleixandre (Eds.), Argumentation in science education: Perspectives from classroom-based research. (pp. 47-69). Dordrecht, the Netherlands: Springer.

Erduran, S., Simon, S., & Osborne, J. (2004). TAPping into argumentation: Developments in the application of Toulmin's argument pattern for studying science discourse. Science Education, 88, 915-933.

Falk, J. (1999). Museums as institutions for personal learning. Daedalus, 128, 259-275.

Falk, J. (2001). Free-choice science learning: Framing the issues. In: Falk J.,(Ed.), Free choice science education: how people learn science outside of school (pp. 2-9). New York: Teacher's College press.

Falk, J. & Dierking, L. (1998). Free-choice learning: an alternative term to informal learning? Informal Learning Environments Research Newsletter. Washington, DC: American Educational Research Association.

Falk, J. & Dierking, L. (2002). Lessons without limit: how free-choice learning is transforming education. Walnut Creek, CA: AltMira.

Finley, F. (1983). Science Process. Journal of Research in Science Teaching, 20(1), 47-54.

Finocchiaro, M. A. (2005). Arguments about arguments. Systematic, critical and historical essays in logical theory. New York: Cambridge University Press.

Flach, P. A. & Kakas, A. C. (2000). Abductive and inductive reasoning: Background and issues. In P. A. Flach & A. C. Kakas (eds.). Abduction and induction: Essays on their relation and integration (pp.1-27). Dordrecht/Boston/London: Kluwer Academic Publishers.

Forman, E. A., Larreamendy-Joerns, J., Stein, M. K., & Brown, C. A. (1998). "You're going to want to find out which and prove it": Collective argumentation in a mathematics classroom. Learning and Instruction, 8(6), 527-548.

Fulwiler, B. (2007). Writing in science: How to scaffold instruction to support learning. Heinmann: Portsmouth, NH. 202p.

Galbraith, D. (1999). Writing as a knowledge-constituting process. In M.Torrance and D. Galbraith (Eds.), Knowing what to write: Conceptual processes in text production (pp.139-159). Amsterdam: Amsterdam University Press.

Galison, P. (1996). Computer Simulations and the Trading Zone. In Galinson & Stump(ed.). The Disunity of Science: Boundaries, Contexts, and Power. California: Stanford University Press.

Galison, P. (1997). The trading zone: Coordinating action and belief. Image and logic: A material culture of microphysics (pp. 781-845). Chicago: University of Chicago Press.

Gergen, K.J. (1995). "Social Construction and the education process." In L.P. Steffe & J. Gale (Eds.). Constructivism in Education (pp.17-40). Hillsdale, NJ: Lawrence Erlbaum Associates.

Gao, L., 김은진, 문공주, 김성원, Krajcik, J. (2012). 2007 개정 중학교 과학 교과서에 나타난 글로벌 과학적 소양의 탐색. 교과교육학연구, 16(2), 517-537.

Germann, P. J., Haskins, S., & Auls, S. (1996). Analysis of nine high school biology laboratory manuals: Promoting scientific inquiry. Journal of Research in Science Teaching, 33, 475-499.

Giere, R. (1988). Explaining science: A cognitive approach. Chicago: University of Chicago Press.

Giere, R. N., Bickle, J., & Mauldin, R. F. (2006). Understanding Scientific Reasoning (5th Edition). (조인래, 이영의, 남현 역, 2010, 소화). Wadsworth.

Gilbert, J. K., & Swift, D. J. (1985). Towards a Lakatosian analysis of the Piagetian and alternative conceptions research programs, Science Education, 69(5), 681-696.

Gott, R. & Duggan, S. (1995). Investigative work in the science curriculum. Buchingham: Open University Press.

Grandy, R. & Duschl, R. A. (2007). Reconsidering the character and role of inquiry in school science: analysis of a conference. Science & Education, 16, 141-166.

Gustason, W. (1994). Reasoning from Evidence: Inductive Logic. New York: Macmillan College Publishers.

Haefner, L.A. & Zembal-Saul, C. (2004). 'Learning by doing? Prospective elementary teachers' developing understandings of scientific inquiry and science teaching and learning', International Journal of Science Education, 26(13), 1653-1674.

Hand, B., Norton-Meier, L., Staker, J. and Bintz, J. (2006). When science and literacy meet in the secondary learning space: implementing the Science Writing Heuristic (SWH): University of Iowa, Draft Copy.

Hanson, N. R. (1958). Patterns of discovery. London: Cambridge University Press.

Harrison, A.G., Grayson, D.J., & Treagust, D.F. (1999). "Investigating a grade 11 student's evolving conceptions of heat and temperature." Journal of Research in Science Teaching, 36(1), 55-87.

Hashweh, M. Z. (1986). Toward an explanation of conceptual change. European Journal of Science Education, 8, 229-249.

Hein, G. (1995). The constructivist museum. Journal of Education in Museums, 16, 21-23.

Hein, G. (1998). Learning in the museum. Routledge, New York, USA.

Hempel, C. (1966). Philosophy on Natural Science. Prentice-Hall.

Hewson, P. W. (1985). Epistemological commitments in the learning of science: Examples from dynamics. European Journal of Science Education, 7(2), 163-172.

Hewson, P. W., Beeth, M. E., & Thorley, N. R. (1998). Teaching for conceptual change. In K. G. Tobin & B. J. Fraser (Eds.). International handbook of science education. (pp.199-218). Dordrecht, The Netherlands: Kluwer Academic Publishers.

Hewson, P. W. & Hennessey, M. G. (1991). "Making status explicit: A case study of conceptual change." In R. Duit, F. Goldberg, & H. Niedderer (Eds.). Research in Physics Learning: Theoretical Issues and Empirical Studies (pp.176-187). Kiel, Germany: IPN.

Hewson, P. W., Tabachnick, B. R., Zeichner, K. M., Blomker, K. B., Meyer, H., Lemberger, J., Marion, R., Park, H., & Toolin, R. (1999). Educating prospective teachers of Biology: introduction and research methods. Science Education, 83(3), 247-273.

Hewson, P. W., & Thorley, N. R. (1989). The conditions of conceptual change in the classroom. International Journal of Science Education, 11, 541-553.

Hodson, D. (1996). Laboratory work as scientific method: three decades of confusion and distortion. Journal of Curriculum Studies, 28(2), 115-135.

Hodson, D. (2008). Towards scientific literacy: A teachers' guide to the history, philosophy and sociology of science. Rotterdam/Taipei: Sense.

Hodson, D. (2009). Teaching and learning about science: Language, theories, methods, history, traditions and values. Rotterdam(송호장 역, 미간행), The Netherland: Sence Publisher.

Hudson, J. (1992). 화학의 역사(고문주 역, 2005). 서울: 북스힐.

Irzik, G. & Nola, R. (2010). A family resemblance approach to the nature of science for science education. Science & Education, Published online.

Jimenez-Aleixandre, M. P., Rodrıguez, A. B., & Duschl, R. A. (2000). "Doing the lesson" or "doing science": Argument in high school genetics. Science Education, 84, 757-792.

Jimenez-Aleixandre, M. P. & Erduran, S. (2008). Argumentation in science education: an overview. In M. P. Jimenez-Aleixandre & S. Erduran (eds.), Argumentation in science education: perspectives from classroom-based research (pp. 3-27). Springer.

Jone, A., Simon, S., Black, P., Fairbrother, R., & Watson, J. (1992). Open work in science: Development of investigation in schools. Hatfield: Association for Science Education.

Jung, S. (1996). The logic of discovery: An interrogative approach to scientific inquiry, New York: Peter Lang.

Kienpointner, M. (1992). How to classify arguments. In Eemeren et al.(1992), 178-188.

Kearney, M. (1984). World view. Novato, Chandler & Sharp.

Kelly, G. J., & Takao, A. (2002). Epistemic levels in argument: An analysis of university oceanography students' use of evidence in writing. Science Education, 86, 314-342.

Kelly, G. J., Druker, S., & Chen, C. (1998). Students' reasoning about electricity: Combining performance assessments with argumentation analysis. International Journal of Science Education, 20(7), 849-871.

Kolsto, S. D. & Ratchliffe, M. (2008). Social aspects of argumentation. In S. Erduran & M. P. Jimenez-Aleixandre (Eds.), Argumentation in science education: Perspectives from classroom-based research (pp. 117-136)., Springer.

Kuhn, D. (1992). Thinking as argument. Havard Educational Review, 62(2), 155-178.

Kuhn, T. S. (1962). The Structure of Scientific Revolutions(김명자, 홍성욱 역, 2013, 까치). University of Chicago Press.

Kuhn, D., Amsel, E. & O'Loughlin, M. (1988). The development of scientific thinking skill. San Diego, CA: Academic Press.

Kuhn, D., Shaw, V., & Felton, M. (1997). Effects of dyadic interactioin on reasoning. Cognition and Instruction, 15(3), 287-315.

Larkin, D. (2012). Misconceptions about "misconceptions": Preservice secondary science teachers' views on the value and role of student ideas. Science Education, 96, 927-959.

Lawson, A. E. (1986). Integrating Research on Misconceptions, Reasoning Patterns and Three Types of Learning Cycle, Paper presented at the United State-Japan Seminar on Science Education, East-West Center, University of Hawaii, Honolulu, Hawaii, September, 15.

Lawson, A. E. (1995). Science teaching and the development of thinking. Belmont, CA: Wadsworth Publishing Company.

Lawson, A. E. (2000). How do humans acquire knowledge? And what does that imply about the nature of knowledge? Science & Education, 9, 577-598.

Lawson, A. E. (2003). The nature and development of hypothetico-predictive argumentation with implications for science teaching. International Journal of Science Education, 25(11), 1387-1408.

Lawson, A. E. (2004). T. rex, the crater of doom, and the nature of scientific discovery. Science & Education, 13, 155-177.

Layton, D. (1973). Science for the People: The Origins of the School Science Curriculum in England. London, England: Allen & Unwin.

Lee, S. & Hewson, P. W. (2004). The relationship between argumentation and the conceptual change model in a science teacher's explanations. Journal of the Korean Association for Research in Science Education, 24(4), 709-721.

Lemberger, J., & Park, H. (1994). [Model-Building Problem Solving and The CCM]. unpublished raw data.

Lemke, J. (1990). Talking science: language, learning and values. Norwood, NJ: Ablex Publising Corporation.

Magnani, L. (2001). Abduction, reason, and science process of discovery and explanation. New York: Kluwer Academic/Plenum Publisher.

McNeill, K. L. (2009). Teachers' use of curriculum to support students in writing scientific arguments to explain phenomena. Science Education, 93, 233-268.

McNeil, K. L. (2011). Elementary students' views of explanation, argumentation, and evidence and their abilities to construct arguments over the school year. Journal of Research in Science Teaching, 48(7), 793-823.

McNeill, K. L., & Krajcik, J. (2008). Scientific explanations: Characterizing and evaluating the effects of teachers' instructional practices on student learning. Journal of Research in Science Teaching, 45, 53-78.

Mehan, H. (1979). Learning lesson: Social organization in the classroom. Cambridge, MA: Harvard University Press.

Millar, R. (1998). Rhetoric and reality: what practical work in science education is really for. In J. Wellington (ed.), Practical work in science education: which way now? (pp. 16-31). London: Routledge.

Millar, R. (2006). Twenty first century science: Insights from the design and implementation of a scientific literacy approach in school science. International Journal of Science Education, 28(13), 1499-1521.

Millar, R. (2010). Analysing Practical Science Activities, The Association for Science Education. London, UK.

Mintzes, J.J., & Wandersee, J.H. (1998). Reform and innovation in science teaching: A human constructivist view. In J.J. Mintzes, J.H. Wandersee, & J.D. Novak (Eds.), Teaching Science for Understanding (pp.29-58). San Diego, California: Academic Press.

Mintzes, J., Wandersee, J., & Novak, J. (1997). Meaningful learning in science: The human constructivist perspective. In Phye G.D. (Ed.), Handbook of academic learning: Construction of knowledge (pp. 405-447). San Diego: Academic Press.

Mortimer, E. & Scott, P. (2000). Analysing discourse in the science classroom. In J. Leach, R. Millar, & J. Osborne(eds), Improving Science Education: The Contributions of Research. Buckingham: Open University Presss.

Mortimer, E. & Scott, P. (2003). Meaning making in secondary science classrooms. Maidenhead, Philadelphia :Open University Press.

Mun, K., Cho, M., Chung, Y., Mun, J., and Kim, S.-W. (2011). Exploration of Energy Unit of Korean Science Textbook from an Viewpoint of 21th Century Scientific Literacy. Poster presentation in EASE conference. October 27, 2011.

Nagel, E. (1961) The structure of science: Problems in the logic of scientific explanation. (전영삼 역). Harcourt: Brace & World Inc.

National Research Council (1996). National science education standards. Washington, D.C.: National Academy Press.

National Research Council (2000). Inquiry and the national science education standards: A guide for teaching and learning. Washington, D.C.: National Academy Press.

National Research Council (2012). A Framework for K-12 Science Education: Practices, Crosscutting Concepts, and Core Ideas. Washington, D. C.: National Academies Press, http://www.nap.edu/catalog.php? record_id= 13165.

Nersessian, N. (2002). The cognitive basis of model-based reasoning in science. In P. Carruthers, S. Stich, & M. Siegal (Eds.), The cognitive basis of science (pp. 133-153). Cambridge: Cambridge University Press.

Norris, S. & Phillips, L. (2003). How literacy in its fundamental sense is central to scientific literacy. Science Education, 87, 224-240.

Norris, S. & Phillips, L. (2005). 'Reading as inquiry', NSF inquiry conference proceedings. http://www.ruf.rice.edu/rgrandy/NSFConSched.html.

Novak, J. D. (1987). Proceedings of the Second International Seminar on Misconceptions and Educational Strategies in Science and Mathematics. Ithaca, (Ed.). NY: Cornell University, Department of Education.

Nussbaum, J. (1989). Classroom conceptual change: Philosophical perspectives. International Journal of Science Education, 11(5), 530-540.

Osborne, J. (2007). Engaging young people with science: Thoughts about future directions of science education. A paper presented at the Linnaeus Tercentenary 2007 symposium "Promoting scientific literacy", Uppsala University, Uppsala, Sweden.

Osborne, J., Erduran, S., & Simon, S. (2004). Enhancing the quality of argumentation in school science. Journal of Research in Science Teaching, 41, 994-1020.

Osborne, R. & Freybery, P. (1985). Learning in scinece: The implications of children's science. Auckland, NewZealand: Heinemann.

Osborne, J. F. & Patterson, A. (2011). Scientific argument and explanation: A necessary distinction? Science Eduction, 95, 627-638.

Park, H. (1995). A study of the components of students' conceptual ecologies. Unpublished doctoral thesis, University of Wisconsin-Madison.

Polanyi, M. (1958). Personal Knowledge, London: Routledge and Kegan Paul.

Posner, G. J., Strike, K. A., Hewson, P. W., & Gertzog, W. A. (1982). Accommodation of a scientific conception: Toward a theory of conceptual change. Science Education, 66, 211-227.

Preston, J. (2008). 쿤의 과학혁명의 구조 해제(박영태 역, 2011). 서광사.

Pritchard, C. L. (2005). Everyday and scientific thinking: How children adjust to contexts. Unpublished doctoral dissertation. University of Wisconsin-Madison.

Ravetz, J. (1971). Scientific knowledge and its social problems. Oxford: Oxford University Press.

Rief, F. & Larkin, J. (1991). Cognition in scientific and everyday domains: Comparison and learning implications. Journal of Research in Science Teaching, 38, 733-760.

Rorty, R. (2000). 'Kuhn', In W. H. Newton-Smith(ed.), A companion to the philosophy of science (pp. 203-206). Oxford: Blackwell.

Roth, W-M. & Barton, A. C. (2004). Rethinking scientific literacy. New York: RoutledgeFalmer.

Roth, W-M. & Lee, S. (2002). Scientific literacy as collective praxis. Public Understanding of Science, 11, 33-56.

Roth, W-M. & Lee, S. (2004). Science education as/for participation in the community. Science Education, 88, 263-291.

Roychoudhury, A. & Roth, W. (1996). Interaction in an open-inquiry physics laboratory. International Journal of Science Education, 18(4), 423-445.

Rozenblit, L. & Keil, F. (2002). The misunderstood limits of folk science: An illusion of explanatory depth. Cognitive Science, 92, 1-42.

Rudolph, J. L. (2005). Inquiry, instrumentalism, and the public understanding of science. Science Education, 89, 803-821.

Ryu, S. & Sandoval, W. A. (2012). Improvements to elementary children's epistemic understanding from sustained argumentation. Science Education, 96, 488-526.

Sadler, T. D. & Fowler, S. R. (2006). A threshold model of content knowledge transfer for socioscientific argumentation. Science Education, 90, 986-1004.

Sagan, C. (1988). Introduction. In S. W. Hawking(1988), A brief history of time: From the big bang to black holes (pp. xii-xiv). London: Bantam Books.

Salmon, W. (1989). Four decades of scientific explanations in scientific explanation. Minneapolis: University of Minnesota Press.

Sampson, V., & Clark, D. (2008). Assessment of the ways students generate arguments in science education: Current perspectives and recommendations for future directions. Science Education, 92, 447-472.

Sampson, V., Grooms, J., & Walker, J. P. (2011). Argument-driven inquiry as a way to help students learn how to participate in scientific argumentation and craft written arguments: An exploratory study. Science Education, 95, 217-257.

Sandoval, W.A. (2003). Conceptual and epistemic aspects of students' scientific explanations. The Journal of the Learning Sciences, 12, 5-51.

Sandoval, W. A., & Millwood, K. (2005). The quality of students' use of evidence in written scientific explanations. Cognition and Instruction, 23(1), 23-55.

Sandoval, W. & Reiser, B. (2004). Explanation driven inquiry: Integrating conceptual and epistemic scaffolds for scientific inquiry. Science Education, 88(3), 345-372.

Schank, R. C. & Abelson, R. P. (1977). Scripts, plans, goals, and understanding: An inquiry into human knowledge structures. Hillsdale, NJ: Lawrence Erlbaum.

Schnepps, M. H. (Executive Producer) (1995). A private universe-minds of our own [Videotape]. Cambridge, MA: Harvard University/Smithsonian Institution.

Schwab, J. (1962). The Teaching of Science as Enquiry, London: Oxford University Press.

Schwarz, B., B., Neuman, Y., Gil, J., & Ilya, M. (2003). Construction of collective and individual knowledge in argumentative activity. Journal of the Learning Sciences, 12(2), 219 - 256.

Scott, P. (2007). Challenging gifted learners through classroom dialogue. In Keith S. Taber(ed), Science education for gifted learners. New York: Routledge.

Scribner, S. (1986). Thinking in action: Some characteristics of practical thought. In R. J. Sternberg & R. Wagner (Eds.), Practical intelligence (pp. 13-30). Cambridge: Cambrideg University Press.

Sebeok, T. A. & Umiker-Sebeok, J. (1983). You know my method: A juxtaposition of Charles C. Peirce and Sherlock Holmes, In U. Eco & T. A. Sebeok (Eds.), The sign of three: Dupin, Holmes, Peirce (pp. 11-54). Bloomington: Indiana Univ. Press.

Sequrie, M. & Leite, L. (1991). Alternative conceptions and history of science in physics teacher education. Science Education, 75(1), 45-56.

Siegel, H. (1989). The rationality of science, critical thinking and science education. Synthese, 80(1), 9-42.

Strike. K. A., & Posner, G. J. (1985). A conceptual change view of learning and understanding. In L. H. T. West & A. L. Pines (Eds.). Cognitive structure and conceptual change (pp. 211-231). Orlando, FL: Academic Press.

Taber, K. S. (2003). Mediating mental models of metals: Acknowledging the priority of the learner's prior learning. Science Education, 87(5), 732-758.

Tasker, R., & Osborne, R. (1985). Science teaching and science learning, in Learning in Science, The implications of childrens' science, Osborne, R., Freybery, P., Heinemann, Auckland, London Portsmouth N. H., 15-27.

Thagard, P. (1988). Computational philosophy of science. MIT press.

Thorley, N. R. (1990). The role of the conceptual change model in the interpretation classroom interactions. Unpublished doctoral thesis, University of Wisconsin-Madison.

Toulmin, S. (1958). The uses of argument. Cambridge, England: Cambridge University Press.

Toulmin, S. (1972). Human Understanding. Vol. 1. NJ: Princeton University Press. 300-318.

Toulmin, S., Rieke, R., & Janik, A. (1984). An introduction to reasoning. Second edition. New York: Macmillan Publishing Company.

Trowbridge, L. and Bybee, R. (1990) Teaching science by inquiry in the secondary school. Columbus, OH:Merrill Publishing Company.

Tweney, R. D. (1991). Informal reasoning in science. In J. F. Voss, D. N. Perkins, & J. W. Segal (Eds.), Informal reasoning and education (pp. 3-16). Hillsdale, NJ: Erlbaum.

Van Eemere, F. H., Grootendorst, R., Johnson, R. H., Plantin, C., Willard, C. A. (1996). Fundamentals of argumentation theory: A handbook of historical backgrounds and contemporary developments. NJ: LEA.

Vellom, R. P., & Anderson, C. W. (1999). Reasoning about data in middle school science. Journal of Research in Science Teaching, 36(2), 179-199.

Verheij, B. (2005). Evaluating arguments based on Toulmin's scheme. Argumentation, 19, 347-371.

von Wright, G. H. (1971). Explanation and understanding. (배영철 역). New York: Cornell Univ. Press.

Vosniadou, S. (1994). Capturing and modeling the process of conceptual change. Learning and Instruction, 4, 45-69.

Vosniadou, S. & Brewer, W. F. (1992). Mental models of the earth: A study of conceptual change in childhood. Cognitive Psychology, 24, 535-585.

Vosniadou, S., & Ioannides, C. (1998). From conceptual development to science education: a psychological point of view. International Journal of Science Educaiton, 20, 1213-1230.

Vygotsky, L. (1962/1978). Mind in society: the development of higher psychological processes, Cole, M., Scribner, S., John-Steiner, V., and Souderman, E.(eds), Cambridge, Mass: Harvard University Press.

Waight, N., & Abd-El-Khalick, F. (2011). From scientific practice to high school science classrooms: Transfer of scientific technologies and realizations of authentic inquiry, Journal of Research in Science Teaching, 48(1), 37-70.

Watts, D. M., & Zylbersztajn, A. (1981). A Survey of Some Children's Ideas about Force. Physics Education, 15, 360-365.

Welch, W. W., Klopfer, L. E., Aikenhead, G. S., & Robinson, J. T. (1981). The role of inquiry in science education: Analysis and recommendations. Science Education, 65(1), 35-50.

Wellington, J. (1991). Newspaper science, school science: friends or enemies?. International Journal of Science Education, 13 (4), 363-372.

Wellington, J. (1998). Practical work in science: Time for a reappraisal. In J. Wellington(ed.), Practical Work in School Science. Which way now?(pp. 3-15). London: Routledge.

Wilson, R. A. & Keil, F. C. (2000). The shadows and shallows of explanation. In F. C. Keil & R. A. Wilson (Eds.), Explanation and Cognition (pp. 87-114). Cambridge, MA: MIT Press.

Wendel, W. B. (2002). Mixed signals: Rational choice theories of social norms and the pragmatics of explanation. Indiana Law Journal, 77(1), 1-62.

Zemb, Jean-Marie (1961). 아리스토텔레스(김임구 역, 2004). 한길사.

Zohar, A., & Nemet, F. (2002). Fostering students' knowledge and argumentation skills through dilemmas in human genetics. Journal of Research in Science Teaching, 39, 35-62.

찾아보기

학교과학교육담론 개정판

초판 1쇄 발행 | 2017년 9월 20일
개정판 1쇄 발행 | 2023년 4월 20일

지은이 | 이 선 경 · 신 명 경
펴낸이 | 조 승 식
펴낸곳 | (주)도서출판 **북스힐**

등 록 | 1998년 7월 28일 제 22-457호
주 소 | 서울시 강북구 한천로 153길 17
전 화 | (02) 994-0071
팩 스 | (02) 994-0073

홈페이지 | www.bookshill.com
이메일 | bookshill@bookshill.com

정가 16,000원

ISBN 979-11-5971-504-4